● 第二辑

云南社科成果集萃

——云南省哲学社会科学"十五"规划课题选介

云南省哲学社会科学规划办公室 编

**图书在版编目（CIP）数据**

云南社科成果集萃. 第2辑，云南省哲学社会科学"十五"规划课题选介/云南省哲学社会科学规划办公室编.昆明：云南大学出版社，2007

ISBN 978-7-81112-463-7

Ⅰ. 云…　Ⅱ. 云…　Ⅲ. 社会科学—文集　Ⅳ. C53

中国版本图书馆 CIP 数据核字（2007）第 160419 号

# 云南社科成果集萃（第二辑）
## ——云南省哲学社会科学"十五"规划课题选介
### 云南省哲学社会科学规划办公室　编

策划组稿：伍　奇

责任编辑：纳文汇　唐志成

封面设计：刘　雨

出版发行：云南大学出版社

印　　装：云南福保东陆印刷股份有限公司

开　　本：850mm×1168mm　1/32

印　　张：11.75

字　　数：306 千

版　　次：2007 年 10 月第 1 版

印　　次：2007 年 10 月第 1 次印刷

书　　号：ISBN 978-7-81112-463-7

定　　价：30.00 元

地　　址：昆明市一二·一大街云南大学英华园（邮编：650091）

电　　话：5031071　传　真：0871-5162823

网　　址：www.ynup.com

E-mail：market@ynup.com

# 前　言

　　《云南社科成果集萃》是云南省哲学社会科学"十五"规划项目研究成果选介。"十五"时期，是我省哲学社会科学规划项目申报、立项数最多的一个时期，也是研究成果质量显著提升的一个时期。2001 年以来，省哲学社会科学规划办公室在中共云南省委宣传部的领导下，坚持以马列主义、毛泽东思想、邓小平理论和"三个代表"重要思想为指导，全面贯彻科学发展观和党的"十六大"，十六届三中、四中全会精神，认真落实中央和省委关于进一步繁荣和发展哲学社会科学的意见，制定和实施了《云南省哲学社会科学"十五"（2001—2005 年）规划》和年度计划，编制、下发了"十五"规划课题指南和年度滚动课题，加强了项目申报的组织、指导工作，健全了立项、评审、鉴定、结项等各项管理制度，密切了与项目负责人及其所在单位科研部门的联系，强化了项目计划执行情况的督促检查，取得了丰硕的研究成果。2001—2005 年，全省有 273 个项目获得云南省哲学社会科学规划项目立项，其中重大项目 17 项。这些项目成果，从一个侧面反映了我省哲学社会科学健康向上、全面繁荣发展的势头，体现了我省哲学社会科学规划项目研究思路越来越清晰、研究方法越来越科学、研究方向越来越深入、研究成绩越来越显著。通过"十五"期间的省社科规划项目立项，全省社科基础理论研究得到加强，应用对策研究明显提升，学科建设得到拓展和深化。

　　在研究思路方面，"十五"规划项目坚持党的基本理论、基本路线、基本纲领、基本经验，坚持解放思想、实事求是、与时俱进，坚持理论与实际相结合，立足当代同时又继承传统，立足云南又面向全国，立足本国又面向东南亚、南亚和整个世界；注重社会科学理论创新、学术观点创新、学科体系创新和科研方法创新，努力为建设富裕、民主、文明、开放、和谐的云南服务。

在基础理论研究方面，一是突出了马克思主义中国化三大理论成果，特别是"三个代表"重要思想和科学发展观的研究，在研究学术观点上都有一定的创新；二是突出了云南特色学科和优势学科的研究，特别是民族学和民族地区的政治、经济、文化、社会发展等问题的研究，形成了一些具有重要学术价值和社会影响的研究成果；三是把基础理论研究与应用对策研究结合起来，产出了具有区域特点和优势的理论研究成果，这些成果都具有重要的学术价值和现实意义，引起了有关党委、政府部门的高度重视。

在应用对策研究方面，"十五"规划项目以我国特别是云南改革开放和现代化建设的重大理论问题和实际问题为关注重点，紧紧围绕构建社会主义和谐社会、云南小康社会建设和"三农"问题、云南生态环境建设与可持续发展问题、西部大开发与发展云南特色经济问题、云南文化产业与市场化建设以及旅游、金融、社会保障、知识产权、城乡差距、城镇建设和农民工等问题，开展了深入的调查研究，形成了一批有实际价值的研究成果，为党委和政府科学决策提供了理论依据。

为了充分发挥哲学社会科学"认识世界、传承文明、创新理论、咨政育人、服务社会"的重要作用，拓宽哲学社会科学研究成果的转化、交流和推广渠道，我们将"十五"期间省社科规划项目研究成果的主要内容和重要观点选编成书分批（辑）出版，供党委、政府、党校、高校、科研单位及广大社科工作者参考。

　　本《集萃》由省社科规划办的全体同志参与编辑。云南大学出版社对本书的编辑出版给予了大力支持，特表示衷心的感谢。由于编辑时间仓促，疏漏和不妥之处在所难免，恳请读者批评指正。

云南省哲学社会科学规划办公室

2007 年 10 月

# 目　　录

# 经济学

# 政治学·法学

## 社会学

## 历史·民族学

# 体育学

# 国际问题

马列·科社·哲学

# 法治与德治的理论与实践

## 一、研究成果的主要内容和重要观点

研究成果运用马克思主义哲学、科学社会主义、政治学、历史学、法学和伦理学等相关学科的理论，采用整体研究与专题研究、基础研究和应用研究相结合的方法和途径，对依法治国和以德治国的关系进行了全面、系统、深入的探讨。研究成果除前言外，共有三编十一章。

在前言中，围绕党的"十五大"确立的"依法治国、以德治国，德法并举"的中国特色社会主义的治国方略，提出了法治和德治的缘起。其后，在党的"十六大"、十六届四中全会、十六届五中全会上，中央一再强调要大力推进物质文明、政治文明、精神文明和和谐社会建设，实施依法治国和建立符合社会主义市场经济的道德体系。在此背景下，法治和德治作为社会治理的两种方式，在国家（社会）治理中是否可以人为选择？法治和德治两种方式是否绝对分离而互不相干？人类社会治理历史有无规律性？实践中如何坚持"德法并举"等众多的问题凸显出来。于是，研究法治与德治问题就成为一个重大的现实课题，同时又具有重要的理论意义和现实意义。探讨法治与德治的关系，把握人类社会的治理规律，解读"德法并举"的内涵，成为执政党加强执政能力建设、实施治国方略的紧迫需要和现实要求。因此，研究法治与德治问题，首先应该纳入历史和辩证的视野，在廓清二者作用和关系演变的基础上，进一步准确把握法治与德治运用的规律，从而为社会主义社会的法治和德治建设提供理论上的指导。

基于这样的理解，在第一编第一章到第四章中，研究成果从历史的视野和哲学的语境中切入和展开。第一章研究治国方略的方法——从实证走向历史和研究治国方略的关键——在历史中探讨法治与德治的关系，认为要追寻社会主义法治与德治和谐的基础，阐明二者相互关系的特殊内涵，找到"批判"和"借鉴"的依据，仅仅选择历史的视野是不够的，还应当以二者如何相互联系作为研究的切入点，研究法治与德治的相互关系如何变化？探讨在社会主义条件下二者的关系又有何种特殊的内涵。第二、三、四章通过对法治与德治在人类社会治理史上所经历的从互动到从属再到互动的变化过程的研究，认为在专制社会和资本主义社会两个私有制社会形态中，由于统治者——社会治理主体自身利益的需求，使得从原始"混沌"状态独立出来的"法治"与"德治"在相互运动中形成了一方从属于另一方的"单向性"关系，社会治理主体的利益直接表现为"法治"与"德治"的相互关系——哪一个能更好地实现统治者的利益。而在社会主义社会，由于消除了社会利益的对抗，人民既是社会的主人，又是自我治理的对象，作为社会治理的两种形式，"法治"和"德治"成为治理主体与客体的内在需求，而不是外在的强制力，二者具有"内在统一"的关系。同时，还阐述了法治与德治"合—分—合"的否定之否定的辩证运动规律，进而考察了我国社会主义社会治理的过程，分析了从"人治"到"法治"再到"德法并举"的历史发展趋势。此外，还认真分析了社会主义社会法治与德治内在统一的互动关系，进一步阐述了这种互动关系是一条以人为中介和主体的"法治—人—德治"的双向关系链的观点。据此认为，社会主义社会法治与德治的建设和实施必须回归到"以人为本"的路线，因为"人"既是"法治"与"德治"实践的主体，又是实现二者互动关系的中介，"人"的状况直接关系到"法治"与"德治"互动关系的实现。

以社会主义法治和德治的内在统一的双向互动关系为前提，研究成果在第二编第五、六、七、八章中对当前中国法治、德治建设的历史方位、发展趋势以及存在的问题进行了分析，认为从"法制"到"法治"是社会主义法治认识和实践的第一个转向，而从"法治"走向"法治政治文化"则是社会主义法治认识和实践的第二个转向。同时，还从政治文化的层面，对中国现代政治文化如何生成进行了探讨：第一次经济转型中"法治"思想的萌芽与"人治"文化的变迁和第二次经济转型中市场经济改革催生现代法治政治文化。第一次转型为从封建小农经济转至社会主义计划经济，当中经历了封建小农经济的逐步解体，资本主义工业经济与大地主、大官僚经济混合的不成熟的经济形式；第二次转型为从社会主义计划经济转至初步建成的社会主义市场经济。在第一次经济转型过程中，对君主制度的否定导致了对民主的呼吁、对宪政的呼吁，同时也间接地触及了国人传统政治文化中的法观念——实行宪政，用法来实现民主，也预示着中国资产阶级"法治"思想的萌芽；新民主主义革命的胜利完成了对旧社会的现实否定，并顺利地通过社会主义改造运动确立了社会经济资源真正劳动人民所有的性质，并与此相适应地建立了人民民主专政的国家制度。所有这些革命的成果都以国家意志的形式——宪法的形式确立下来。在第二次经济转型过程中，社会主义市场经济的初步确立推动了政治体制的改革，相应地也赋予了政治体制改革两个历史任务：一是不断巩固和完善党的领导，不断巩固和完善社会主义的根本政治制度；二是推进社会管理方式的改革，建立符合社会主义市场经济要求的社会治理方式和体系。因此，在法制建设方面，成果认为当前中国已进入了一个需要把法治作为政治文化来建设的阶段，必须抓住法治文化意识形态这一属性，坚持以人民民主和党的领导为核心内容；必须站在世界文明的高度，以人的全面发展为最终取向，以民主与集中为核心理念，以培养公民意识为支撑点，合理萃取中西政治文化传统来构建现代法治文化。同时，客观地分析了构建中国特色的法治文化必须具备的现实条件：一是要坚持市场经济的改革取向，进一步推动城镇化、工业化，从根本上改变中国二元经济模式，为中国法治政治文化的构建提供厚实的生产活动条件；二是要进一步完善制度建设，由制度建设推动法治政治文化建设；三是要推进依法治党和依法行政的建设，为法治政治文化的建设提供强大的组织保证和推动力；四是加快推进以德治国工程，加强社会主义新型道德的建设，为法治政治文化的生成和牢固确立提供源源不断的合理性支持。

在社会转型的过程中，出现了许多社会问题，有些问题还比较突出和普遍，人们把这些现象称为"道德失范"。针对"道德失范"，研究成果在第三编第九、十、十一章中从当前社会中普遍存在的"道德困惑"（社会公德的困惑、职业道德的困惑、家庭道德的困惑、个人道德修养的困惑）分析入手，分析了造成当前道德建设中存在的种种问题的深层次原因：一是传统道德文化在经历了种种变迁与冲击后发生了嬗变，从社会前台走到了后台，由于社会经济结构没有发生根本性的变化，它在某种程度上支配着国人。随着社会结构根本性的转变，传统道德的支配作用日渐削弱。二是共产主义道德体系在经历了计划经济向市场经济的转变后，其超阶段的、不符合社会发展规律的弊端已经完全显现，它面临着"从天上到地下"的嬗变过程。三是改革开放以来，社会生产生活方式的巨大变化孕育着新的道德文化，但并未成型。四是落后的道德建设与快速发展的法制建设相比也存在许多冲突，如法治与德治内涵的冲突、公民的法律人格与道德人格的冲突、法律评价的冲突。据此，研究成果提出了道德体系建设的路径和策略，就是要以"三个代表"重要思想为指导，坚持先进文化的前进方向：一是要坚持马克思主义对社会主义道德建设的指导地位；二是要用邓小平理论和"三个代表"重要思想统领当代的道德建设，要创造性地吸收和转换中华传统道德：一要对中国传统伦理文化不断继承和实现现代性转换（如"天下为公"、"仁爱万物"的思想和道德力行的精神），二要以我为主、为我所用，大胆地借鉴和吸收西方伦理文化的先进成果（如西方伦理文化中"市民社会——国家"思维模式、西方现代契约伦理文化）；要及时总结法制建设的成果，把业已形成的最新法治文化纳入道德体系中去，从总体性法的价值认识、具体法的价值认识和法律实体的价值认识等层次向道德建设的目标化转变，加快法制建设成果向道德领域的转化。

## 二、研究成果的理论价值、实践意义和社会影响

党的"十五大"确立了"依法治国、以德治国，德法并举"的中国特色社会主义的治国方略，从而，法治和德治的问题一时间成为学术界和全社会普遍关注的问题。对于曾经饱受"人治"之苦、刚刚走上法治之路、法制建设尚不完善的中国来说，法治与德治的关系如何？怎样在实践中坚持"德法并举"？……一系列的现实问题需要人们从理论和实践中给予明确的回答。但是，在当前对法治与德治的研究中，人们普遍注重对法治本身的研

究，即从制度和技术路线层面研究法治的有效性；注重对法治文化的研究，即从价值、习惯、公开意识的层面来进行探讨；注重对制度和伦理关系的横向研究，探讨制度获得的伦理支持；注重对法治与德治相互补充的研究；注重对应用伦理和普世伦理的研究等。因此，如何运用历史和哲学的视角，对法治与德治关系及其演变和运动的规律进行充分探讨，并提出法治和德治在社会主义条件下的实现路径和方法，构建社会主义和谐社会，就显得尤其紧迫和重要。

《德治与法治的理论与实践》紧紧围绕社会主义法治与德治建设中存在的一系列现实问题，坚持理论联系实际、理论为实践服务的原则，致力于廓清作为人类社会治理方式的法治与德治的相互关系及其演变规律，以及如何利用这些规律来解决当前中国法治和德治建设中存在的一系列问题，并尽可能地提出解决问题的建议和对策，对进一步丰富人们对人类社会发展规律和党的执政规律的认识有着重要的作用。同时，该项研究成果对探索法治和德治建设的路径与方法的有效尝试及对当前社会中普遍存在的"道德困惑"的概括，视角独特、观点新颖，对深化社会主义物质文明、政治文明、精神文明和和谐社会的建设，有着重要的实践和现实意义。

项目名称：法治与德治的理论与实践

项目负责人：纳　麒

所在单位：云南省社会科学院

主要参加人：吕怀玉

结项时间：2005 年 11 月 20 日

# 民族地区生态文明建设与经济社会跨越式发展研究

## 一、从宏观层次上、在全局范围内提出生态文明建设是构建和谐社会的基础性工程

（1）在总结我国社会主义现代化建设经验的基础上，我们党站在人类文明发展的高度，紧紧把握时代发展的脉搏，吸收了全球生态环境保护和建设的新理念、新经验，提出了包括统筹人与自然和谐发展的科学发展观。生态文明建设理论是科学发展观的重要组成部分。

（2）我国是一个后发展的社会主义大国，无论是社会制度的性质、所拥有的众多的人口和有限的资源，还是在既有的全球经济政治体系和世界格局中，都不可能把自己经济发展的环境生态代价向外转移，也不可能通过向海外移民的方式来缓解本土的人口资源张力，今天的我国所面对的时代条件，已经不允许我国重走西方发达国家已经走过"先发展，后治理"的老路。因此，只能走可持续发展的道路，走坚持思想创新和制度创新的道路，走有自己特色的社会经济发展的道路。

（3）构建社会主义和谐社会，必须切实加强生态文明建设，走生产发展、生活富裕、生态良好的文明发展道路。水土流失严

9

重，资源枯竭形势严峻，高消耗、高排放带来的生态环境恶化，贫困地区的脱贫任务艰巨。这些事实表明，人与自然的关系，关系到人类繁衍生息的根本问题，是构建社会主义和谐社会的支撑点，关系到人民的根本利益，关系到巩固党执政的社会基础和实现党执政的历史任务，关系到全面建设小康社会的全局，关系到党的事业兴旺发达和国家的长治久安。

（4）边疆民族地区的生态环境是边疆民族地区经济社会发展、构建和谐社会重要的物质条件；边疆民族地区的生态环境具有源头性要素的特征，从生态环境与社会相互作用的关联度和制约上看，我国边疆民族地区的生态环境，既是全国构建社会主义和谐社会的生态屏障，又是边疆民族地区自身实现跨越式发展、构建社会主义和谐边疆的基础条件。

## 二、生态文明建设是云南全面建设小康社会的重大战略任务

云南省委、省政府在领导全省人民搞好经济建设的同时，高度重视云南的生态环境建设和治理工作，制定了建设"绿色经济强省"的战略目标，提出了"突出重点抓生态"和"生态建设产业化、产业发展生态化"的发展思路，贯彻"污染防治与生态保护并重"和"在保护中开发，在开发中保护"的方针，先后在全省实施了天然林保护工程、植树造林和封山育林工程、水土保持工程、退耕还林还草、农村能源建设为主的生态建设，使云南省的生态环境成为全国较好的省份之一，生态文明建设成果突出，为云南全面建设小康社会、构建社会主义和谐社会奠定了良好的条件。同时，随着云南经济社会的追赶式跨越发展，传统的资源型经济结构和数量扩张型经济增长方式在短期内难以实

现根本转变，而城市化进程的加快、人口的不断增加、自然资源开发的力度不断加大，以及植被破坏、资源不合理利用、水土流失、水质污染等为代表的环境问题仍很突出，云南生态文明建设面临着巨大的挑战，生态环境形势严峻，严重制约并正在侵蚀着云南的综合发展潜力与可持续发展的能力，成为云南构建和谐社会的突出的障碍问题。加强云南生态环境的建设和治理，建设好云南的生态文明，不仅关系到云南的全面建设小康社会及和谐社会的构建，而且对全国的生态环境和和谐社会的构建具有重大而深远的意义。

## 三、以科学发展观为指导，推进云南的生态文明建设

### （一）抓住几个关节点，正确处理好几个关系

基于云南省生态文明建设面临的困境与挑战，必须贯彻科学发展观，加快建设资源节约型、环境友好型社会，大力发展循环经济，加大环境保护力度，切实保护好生态，认真解决影响经济社会发展，特别是严重危害人民健康的突出环境问题，在全社会形成节约资源的增长方式和健康、文明的消费模式，推动整个社会走上生产发展、生活富裕、生态良好的文明发展道路。为此，必须抓住几个关节点，正确处理好几个关系：走新型工业化道路，处理好产业发展与生态保护之间的关系；大力推广循环经济，构建节约型社会，处理好资源的合理开发与集约利用的关系；抓好违法排污企业治理工作，开展保障群众健康环保专项行动，正确处理加速工业化、城镇化进程与保证人民群众环境群益的关系；尝试建立以市场为调节、以法律保障为前提的生态补偿机制，妥善协调东西部、上下游的利益关系；把生态文明建设与

建设社会主义新农村的历史任务有机结合起来；建立、健全科学发展决策体制。

**（二）理论突破、学术价值、社会价值和研究方法**

通过本课题研究，课题组成员对边疆民族地区生态文明建设与云南全面建设小康社会、构建和谐社会等问题以及我国尤其是云南的生态文明建设和收入分配的复杂性及研究上的艰巨性有了更加清楚的认识，也有了更多理论上的思考。其理论突破和学术价值、社会价值可以归纳为以下几点：

第一，本课题深入研究了自党的"十六大"报告提出文明发展道路以来我党的重要文献，梳理了我党有关生态文明建设的重要论述，明确提出了我党在生态文明建设上的理论认识逐步升华、对生态文明建设实践的思路日益清晰的结论。

第二，本课题紧扣时代脉搏，不拘泥于马克思主义有关人与自然关系的论述，而是与时俱进，深刻理解和领会中共中央的最新精神，对生态文明建设和全面建设小康社会的关系、生态文明建设和构建和谐社会的关系、生态文明建设和落实科学发展观的关系、生态文明建设与建设社会主义新农村的关系等作了系统的研究，并得出了初步的结论。

第三，本课题从云南生态文明建设的实际出发，对云南生态文明建设的成就和存在的问题作了深入、细致的研究，材料翔实、具体，结论新颖、准确，为进一步深入研究云南生态文明建设和全面建设小康社会及有关决策部门参考提供了可资借鉴的材料。

第四，本课题明确提出了以科学发展观为指导，推进云南的生态文明建设，全面建设小康社会必须抓住几个关节点，正确处理好几个关系：走新型工业化道路，处理好产业发展与生态保护之间的关系；大力推广循环经济，构建节约型社会，处理好资源的合理开发与集约利用的关系；抓好违法排污企业治理工作，开展保障群众健康环保专项行动，正确处理加速工业化、城镇化进程与保证人民群众环境群益的关系；尝试建立以市场为调节、以法律保障为前提的生态补偿机制，妥善协调东西部、上下游的利益关系；把生态文明建设与建设社会主义新农村的历史任务有机结合起来；建立、健全科学发展决策体制。

第五，本课题以怒江开发这一热点问题为案例，客观、公正地记录了怒江开发计划的缘起、形成、争论各方的观点，明确提出了落实科学发展观、推进生态文明建设、全面建设小康社会、构建和谐社会、实现边疆民族地区的跨越式发展必须建立科学的决策机制。

在研究方法上，本课题坚持以文献研究法为主，在文献研究中学习相关的理论并借鉴他人的经验。通过查询有关的报纸杂志、光盘及网上资料，进行收集整理、分析研究，掌握与本课题有关的研究动态、前沿进展及已取得的相应成果等。在具体分析问题时，尽可能地使用最新的分析方法，使用我国尤其是云南的调查数据，获得能够体现云南生态文明建设和全面建设小康社会发展特点的研究成果。此外，本课题还运用了成果分析法。本课题特别重视收集、整理现有各方面的研究成果、资料，包括论文、软件、文件等，进行归纳总结。

# 四、本课题存在的不足和尚需深入研究的问题

（1）循环经济是生态文明建设的主体性工程。如何真正有效地推进循环经济，在实践上和理论上都尚需深入研究。

（2）以市场为调节、以法律保障为前提的生态补偿机制本身也还处在探索阶段，要真正建立也还需实践的不断推进和理论的不断深入。

（3）边疆民族地区基本属于经济社会发展落后的欠发达地区，处于社会主义发展阶段的低层次，这些地区的生态环境大多具有源头性要素的特征，生态环境的战略地位突出。这些地区的生态文明建设、全面建设小康社会以及和谐社会的构建必然具有其特殊规律。这是今后要进一步研究的内容。

项目名称：民族地区生态文明建设与经济社会跨越式发展
　　　　　研究
项目负责人：李卫宁
所在单位：中共云南省委党校
主要参加人：粟　兰
结项时间：2006 年 6 月 29 日

# 状态论——开放复杂巨系统研究的哲学和具体科学方法

## 一、课题研究的经过、计划执行情况

《状态论——开放复杂巨系统研究的哲学和具体科学方法》研究自 2001 年立项以来历经 6 年，至 2007 年 5 月才完成，课题延期。在这 6 年的研究期间，共发表阶段性研究成果论文 20 多篇，其中核心期刊 10 篇。论文《论信息存在的复杂性》经人民大学报刊复印资料"科学技术哲学版"全文转载，并获得云南省第十届社会科学优秀论文三等奖。课题延期的主要原因是该研究比事前估计的难度要大，再加上复杂性研究领域近几年变化较大，以至于在完成初稿后的一段时间里对初稿进行了大量的修改。

## 二、研究成果的内容及方法的创新、突出特色和主要建树

**（一）复杂系统研究的现状、存在问题、本研究的目的意义**

20 世纪 80 年代，以美国圣菲研究所（Santa Fe Institute）的成立为标志在世界范围内兴起了研究复杂系统的热潮。复杂性研究的兴起被认为是科学发展的新的转折点，是 21 世纪的科学。

围绕自然、工程、生物、经济、管理、军事、政治和社会系统中的复杂性问题，我国和西方的科学家们提出了一系列的复杂系统理论和方法，仅在方法论层次已经提出的复杂系统研究方法就已经有模型、数值、计算、虚拟、动力学、定性与定量综合集成、物理、事理、人理，甚至隐喻等硬科学和软科学的方法。但是，迄今为止复杂性研究的统一范式还没有形成，其研究仍然面临着若干深层次问题。复杂系统研究存在的问题集中在四个方面：（1）什么是复杂性目前还无法表述清楚；（2）复杂系统的基本特征及复杂性产生机制的说法不一；（3）复杂性研究的一般性理论比较薄弱；（4）方法和技术不能满足复杂性研究的需要。本研究的目的和意义是，在哲学和具体科学层次探索复杂系统研究的新方法，填补复杂性研究的一部分方法论空白。

### （二）状态论的研究对象和任务

状态论是研究事物（存在者）状态的理论，状态论以复杂系统的状态和过程作为自己的研究对象。所谓"复杂系统"，一般是指不能用还原论方法处理或不宜用还原论方法处理的对象。状态论的主要任务是：确定复杂性研究的核心概念或核心范畴，阐述非系统、系统、状态、过程之间的演化关系，解决复杂性研究的路径选择问题，阐述状态论基本原理，应用状态论原理在具体科学层次中研究自然、社会、思维中的状态及过程。

### （三）状态论研究的主要内容和理论创新

状态论针对复杂性研究的四个"非"字展开研究。复杂性对象的特征可以概括为"四非"，即非线性、非确定性、非连续性、非预测性。相应地，在认识论和技术层次其特征表现为"四个失效"：线性方法的失效、确定性方法的失效、连续方法的失效、预测方法的失效。那么，目前人们除了定性的、隐喻的、直觉的、灵感的方法外，还有什么方法来管控复杂性对象呢？复杂性是否是人的认识的局限？是否是人类不能跨越的门槛？复杂性研究的危机和困惑由此而产生。状态论围绕四个"非"字展开复杂系统研究方法的新探索。

1. 核心概念层次

状态论提出复杂性的本质在于演化，演化的理论必须以动静关系为主、为基本线索。因此，状态和过程是复杂性研究的核心范畴，其中以状态范畴和它反映的客观对象（事物的状态层次）为最关键的层次，需要以状态层次（不是系统）为复杂性研究的出发点和核心范畴才能解决复杂性问题，状态层次是复杂性研究的逻辑出发点，是粗粒化、符号化的基本对象，是状态论描述和表达的主要对象。

2. 原理层次

（1）阐述复杂性从哪里来的，有哪些复杂性。以事物演化存在的四个历时态层次为根据论述三种复杂性。主要是系统复杂、状态复杂、过程复杂。状态复杂性中包容了系统复杂性。系统与状态层次主要是非线性，过程层次主要是非确定性。（2）描述和表达随机过程中的竞争性原理；给出四种过程的形式化表达；描述和表达对象之间的时间相关性原理；描述和表达智能的信息处理原理、思维过程的信息加工机制原理；状态和过程的生成、转化及模型描述。

3. 技术方法层次

复杂性研究需要分两种路径、用两种不同的方法和技术来分别解决状态和过程这两个不同的历时态层次。状态层次不能用分析方法、符号方法、计算方法；过程层次可以用分析方法、符号方法、计算方法。

4. 广义智能技术的提出

广义智能技术是信息处理技术，不是通过计算来处理信息，而是通过信息系统的演化和信息输入、存储、激活、选择、输出找到对象。广义智能技术是描述和表达状态层次的技术。

**（四）状态论方法提供了解复杂问题的新思路**

（1）在复杂性研究的出发点上，以状态概念为核心，将状态作为研究问题的出发点、逻辑起点，将状态对象（层次）粗粒化、符号化，暂时回避其复杂的内部结构和非线性动态性的表达问题。现有的系统论方法主要是从系统出发、以系统为核心来研究事物的演化。系统范式的麻烦在于描述复杂系统的整体涌现及非线性方面非常困难，但又不能回避。

（2）在复杂性研究的路径选择上，通过对研究对象适当的历时态层次的切入，即从状态切入、以状态为出发点（不是系统、也不是过程），将对象中的线性与非线性部分适当分离来解决复杂性问题。状态论提出，复杂问题需要分成两个层次来解决。将状态与过程两个历时态层次分开，分别用不同的方法与技术处理状态层次和过程层次中的问题。在状态论体系中，客观复杂性分成三种类型：①系统复杂；②状态复杂；③过程复杂。由于系统层次被包容于状态层次中，一旦表达了状态，实际也就连带表达了系统。所以，系统的表达可以省略。只留下状态与过程两个历时态层次。过程层次的复杂性主要是状态之间的不确定性；状态层次的复杂性主要是状态（包括了系统）的非线性。状态层次（包括系统）不能用分析的、还原的方法来解决，目前的符号方法及技术不适合表达状态层次的问题。对状态的表达分为两个方面：其一，将状态粗粒化、符号化当成一个过程空间中的点，对状态的"存在度" P（X，T）值进行描述。存在度是状态存在程度的量的表达。P（X，T）取值［0，1］，反映事物在相互作用中的关系、序地位。其二，状态内容的表达问题。状态内容的表达需要用广义智能技术解决。过程层次用目前的符号方法及技术解决。

（3）在复杂过程中区分出竞争性随机过程。这是一种与简单随机过程和混沌过程不同的复杂性过程。竞争性随机过程除了服从一般随机过程的概率关系外，还服从竞争性原则。在竞争性随机过程中，各随机变量之间有竞争关系，由随机变量之间的竞争结果决定过程中状态的转移。竞争性随机过程普遍存在于自然、社会和思维过程之中，现有的方法对这类复杂过程没有合适的表述，有时将它与一般性随机过程混淆。

（4）在复杂过程中区分出不可以预测的对象。提出复杂性问题中有一部分是不可预测的，此类过程表现为在一个长的历时态过程中，有若干功能上相互独立的状态。不同的状态在要素、要素之间的关系（结构）、输入输出关系、性质与功能、吸引子、序参量、目标都不一样，一个长的复杂的过程只能以状态为单位分段描述，分段解决，不能用连续的方法与工具来解决复杂的过程问题。复杂过程不是一个解，而是多种不同的解的集合，一个解最多只能解决一个状态问题（还不一定能够找到解），针对不同的状态必须用不同的解和不同的方法与技术去解决，只用一种方法和描述无法贯穿复杂过程的始终。在特别极端的情况下，各个状态之间相互独立程度高。客观上，系统的过去由过去决定，系统的现在由现在决定，系统的将来由将来决定；系统的过去、现在、将来的状态之间是相对独立的，已知系统的过去和现在对系统的将来的预测失效。只能用"适时反应技术"来解决。目前公认的复杂性之一其实就是对象的非连续性问题，人们暂时还找不到解决此问题的方法。

（5）在解决复杂性问题的技术层次上，状态论提出了符号方法及技术的局限性问题，提出了复杂性难解原因的工具层次的命题，提出了广义智能技术的原理及技术实现构想。

# 三、状态论方法的特点

## （一）哲学、具体科学、技术三个层次结合处理复杂系统的问题

"状态论"方法认为，复杂系统方法至少包括三个层次：其一，哲学层次的方法。哲学层次的描述往往决定具体科学研究的方向，甚至决定研究的成败。其二，具体科学层次。针对具体科学领域的复杂系统问题建立相应的定性与定量模型。其三，技术层次的方法。目前，许多研究者往往以为复杂系统方法只是具体科学层次或技术层次的问题，有的甚至以为只是数学方法的问题。状态论方法根据哲学、具体科学与技术这三个层次解决复杂问题的思路来建构自己的体系。

## （二）将复杂对象分成状态与过程两大层次并分别用不同的方法与技术进行处理

状态论方法将过程与状态分开处理，用不同的方法及技术处理不同性质、不同层次的问题。过程层次用符号方法及技术解决；状态层次用广义智能技术解决，将系统问题归于状态层次中一并解决。先易后难，从线性到非线性、从符号方法及技术到非符号方法及技术，处理复杂系统及过程问题。通俗地说，是用两把钥匙去打开两种不同的锁，而不是笼统地对待复杂问题。

### （三）中观方法

通过描述状态之间的关系来描述过程整体。状态层次往下可联结微观层次的系统，包括系统中的要素。状态论方法是将系统问题包容在状态问题中一并解决。而原有的系统方法则欲从微观层次的系统，甚至是系统中的要素和关系层次一步推出宏观过程，中间跨越了一个中观的状态层次。

### （四）过程的离散化、间隔化处理

将看似连续的过程从状态之间的间隔切开，用离散化形式的组合建构过程整体。

### （五）时空统一的四维整体处理、有限度的分析

在状态层次内，事物是有限时空内的相干、统一整体，无法切开也用不着切开。对此，在状态内，分析还原方法无效，符号方法及技术也无效，状态论方法是有限度的分析法，即只分析到状态层次。

### （六）线性与非线性的适当分离

人们面对的对象及过程大多是线性和非线性的混合对象，单独用线性和非线性方法都无法处理。因为状态内是非线性为主，状态间是线性关系为主，只要在状态之间切分开，线性与非线性就可适当分离。用目前的符号方法及技术来解决状态之间的关系描述，用非符号方法及技术解决状态内的非线性描述问题。状态论方法正是用这两个方法来局部解开复杂性问题的。

**（七）化动静结合的亦静亦动对象为相对静止对象**

在宏观的过程层次将状态粗粒化、符号化，把它看成质运动空间中的一个点，由点的运动轨迹组成过程。

**（八）对状态层次的非符号化、非数值化，即广义智能技术处理**

状态内部的存在及关系主要是非线性问题，大多数无法用现有的符号方法及技术来解决，状态内问题即使有的部分可以化成形式化、符号化甚至数值的问题，也是一个庞大、很难处理的对象。状态论主张用"广义智能技术"来解决状态层次的问题。广义智能技术是一种对生物智能（包括人的智能）的模拟技术，它是将符号方法与非符号方法统一于一体的技术。广义智能技术本质上是对人的智能的模拟，是一种将人类智慧物化在机器中的人工技术。广义智能技术不是通过符号的演算来实现信息处理，而是通过一个信息系统的自身组织演化过程来实现信息处理，即通过信息的同构映射及转换、信息存储、信息激活、信息竞争、信息的输出等来完成信息处理。符号方法及技术是对对象信息的间接处理（以符号为中介）；广义智能技术是对对象信息的直接处理。

**（九）广义智能技术不追求解决所谓"是什么"、"为什么"的问题，只解决"怎么办"的问题**

传统方法解决问题的路径是先解决"是什么"、"为什么"的问题，然后解决"怎么办"的问题；广义智能无须解决"是什么"、"为什么"的问题便可以给出"怎么办"。

### （十）状态论方法有更大的普适性、有效性

状态论方法适用于大部分复杂系统及过程，特别是非连续过程、心理过程是其最佳研究对象。状态论发端于心理现象的研究不是偶然的。状态论适用于耗散结构等复杂对象，特别是适用于由外部输入引发的系统变化、由循环造就的对象、状态之间功能离散的非连续过程、状态之间有巨大差异的对象及过程。如心理过程和心理状态是最典型的对象，由外部信息输入引发的周期性变化，信息内容有巨大差异的对象。状态论也可以用于描述连续的简单过程。非系统≈系统≈状态≈过程的对象。当成一个状态来处理即可。

## 四、状态论对研究复杂系统的意义

（1）将状态概念提升为普适性哲学范畴为复杂性研究提供了一个深层次范畴。

（2）提出事物演化存在的四种历时态层次理论揭示了复杂性产生的根源。

（3）将复杂性研究的出发点确定为状态层次实现了研究重点从系统到状态的转移。

（4）以竞争性随机过程为线索描述和表达了四类过程，为具体科学和技术层次处理复杂性过程提供了形式化的模型和方法。

（5）在技术层次采用状态与过程两个历时态层次的适当分离解决复杂性问题。

（6）应用状态论原理研究人类思维过程的信息加工。

（7）提出了广义智能技术构想。

## 五、状态论产生了一定的社会影响

状态论的研究在同行中有一定的影响，在一次全国的科学技术哲学会议的信息交流中，专家们认为，状态论是近年来复杂性研究的一个重要方向、一种新理论。四川大学的陈雨思教授认为，状态论"是可以与过程论、中介论、相似论等相提并论的科学哲学新学科，它的发展前景应该是广阔的"。状态论的阶段性成果《论信息存在的复杂性》一文获得第十届云南社会科学优秀科研成果三等奖。

项目名称：状态论——开放复杂巨系统研究的哲学和具体科
　　　　　学方法
项目负责人：洪昆辉
所在单位：中共云南省委党校
结项时间：2007 年 7 月 21 日

党史·党建

# 云南民族地区县、乡两级党委领导能力建设研究

## 一、该项目研究的目的和意义

加强执政能力建设是我们党执掌全国政权后始终面临和不断探索、解决的一个重大课题。为此，党的十六届四中全会作出专门决定，把它作为全面推进党的建设的新的伟大工程。党的执政能力不仅表现为党中央的执政能力，而且表现为各级领导班子、领导干部的领导能力和领导水平。因此，党的每一层级组织的领导能力和水平直接关系到该地区经济社会可持续发展的状况和水平，同时又关系到党的整体执政能力的强弱、执政绩效的大小和执政地位的巩固与否。同时，云南民族地区县、乡行政区在人文、地理、经济、社会以及政治环境等诸多方面又具有一定的特殊性，是一个特定区域和社会。处在这个特定区域和区域社会的县、乡两级党委执政能力建设无疑具有不同于其他一般地区的特点和内在规律性。因此，对云南民族地区县、乡两级党委执政能力建设进行深入的研究，无疑具有十分重要的实践和理论意义。

# 二、研究成果的主要内容和重要观点或对策建议

## （一）领导能力方面的现状

在这个方面，我们主要从"总揽全局，协调各方"的能力、科学判断形势的能力、依法执政的能力和应对复杂局面、处理社会矛盾的能力以及学习提高的能力等六个方面对云南民族地区县、乡两级党委领导能力的现实状况，特别是存在的问题和不足进行了描述和分析。

## （二）领导能力建设的特点、难点分析

要深入分析和准确理解云南民族地区县、乡两级党委领导能力现状中存在的种种问题与不足的原因，就需要从唯物论和系统论的视角来认真梳理和探究它所处的特殊环境条件和影响因素，并对其特点与难点进行理性的思考。

课题组认为，云南民族地区县、乡两级党委领导能力建设的特点主要可以概括为：第一，领导区域幅度过大，县、乡两级党委的领导能力呈现绝对不足的态势；第二，领导区域特殊的政治关系使县、乡两级党委领导能力建设的重要性、复杂性、艰巨性显著凸现；第三，多民族杂处共居、居住点分散的自然状况，使县、乡两级党委领导能力建设呈现出民族性、地域性、多层次性的特点；第四，社会变革的跨越性，使县、乡两级党委领导能力建设呈现出不平衡性。第五，科学文化的相对落后性，使党的领导能力建设工作呈现艰巨性的特点。就难点而言，主要体现在：乡镇发展积淀浅、条件差、发展压力突出、思想教育薄弱、思想观念相对滞后、村级组织制度不完善、村级民主发展程度低、县

乡机构改革矛盾突出、机构冗员分流难、乡镇政权组织利益化倾向明显、干群矛盾化解进展慢等方面。

同时，我们还从思想认识、制度体制、经济文化、对领导干部的管理和监督、抓党建工作等五个方面对云南民族地区县、乡两级党委领导能力存在的问题的成因进行了较深入的思考。

### （三）领导能力建设的对策思考

在对云南民族地区县、乡两级党委领导能力现状、领导能力建设的特点、难点及问题成因进行深入分析、正确理解、认真把握的基础上，我们提出了进一步加强云南民族地区县、乡两级党委领导能力建设的几点对策性措施与建议：

（1）广大县、乡党委领导干部要牢固树立和切实践行全面、协调、可持续的发展观；坚持办实事、务实效、求实绩的政绩观；坚持以德为先、以能力为本的人才观；坚持权为民所用、情为民所系、利为民所谋的群众观。

（2）要努力改善、优化县、乡党委领导班子结构，建设团结干事、奋发有为的领导集体。在云南民族地区，自然生态和人文社会生态结构多样复杂，县、乡党委领导区域幅度相对偏大，"一把手"在民族地区县、乡领导班子结构中的地位和作用显得十分突出和重要。因此，在云南民族地区县、乡党委领导干部的组合问题上，首先，必须配好、配强"一把手"，同时又必须摈除"一山不容二虎"的小生产陈腐观念。其次，班子人员的组成要注重性格和能力类型的合理搭配、气质和行为方式的契合协调、年龄结构及知识结构的优化，实现力量整合，以发挥整体效率。再次，要努力把握系统的开放性特征，营造领导班子结构优化的良好环境。最后，班子建设还要注意与扶贫攻坚、脱贫致富紧密结合、有机统一起来。

（3）不断提高县、乡党委领导发展、驾驭市场经济的能力。民族地区县、乡党委驾驭市场经济的能力，就是指县、乡党委在领导民族地区区域经济建设中运用各种手段、方式与制度，在领导、指挥、调控经济、促进区域经济全面发展中所表现出来的综合素质和能力。它主要包括市场预测能力、市场培育能力、市场决策能力、市场调控能力、市场引导能力。云南民族地区县、乡党委必须结合区域实际，在透彻把握好市场经济驾驭能力内涵的基础上，理清经济思路，处理好党领导经济工作与政府宏观调控的关系，并围绕服务市场经济，切实建设好县、乡党委领导班子，规范好县、乡党委驾驭市场经济的行为。

（4）发展基层民主，巩固并拓展党在基层执政的合法性。从根本上来说，加强云南民族地区县、乡党委领导能力建设，就是要巩固和拓展党在云南民族地区执政合法性的问题。我们认为，当前重点是把握好两个方面的建设：一方面，必须逐步扩大基层党组织直接选举的范围；另一方面，需要进一步完善村民自治，建立、健全党组织领导下的充满活力的村民自治机制。

就第一个方面而言，当前需要认真研究、积极探索、不断完善乡、镇党委直选的制度模式。试行乡、镇党委"直选"，既可以由中央统一部署，也可以由地方酌情决定。但无论中央或地方，都有必要为乡、镇党委"直选"制定全国性或地方性的试行办法，使之合法化、规范化，做到有章可循、有法可依。在试行逐步深入、经验不断积累的基础上，对一些重要法规、制度和规章作相应修改。实行乡、镇党委"直选"，还要积极稳妥、分步推进。第一步是要实现真正体现代表意志的"直选"。目前，乡、镇一级的党代表和人大代表，虽然基本上是依法"直选"产生的，但实际上"水分"较多，走过场的现象还普遍存在，离真正的直接选举相距较大。第二步是要实现对领导候选人的

"直选"。已经出现的"两票制"、"海推直选"等做法，都包含了由党员或选民直接选举领导候选人的内容，并且实践已证明这些做法都是比较成功的。第三步是要实现对领导的"直选"。通过第一步和第二步，可以培养选举人的民主观念，可以在不断探索中积累经验，为顺利地过渡到第三步作准备。以上的三个步骤，都必须采取循序渐进，先试点积累经验、后面上铺开推广的办法，逐步实现乡、镇领导干部的"直选"。随着实践经验的逐渐积累、社会主义法制的逐渐完善、选民整体素质的逐渐提高、民主观念的逐渐增强以及乡镇政务的逐渐公开，乡、镇主要领导"直选"是能够逐步实现的。经过若干年后，县（市）这一级主要领导也可考虑实行"直选"。

就第二个方面而言，当前亟待规范"两委"关系，建构"两委"良性互动机制。村党支部是村各种组织和各项工作的领导核心，决定着村里政治、经济和社会发展中的重要问题。村委会是村民自我管理、自我教育、自我服务的基层群众性自治组织，在法律规定的范围内办理本村的公共事务和公益事业，管理属于村民集体所有的土地和其他财产，承担本村生产的服务和协调工作。在实际工作中，只有明确村委会和党支部的职权，做到各司其职、各尽其责，才能使村党组织从大量日常事务中解脱出来，将主要精力放在把握全村的总体发展上，从而强化自身在村民自治中的权威，在村民自治中发挥领导核心作用；也才能使村委会依法行使自治权，独立开展工作，真正实现自治。同时，乡、镇党委和乡、镇政府要加强对村"两委"的指导，积极开办针对农村党支部的党校学习班，加大对农村党员干部的教育培训。还要确立对村"两委"的指导方式。尤其是在村委会选举之际，不能操纵"两委"选举。

发展村民自治，特别需要地方领导人具有开拓创新精神。村民自治作为一种制度规范，毕竟是自上而下的一种灌输行为，这种灌输能力的强弱，与行政系统的灌输能力的大小有着决定性的关系。而行政系统的灌输能力又决定于地方的党政领导人的素质与能力。如果地方领导人思谋不全、方法不当，或指导不力，那么村民自治无论如何也不会取得较大进展。高素质与强能力的干部队伍可以保证党政机关对村民自治活动起积极的促进作用。

（5）化解矛盾，协调利益关系，不断提高县、乡党委构建和谐社会的能力。

一是要积极不懈地面向广大党员和县、乡领导干部开展马克思主义民族理论、宗教理论、民族政策的教育、学习活动，坚定不移地抓好县、乡党委领导干部树立马克思主义民族观、宗教观的工作，依法加强对宗教事务的管理，从而着实提高领导县、乡干部的马克思主义民族理论、宗教理论和政策水平，增强解决民族、宗教问题的能力。

二是要提高县、乡党委领导干部应对复杂局面、处置突发事件的能力。在应对复杂局面时，县、乡领导干部必须坚持以国家和人民利益为重，做到冷静观察、沉着应对、清醒判断、见微知著、处理得法、有所作为。要建立科学有效的预案和预警工作机制，主动把问题解决在萌芽状态；要采取各种有效措施、形式加强政府与群众的沟通和联系，不回避矛盾，敢于触及热点、难点问题，强化群防群治，发挥民事调解功能。要善于把握全局，面对突发事件不大惊小怪、不惊慌失措，做到判断准确、处理得当。同时，要注意把应对"非常态"的突发事件纳入到"常态"的管理当中，做到有备无患、预谋周全。

三是要提高县、乡领导干部协调利益关系、构建和谐社会的能力。要在政治实践中不断摸索和创新党在民族地区构建"和谐社会"的运行机制，包括利益整合机制、社会流动机制、矛盾疏导机制、社会预警机制以及社会活力生成机制。

## 三、成果的学术价值、应用价值，
### 以及社会影响和效益

本课题系列研究成果的价值和影响凸现在：（1）丰富党的建设理论；（2）为党的整体执政能力的提升提供理论支撑；（3）有利于加快云南民族地区经济社会发展步伐；（4）有利于和睦民族关系、增强边疆稳定、增强党和政府在云南民族地区的执政合法性；（5）有利于促进云南民族地区政治文明建设；（6）有利于推动云南民族地区广大农民政治需求的满足和实现。

项目名称：云南民族地区县、乡两级党委领导能力建设研究
项目负责人：姜子华
所在单位：楚雄师范学院
主要参加人：夏绍先　谭　斌　刘会柏　袁明旭　徐光辉
　　　　　　陈文清　李玲波
结项时间：2006 年 1 月 14 日

# 党的统一战线理论和政策
# 在云南的实践

　　云南是一个民族众多、四大宗教俱全、民主党派齐全、归侨和海外侨胞甚多的边疆省份。在中国共产党已经走过的 86 年的光辉历程中，党始终把马克思主义统一战线理论与云南革命和建设的具体实际相结合，创造性地领导和开展云南的统一战线工作，使统一战线成为云南革命、建设和改革开放事业从胜利走向胜利的重要法宝。

　　新民主主义革命时期，在第一次国共合作、北伐战争胜利发展的历史条件下，中共云南地方组织按照党中央的指示和大革命推动反帝、反封建的革命要求，直接帮助和参加建立了云南国民党"左派"组织，并且联合各界、各阶层人民，促成了推翻唐继尧军阀统治斗争的胜利，推动了大革命运动在云南的高涨。1927 年"四一二"反革命政变后，共产党员、国民党"左派"人士和革命群众遭到残酷镇压，以国共两党合作为主的统一战线破裂，但云南党组织仍然利用矛盾，继续坚持开展统一战线工作，取得了驱逐蒋介石特使李宗黄等斗争的胜利。1931 年"九一八"事变后，在民族危机日益严重的形势下，中国共产党以国家和民族利益为重，不计前嫌，从红军长征过云南时起，即开始对曾追随蒋介石镇压云南革命运动的云南地方实力派进行团结争取工作。抗日战争爆发后，在中共中央南方局的直接领导下，云南党组织高举抗日民族统一战线的旗帜，团结云南各界、各阶层人民，争取以龙云为首的云南地方实力派，结成巩固的抗日民族统一战线，为伟大的中国人民抗日战争的胜利作出了重要贡献。解放战争时期，在两种命运、两个前途的斗争中，针对蒋介石反动集团加强法西斯独裁统治、发动内战的政策，中国共产党正确地把握了中国国内的阶级矛盾和社会矛盾，团结一切反蒋爱国民主力量，在云南结成广泛的反蒋爱国民主统一战线，开展了轰轰烈烈的城市爱国民主运动，发动和领导了全省范围的人民武装斗争，争取了卢汉在昆明率部起义，最后赢得了云南各族人民的彻底解放。

云南解放后，党的统一战线的基本任务已经从配合武装夺取政权，发展到巩固人民民主专政的国家政权，恢复和发展国民经济，进行社会主义建设，为富民强国而奋斗。1950年2月，云南成立省委统一战线工作部，加强对统一战线工作的组织领导。中共云南省委把党中央"团结第一，工作第二"的方针贯彻到统一战线工作中，团结各界、各族人民，成功地开展了政权接管、征粮剿匪、禁毒禁烟等社会改造工作；按照中央部署，慎重稳进、因地制宜、分类指导，创造性地开展了边疆少数民族地区的民主改革，顺利完成了农业、手工业和资本主义工商业的社会主义改造，使边疆各族人民共同走上了社会主义的康庄大道。在以后的"大跃进"运动中，特别是在"文化大革命"时期，由于党的指导思想的错误，统一战线工作遭受挫折。党的十一届三中全会以来，中共云南省委全面平反冤假错案，落实各项统战政策，妥善处理历史遗留问题，不断完善中国共产党领导的政治协商制度，广泛联系和安排各族各界爱国人士，加强政治协商、民主监督，促进合作共事，同时做好党外干部的培养选拔工作；不断加强民族团结，努力巩固和发展平等、团结、互助的社会主义新型民族关系；全面贯彻党的宗教政策，加强对宗教事务的管理；大力开展非公有制经济、党外知识分子以及台、港、澳等统一战线新领域的工作，团结一切可以团结的力量，调动一切可以调动的因素，同心同德，群策群力，发展和壮大统一战线，全面开创爱国统一战线的新局面，使云南在社会主义现代化建设中向"富民兴滇"的宏伟目标逐步迈进。

综观云南革命、建设和改革开放的历史，党的统一战线这一法宝自始至终发挥了重要的作用。革命战争年代，它调动了浩浩荡荡的革命大军，和国内外的敌人进行了英勇顽强的斗争，并且赢得了最终的胜利；它孤立了最反动、最顽固的敌对势力，使他们陷入人民战争的汪洋大海之中而最终招致彻底的覆灭；它在云南这个边疆多民族的省份，为中共云南地方组织提供了发展壮大和最终夺取政权的有利的社会环境，它使中国共产党在云南激烈的阶级斗争中不仅团结了各族人民，而且和许多地方上层人士、民族上层人士、滇军将领、民族资本家、民主人士结下了生死与共的战斗情谊，为新中国成立后在云南开展各项工作打下了良好的基础，产生了不可估量的深远影响。和平建设时期，它汇集、调动了各方面的力量，广集英才，形成浩浩荡荡的建设大军，实现了全省的政治稳定、经济发展、社会进步、民族团结，使云南这个多民族省份在改革开放和社会主义现代化建设大潮中，繁荣发展，蒸蒸日上。

江泽民同志曾经指出："我们党领导人民进行革命、建设和改革的历史，是一部蕴涵和体现马列主义、毛泽东思想和邓小平理论的活生生的教科书。我们要运用它们来经常教育全党同志特别是党的各级领导干部，不断增强大家坚持党的基本理论、基本路线、基本纲领的自觉性，提高大家驾驭全局和处理各种复杂事务的本领。"中国共产党在云南开展统一战线工作的光辉实践也是一部活生生的教科书。它告诉我们，云南人民的解放、民族的团结、边疆的稳定、经济的发展，始终离不开统一战线工作。在新的世纪，我们要实现富民兴滇的宏伟目标，就要以史鉴今，开创未来，充分发挥统一战线的巨大政治优势，高举爱国主义、社会主义的旗帜，团结一切可以团结的力量，调动一切积极因素，为云南的改革开放和现代化建设服务。

中国共产党在云南开展统一战线工作的光辉实践，留给了我们许多值得借鉴的历史经验。归纳起来，它主要有以下七个方面。

## 一、必须充分认识党领导的统一战线的重要性、必要性和长期性

统一战线、武装斗争和党的建设是中国新民主主义革命的三大法宝。中国革命和建设的历史经验证明，团结绝大多数人在共产党周围，结成最广泛的统一战线，是中国革命和社会主义建设的强大力量源泉，是中国共产党的巨大政治优势和长期的战略方针，它不仅是中国新民主主义革命的一个基本特点，也是建设中国社会主义的一大特色。党的前途、命运始终与统战工作息息相关。凡是统战工作搞得好的时候，也就是党的事业和国家建设取得成功和胜利的时候。反之，则党的事业必然遭受重大挫折。无论过去、现在，还是将来，统一战线始终是中国共产党的一大法宝，不是可以削弱，而是必须加强；不是可以缩小，而是必须扩大。正如江泽民同志强调指出的："在新的世纪，统一战线作为党的一个重要法宝，绝不能丢掉；作为党的一个政治优势，绝不能削弱；作为党的一项长期方针，绝不能动摇。"党在云南开展统一战线工作的实践也反复证明，统一战线与云南的兴衰成败紧密相关。当前，云南省 8 个民主党派成员超过 18 000 人；少数民族种类、独有民族、跨境民族、民族自治州（县）数都为全

国第一，少数民族总人口仅次于广西；除了全国的 5 大宗教云南都有外，南传上座部佛教是云南独有；云南又是我国 5 大侨乡之一，有近百万的滇籍华侨华人、港澳台同胞和归侨侨眷；云南党外知识分子和非公有制经济代表人士的数量也在不断增加。没有各族、各界、各党派人士在大团结、大联合基础上的共同奋斗，云南就不可能形成经济繁荣、社会稳定、民族团结、边疆安宁的良好局面。

## 二、中国共产党的领导是统一战线建立、巩固和发展的根本保证

毛泽东同志指出："中国新民主主义的革命要胜利，没有一个包括全民族绝大多数人口的广泛的统一战线，是不可能的。不但如此，这个统一战线还必须是在中国共产党的坚强的领导之下，没有中国共产党的坚强的领导，任何革命统一战线也是不能胜利的。"[①] 简单回顾一下中国新民主主义革命斗争史，就足以证明毛泽东同志这一论断的正确性。中国共产党成立伊始，就为建立反帝、反封建的革命统一战线进行了不懈的努力，是中国共产党按照反帝、反封建的革命纲领，帮助国民党发展"左派"组织，对三民主义作新的解释，制定了"联俄、联共、扶助农工"的三大政策，实现了第一次国共合作，结成了以工农联盟为基础的全民族参加的革命统一战线，推动了大革命运动的高涨。1931 年"九一八"事变后，在国家危亡、民族危亡的关头，全国人民和各界有识之士都希望有一个政治力量来团结和领导全中华民族抵御外敌侵略。在国难当头之际，是中国共产党及其领

---

① 《毛泽东选集》第 4 卷，人民出版社 1991 年版，第 1 257 页。

导的中国工农红军，以民族利益和国家利益为重，首先倡导建立各界、各阶层人民参加的抗日民族统一战线。为此，中国共产党忍辱负重，委曲求全，申明民族大义，高举团结抗日的旗帜，促成了西安事变的和平解决，开始了以国共合作为主的广泛的抗日民族统一战线的全面抗战。抗日战争进入相持阶段后，在国民党内投降势力公开叛国投敌、顽固派掀起反共高潮，抗日民族统一战线遭受威胁的关头，是中国共产党及时提出了"坚持抗战，反对投降；坚持团结，反对分裂；坚持进步，反对倒退"三大政治主张，为"发展进步势力，争取中间势力，孤立顽固势力"作了不懈努力，一次又一次地挽救了抗日民族统一战线出现的危机，最终团结全国人民赢得了抗日战争的伟大胜利。在此期间，中共云南地方组织在党中央和南方局直接领导下，组织、领导云南各族各界人民挫败了敌伪的诱降阴谋和反共活动，在妥协、投降、反共逆流袭来时把握了正确的抗日、团结、进步的政治方向，发展、巩固了抗日民族统一战线。抗战胜利后，在蒋介石发动反革命内战加强法西斯独裁专制统治的形势下，是中国共产党发出"打倒蒋介石、解放全中国"的伟大号召，领导被蒋介石政府各项反动政策所压迫、处于团结自救地位的中国各阶层人民，包括工人、农民、城市小资产阶级、民族资产阶级、开明绅士、其他爱国分子、少数民族和海外华侨，结成了一个极其广泛的反蒋爱国民主的统一战线，并在统一战线内部提出了照顾各阶层人民根本利益的方针、政策，最后使蒋介石反动统治集团陷于人民战争的汪洋大海之中而彻底覆灭。

新中国成立后，中国共产党继承了统一战线这一历史法宝，建立了统一战线的组织形式——中国人民政治协商会议。1950年3月，召开了第一次全国统战工作会议，对各方面的统一战线政策作了明确阐述。在新民主主义向社会主义转变的各项工作中，中国共产党成功地运用了马克思主义理论，开辟了经过统一战线，对资本主义工商业进行和平改造，把资本主义所有制改造成为社会主义公有制的道路。由于中国共产党正确的统战政策，不但保证了社会主义改造的顺利实现，而且对民主党派、知识分子、少数民族人士、港澳同胞和海外侨胞以及其他爱国人士产生了良好的影响。中国共产党对民族资产阶级的正确方针、政策和工作，保证了统一战线在从新民主主义到社会主义的伟大转变以后继续巩固和扩大，成为巩固人民民主专政、推进社会主义事业的法宝。党的十一届三中全会以来，中国共产党人高举邓小平理论伟大旗帜，继续巩固和扩大爱国统一战线，使新时期统一战线对民族团结、经济发展、社会稳定发挥了积极作用。

中国革命和建设的历程表明，只有中国共产党，才能按照"只有解放全人类，才能最后解放自己"的恢宏气魄去建立革命统一战线，并顽强、坚定地进行实践；只有中国共产党，才能以非凡的胆略和博大的胸怀，在各个革命历史时期与持不同政治主张的党派、团体及阶层团结起来，为民族和国家的独立、繁荣和富强而奋斗；只有中国共产党，才能始终把握住统一战线正确的政治方向，排除各种干扰和困难，把革命引向胜利；只有中国共产党才能领导全体党员，坚定不移地贯彻党的统一战线的方针、政策，把全国人民团结在统一战线的旗帜下；只有中国共产党，才能不断纠正和克服在统战工作中发生的错误和缺点，襟怀坦白，为全国人民所拥护。总之，在统一战线中坚持中国共产党的领导，是革命统一战线、人民民主统一战线和爱国统一战线建立、巩固和发展的根本保证，也是统一战线内部各方面人士的共同愿望和共同利益。

# 三、在统战工作中要坚持求同存异的指导原则

毛泽东同志在《中国共产党在民族战争中的地位》一文中指出:"必须保持加入统一战线中的任何党派在思想上、政治上和组织上的独立性,不论是国民党也好,共产党也好,其他党派也好,都是这样。……各党必须有相对独立性,就是说有相对的自由权。如果被人抹杀或自己抛弃这种相对的自由权,那就也会破坏团结对敌的总方针。这是每个共产党员,同时也是每个友党党员,应该明白的。"① 毛泽东同志所说的独立和自由权,就是在有共同目标的前提下,在思想上、政治上、组织上的独立性和自由权;共同目标即"同",独立性、自由权即"异"。作为统一战线的领导者——共产党来讲,就应在统一战线工作中,坚持求同存异的指导原则。

民主革命时期的政治纲领,是党领导的革命统一战线的精神支柱和政治方向,它是以爱国主义为基础的,有了这个基础,就有了反对帝国主义侵略,推翻中国反动统治,建立一个独立自主、繁荣富强的新中国的共同目标。在共同的政治目标基础上,允许统一战线内各党派、各团体、各阶层保留在思想、政治和组织上与共产党存在的差异。只有这样,革命的统一战线才能巩固和发展。如解放战争时期,中共云南地方组织从爱国反蒋这一政治目标出发,与大、小地方实力派、民族上层人士、地方绅士、民族资产阶级、民主人士等建立了统战关系,不强求他们放弃自己的主张,更不要求他们在生活习惯、工作作风上和共产党一

---

① 《毛泽东选集》第 2 卷,人民出版社 1991 年版,第 524~525 页。

样，在实行新民主主义，反对帝国主义、封建主义和官僚资本主义，建设一个独立、民主、和平、统一和富强的新中国这一共同目的下，求大同、存小异，结成广泛的反蒋爱国民主统一战线，为建设繁荣、富强的新中国共同努力。新中国建立前夕，由中国共产党主持起草、中国人民政治协商会议第一届全体会议通过的《中国人民政治协商会议共同纲领》，充分体现了这一根本原则。新中国成立以来，各民主党派、各人民团体、各界各族人民以社会主义为共同目标，在保持自身特点和一定独立性的基础上，形成广泛的爱国统一战线，汇成强大的建设大军，为实现社会主义而共同奋斗。历史表明，求同存异是统战工作中的重要的指导原则，掌握好这一指导原则，统一战线才能不断巩固和发展。

## 四、在统一战线工作中要坚持党的一切从实际出发，坚持原则的坚定性和工作方法的灵活性相结合

中共中央在中国各个革命和建设的历史时期、历史阶段都确定了统一战线的总的路线和方针。云南党组织从党的总路线和总方针出发，结合云南的客观实际，在掌握原则性和灵活性相结合的斗争策略及工作方法上进行了长期的探索实践，形成了自己的一些特点和经验。

### （一）在坚持党的政治目标的前提下，审时度势、因时因地地提出了符合客观实际的策略和口号

在抗日战争时期，在团结抗日的共同目标下提出了"拥护龙主席出兵抗日"的口号。解放初期，在中央"团结第一，工作第二"的方针指导下，云南省委提出了民族工作中"宜缓不

宜急"、"讲团结不讲斗争"、"反'左'不反右"等口号，团结了各族人民，成功地开展了边疆民族地区的改革，使边疆各族人民共同走上了社会主义道路。

**（二）在坚持党的政治目标的前提下，注意和尊重统一战线内不同阶层的切身利益**

抗战时期，昆明一些工厂的工人曾开展过要求增加工资、要求八小时工作制等经济斗争。云南党组织因势利导，支持工人向资本家要求解决切身利益的斗争，但为团结民族资本家共同抗日，不普遍发动工人开展罢工斗争，斗争开展后也注意引导工人适可而止。解放战争时期的武装斗争中，在少数民族地区，既关心少数民族群众的利益，又注意民族上层的利益，确定了"争取团结上层，培养民族干部，不提社会改革口号，不搞清算斗争，稳定边疆，支援内地游击斗争"的工作方针。这些区别不同统战对象、注意和尊重他们切身利益的统一战线工作得到了各阶层人民的信任和拥护。

**（三）因地制宜，掌握时机，开展团结、争取工作**

党对卢汉坚持了长期的团结、争取工作，最终促使卢汉决心反蒋起义。期间，党掌握的时机就是：1949 年，全国解放战争取得伟大胜利，解放大军渡江南下；云南人民武装斗争蓬勃发展并形成农村包围城市的态势；蒋介石准备退守西南，企图让卢汉成为其殉葬品；昆明形成争取和平解放的强大政治力量。在这样的时机下，中国共产党及时通过各种渠道向卢汉指出，只有起义才是光明的前途，最终促成了卢汉作出率部起义的正确抉择。

## 五、共产党人在革命统一战线内要善于
## 交朋友，与他们肝胆相照、荣辱与共

周恩来同志曾说过："交朋友就可以沟通思想，互相帮助，逐渐深交，就可以团结为一支强大的力量，就能团结一致共同对敌。"党在云南开展统一战线工作的实践证明，广交朋友，与朋友肝胆相照、荣辱与共，是做好党的统战工作、巩固扩大统一战线的有效方法和基本保证。其经验是：

### （一）交友要广泛

1941 年"皖南事变"后，云南党组织在贯彻党中央提出的"隐蔽精干"的方针和南方局提出的"勤业、勤学、勤交友"的"三勤"政策工作中，不仅和要求进步的广大青年交朋友，也和民主人士李公朴、闻一多等，同民族资本家苏莘农、郑一斋等，同滇军将领张冲等，地方上层人士李根源、刘震寰、禄国藩、袁丕佑等交朋友；在全省各地和刘宝煊、温培群、赵楚珩、罗正明等一大批爱国人士交朋友。这样，不仅在国民党顽固派加紧反共的形势下巩固了党的组织，而且团结了各阶层人民群众，发展壮大了进步力量，在革命到来时发挥了重要作用。云南党组织认真贯彻"三勤"政策的工作，受到了周恩来同志的肯定和表扬。解放战争时期，党的力量壮大了，交友的范围也更加扩大，几乎每个党员、每个党的外围组织成员都交有不同阶层的一些朋友；这些朋友再联系他们的朋友，形成了以党为领导核心的广泛的革命统一战线。在改革开放的新的历史时期，云南不断扩大交友范围，加强了与海外人士多层次、多形式的交往。1993 年至 2000 年，省级统战、侨务等部门以及民主党派、有关团体先后邀请、

接待了 20 多个国家和地区的 60 多个城市的港、澳同胞和海外侨胞共 5 000 多人次来滇参观、考察、投资，有力地推动了云南的对外开放。

### （二）对朋友平等相待、肝胆相照、荣辱与共

如对李公朴、闻一多两位民主战士，在爱国民主运动中，中国共产党一直与之并肩战斗、患难与共，1946 年李、闻不幸被暗杀以后，从党中央到云南地方党组织都给予了极大的关怀，并且发动了全国范围内的声讨国民党反动派暴行的斗争。毛泽东同志高度赞扬了李、闻，称他们"表现了我们民族的英雄气概"①。共产党对党外朋友的肝胆相照，赢得了朋友的信赖和拥护，产生了深远的影响。又如，云南党组织的朋友、哈尼族上层人士李和才，党组织与他在人民武装斗争中患难与共，结下了深厚的战斗情谊，李和才表示"跟党走，走到底"。到生命的最后一息，他都实践了他自己的这个誓言。

### （三）对朋友要积极引导、热情帮助、团结互助、共同进步

1940 年，中共中央统战部指示各地党组织："过去对我们直接领导以外的进步力量，认真帮助和爱护不够，今后须诚恳忠实地帮助各种进步力量的发展，以他们的事业为共同事业，以他们的成败为共同成败。"云南党组织的统一战线工作，在这方面有许多成功的事例。新中国成立 58 年来，云南省委、省政府始终重视做好各方面代表人士的工作，与他们平等相待，互相尊重，广交、深交朋友，不仅安排工作，而且帮助他们在工作上做出成绩，在政治上有所进步，生活得到照顾，同他们合作共事，商量

---

① 《毛泽东选集》第 4 卷，人民出版社 1991 年版，第 1 496 页。

解决工作中遇到的重大问题。近年来，在省委的安排下，一些民主党派、工商联和无党派人士在各级人大、政协中参政议政，还有一批党外人士在各级政府和司法机关担任领导职务，履行参政职能；举办了一系列民主党派、工商联领导和成员的培训班，协助民主党派加强思想建设，支持、引导民主党派讲政治，使多党合作的思想和共同的政治基础得到巩固；协助民主党派加强组织建设，确定后备干部，选派民主党派机关干部到基层挂职锻炼；省政府和省财政、计划、编制、卫生等部门在经费、住房、车辆、医疗、阅文等方面积极为民主党派履行参政党职能创造了必要的条件，密切了中国共产党与民主党派的关系。

## 六、在开展党的统一战线工作中认真处理好三个问题

### （一）处理好民主与团结的问题

新民主主义革命时期，在革命统一战线的建立、巩固和发展过程中，不仅只是本文前面所讲到的各种团结、争取工作，而且始终存在着尖锐的斗争。这些斗争，既包括党内对统一战线工作中"左"、右倾思想的斗争，也包括争取同盟者工作中的斗争。正如毛泽东同志所说："斗争是团结的手段，团结是斗争的目的，以斗争求团结则团结存，以退让求团结则团结亡。"① 正确处理好斗争与团结的关系是保证革命统一战线取得成功的重要经验。

但是，中国共产党执政、社会主义制度建立后，我国社会的主要矛盾已经变为人民日益增长的物质文化需要与落后的社会生

---

① 《毛泽东选集》第2卷，人民出版社1991年版，第745页。

产力之间的矛盾，中国共产党与各民主党派建立了中国共产党领导下的多党合作、政治协商制度，阶级斗争只在一定范围内存在。在这样的历史条件下，就要求以民主和团结为主题，正确处理统一战线中的人民内部矛盾。这是总结新中国成立以来统一战线58年风雨历程得出的重要结论。众所周知，在基本完成社会主义改造以后，同其他领域的工作一样，统一战线也经历了一个曲折的发展过程。基本的教训就是由于党的领导曾在指导方针上犯了"左"的错误，把国内在一定范围内还存在的阶级斗争扩大化和绝对化，把过去行之有效的统一战线政策错误地当做投降主义、修正主义加以否定和批判，给党的统战工作造成了巨大灾难。党的十一届三中全会后，以邓小平同志为核心的党的第二代领导集体纠正了党在指导思想上以阶级斗争为纲的"左"倾错误，提出了统一战线和人民政协的任务是要调动一切积极因素，努力化消极因素为积极因素，团结一切可以团结的力量，同心同德、群策群力，维护和发展安定团结的政治局面，为把我国建设成为现代化的社会主义强国而奋斗。统一战线的这一目标和任务是在总结历史经验的基础上制定的，也充分反映了民主和团结这两大主题，说明为实现这一目标必须正确处理人民内部矛盾。在这一思想指导下，新时期的爱国统一战线运用其独特的优势和民主的方法，努力协调党派关系、民族关系、宗教关系以及统一战线各方面人士之间的关系，运用"团结——批评——团结"的原则，求同存异，妥善解决了许多社会矛盾，使各界人士心情舒畅，极大地调动了统一战线各方面的力量，在促进国家的经济发展和民主法制建设方面，在维护国家的安定团结方面，作出了重要的贡献。当然，在一定范围内斗争仍然存在，对那些妄图分裂祖国的阶级、阶层、集团、个人，要孤立它，并与之展开坚决的斗争。

**（二）处理好统战工作部门和全党动手做统战工作的问题**

在民主革命的各个历史时期，云南党组织对云南地方实力派的争取工作，是多层次、多渠道、多方面的，党中央、华南分局在做，云南省工委、昆明市委在做，统战工作小组在做，许多党员也在做，因而团结、争取了各方面的力量，通过各方面工作的影响，推动了地方实力派最后靠拢人民。当前，就省级而言，省委统战部作为省委主管统一战线工作的职能部门，负有协调、监督和检查云南统战工作的重要职责。但是，做党外干部、党外知识分子、民族、宗教、海外统战、非公有制经济等工作的部门有十多个，分属于省委、省人大、省政府、省政协和有关人民团体。为此，要建立统一、精干、高效的统一战线工作机制，以利于加强党对统战工作的集中、统一领导，以利于统战系统的协调配合、步调一致、形成合力，以利于及时妥善处理统战工作中的重大问题。

**（三）处理好统战工作和党的其他工作的关系**

云南革命和建设的历史经验证明，党的统一战线工作始终是为党的中心工作服务的，它和党的其他工作是互相支持、互相配合、互相促进的关系。如果党的各项工作做不好，统一战线工作也就不可能做好；反之，统一战线工作做不好，党的其他工作也就要受到影响。这正如毛泽东同志所说："统一战线和武装斗争，是战胜敌人的两个基本武器。统一战线，是实行武装斗争的统一战线，而党的组织，则是掌握统一战线和武装斗争这两个武器以实行对敌冲锋陷阵的英勇战士。这就是三者的相互关系。"①

---

① 《毛泽东选集》第 2 卷，人民出版社 1991 年版，第 613 页。

## 七、切实抓好统一战线两支队伍建设，这是
## 有效开展统战工作的组织保证

统一战线工作是一项具有鲜明特点的工作。中国共产党统一战线发展的光辉历程说明，高水平的统战工作，取决于高素质的统战干部；充分发挥统一战线应有的作用，就必须努力建设高素质的党外干部队伍和统战干部队伍。早在新民主主义革命时期，党中央对从事这项工作的干部就有一些特殊的要求。1940 年 12 月，中共中央统战部《关于统一战线干部的组织和工作问题的指示》集中了这些要求，即"统一战线干部应具有下列品质：忠实坚定的政治立场，灵活果断的策略眼光，一定程度的社会经验，勤俭朴素的生活习惯，艰苦耐劳的工作作风，诚恳谦和的待人接物态度"。党组织在各个时期开展统战工作时，在配备干部和开展工作中都认真执行了这些要求。如，为便于同滇军中上层军官接触，党中央和南方局就派与这些军官有社会关系的朱家璧同志到滇军中去开展工作；云南党组织派樊子诚做沾益温培群的工作，派杨守笃做陆良杨体元的工作，派李宣明做元江李和才的工作，等等。他们在复杂的斗争环境里一直保持良好的品德，同时运用各种社会关系，为党的统一战线工作作出了贡献。事实充分说明，按照统一战线工作的要求，培养一支统战工作队伍，对于保证党的统一战线理论、方针、政策的贯彻执行和争取统一战线工作的胜利是十分必要的。因此，在新的历史时期，要按照"三个代表"重要思想的要求，大力培养、选拔党内、党外德才兼备的优秀年轻干部，这是建设高素质统一战线两支干部队伍必须切实解决好的重大问题。培养、选拔一大批能够同中国共产党真诚合作的新一代各界党外代表人士，建立一支适应形势发展需

要的党外干部队伍，这是搞好党与非党合作共事的基础和必要保证。各级统战部门要以高度的政治责任心和历史使命感，加强对年轻干部的教育培养，为他们健康成长创造良好的条件。

项目名称：党的统一战线理论和政策在云南的实践

项目负责人：王元辅

所在单位：中共云南省委党史研究室

主要参加人：杨佑钧　李继红　杨林兴　余　红　杨伍荣

结项时间：2007年7月2日

# 第三代中央领导集体对邓小平农业现代化理论的继承和创新

## 一、该课题研究的目的和意义

该课题的研究是丰富和发展我国农业现代化理论的需要，是促进我国农业现代化发展的需要。农业是人类赖以生存的基础。从世界历史角度看，农业迄今已经经历了原始农业、传统农业、现代农业三个不同的发展阶段。农业现代化是农业技术先进状态和制度先进状态的统一体。农业现代化是世界各国农业发展的必然趋势。在我国，由于特殊的国情，农业的现代化不仅有着必要性，而且还有着特殊的迫切性，它是我国社会不断增长的人口和国民经济发展对农业的要求，是我国现代化的重要组成部分，是整个社会走向现代化的基础。实现农业现代化是新中国成立以来中国共产党人以及广大农民孜孜以求的宏伟目标，是中国共产党几代领导人努力的目标。

本课题的研究有助于深化对我国社会主义现代化的研究，有助于深化对我国农业现代化理论的系统研究，对了解我国农业现代化的全局、历程及其发展前景，探索我国农业现代化发展道路，对我们正确把握我国农业现代化的发展规律、不断推进我国农业的现代化，都具有重要意义。

## 二、研究成果的主要内容和重要观点

本课题以我国几代领导人关于农业现代化思想的发展为线索，重点就第三代中央领导集体对邓小平农业现代化理论的继承和创新成果进行了深入研究。课题成果分为四章：

第一章主要论述了邓小平对我国农业现代化理论的重新确立：论述了毛泽东关于我国农业现代化的思想和邓小平对我国农业现代化经验教训的深刻思考；论述了邓小平关于农业现代化的理论及其基本特征和特色。

毛泽东对实现社会主义农业现代化进行了初步设计。他设想我国农业现代化目标模式为集体化或社会主义化；提出用现代工业和科学技术武装农业；提出农民的现代化是农业现代化的基本前提，因此，必须把传统意义上的农民逐步转变为用现代科学技术武装起来的、适应社会发展需要的、日趋文明的现代化的劳动者；他尝试走人民公社理想道路。

邓小平在毛泽东对我国农业现代化道路探索的基础上，深刻总结经验教训，提出了农业现代化的一系列理论。

邓小平同志运用马克思主义的立场、观点和方法，科学地分析我国国情，研究了我国农业经济建设的一般规律和特殊规律，成功地实现了我国农业经济的一系列变革，成就令世人瞩目。在理论上，形成了社会主义农业发展理论。他通过分析改革开放和现代化所面临的新形势、新情况和新问题，站在发展农业的宏观战略高度，全面阐释了我国农业基础地位、农民主体作用、农业发展的战略重点、"一靠政策，二靠科学"、"两个飞跃"、农业现代化等重大理论和实践问题，形成了以"六论"（基础地位论、主体作用论、战略重点论、政策科学论、两个飞跃论、中国式农业现代化道路论）为主要内容的科学理论体系。作为我国改革开放和现代化建设的总设计师，邓小平极其关心和重视农业。他从我国现代化的全局出发，始终把农业发展问题作为我国的头等大事。他领导的中国改革首先是从农村开始的，这条以农村为突破口、以农村改革和发展推动城市，又以城市改革和发展支持农业现代化的道路是中国改革的成功之路。从中，他也总结出了一套关于农业现代化的理论。

第二章主要论述了以江泽民为代表的第三代中央领导集体对邓小平农业现代化理论的新发展：论述了第三代中央领导集体面临的农业形势；论述了江泽民关于农业现代化的新思想及其主要特点和实践意义；论述了党的十三届四中全会后13年来我国农业、农村工作的历史性变化和启示。

党的十三届四中全会后的13年来，我国农业发展进入了一个新的阶段，农业、农村工作出现了一些新情况和新特点。这些新情况和新特点使我国农业面临新的形势，这也是江泽民农业现代化理论产生的背景。以江泽民为代表的第三代中央领导集体坚持和运用邓小平农业现代化理论指导我国的农业和农村工作，不断推进我国的农业现代化。在此过程中，逐步形成了新阶段农业和农村工作的一整套思想，继承和创新了邓小平关于农业现代化的理论。这些理论同邓小平农业现代化理论既一脉相承，又与时俱进。

以江泽民为核心的第三代领导集体在领导推动中国农业现代化跨世纪发展的伟大实践中，根据我国农业发展的新形势，按照邓小平关于我国农业现代化的总体构想和论述，高度重视农业、农村和农民问题，提出了农业现代化的一系列新思想，继承和创新了邓小平农业现代化理论，指导我国的农业现代化向更高的阶段迈进。

第三章主要论述了用"三个代表"重要思想推动新世纪农业现代化：论述了新世纪、新阶段我国农业现代化面临的新问题；论述了在"三个代表"重要思想指导下推动农业现代化；论述了坚持江泽民关于农业发展的思想，全面推进农村小康社会建设；论述了坚持新阶段中央关于农业现代化的指导方针和政策。

江泽民关于我国农业发展的思想，丰富和发展了邓小平关于我国农业现代化的理论，是"三个代表"重要思想在指导农业现代化建设方面的具体阐发，在我国农业现代化跨世纪的发展中发挥了重要的理论指导作用，对新世纪我国农业现代化发展，有重要的指导意义。

就代表先进生产力发展要求来说，一是农业生产关系的变动一定要适合生产力的发展水平和实际需要，不能用盲目拔高生产关系的做法去促进生产力的发展。二是在处理社会公平与生产力发展的关系上，必须把生产力发展摆在第一位，把实现社会主义价值观念追求的社会公平与发展生产力统一起来，不能以牺牲生产力的发展为代价去换取社会公平，以牺牲生产力的发展为代价换来的社会公平只能是普遍贫穷，并不会出现真正的社会公平。三是用现代科学技术来武装农业，发展农业生产力，必须实行符合我国国情的技术路线，必须制定出能够引导广大农民群众主动、积极地运用现代科学技术的方针、政策。

就代表先进文化前进方向来说，一是在农村尤其要建设有中国特色的社会主义文化，尤其要坚持马克思主义中国化的根本原则。二是促进先进文化的发展，尤其要把它同发展农业生产力和实现广大农民的利益统一起来。

就代表最广大人民的根本利益来说，在推动农业现代化的过程中要把最大多数农民的利益要求放在首位。"最大多数人的利益是最紧要和最具决定性的因素，这是马克思主义的基本观点"①。

"三个代表"重要思想为我们从新的高度理解和认识新世纪的农业现代化提供了理论指导。按照"三个代表"的要求，中国共产党在新世纪领导的农业现代化，应该是不断解放和发展农村生产力、提高农村综合经济实力的过程；应该是不断推动中国特色社会主义文化在农村发展，提高广大农民群众科学文化素质的过程；应该是不断增进农民群众各种利益和提高他们物质文化生活水平的过程。

第四章主要论述了促进新世纪农业现代化的几点思考：论述了我国农业现代化的现实基础、总体构想；论述了新世纪我国农业和农村现代化战略选择和现实策略。

## 三、成果的学术价值和应用价值

本课题站在时代的高度，以马克思主义基本原理为指导，运用辩证唯物主义和历史唯物主义的科学方法，以新中国几代领导人关于农业现代化的思想为主线，以不同时期中国农业发展面临的形势为背景，力求从历史、现实和理论三个层面上重点就第三代中央领导集体对邓小平农业现代化理论的继承和创新成果进行实事求是、较为全面的梳理和剖析，以深化对我国农业现代化理论的研究。

### （一）学术价值

第一，农业现代化在我国具有典型意义。我国是一个农业大

---

① 江泽民：《在庆祝中国共产党成立八十周年大会上的讲话》。

国，农业的现代化是我国现代化的重要组成部分，是整个社会走向现代化的基础。目前，尚未见到对第三代领导集体关于农业现代化理论专门、系统研究的成果，本选题试图在这方面进行探索。第二，本课题提出，以江泽民为代表的第三代中央领导集体坚持和运用邓小平农业现代化理论指导我国的农业和农村工作，不断推进我国的农业现代化。在此过程中，逐步形成了新阶段农业和农村工作的一整套思想，继承和创新了邓小平关于农业现代化的理论。这些理论既同邓小平农业现代化理论一脉相承，又与时俱进。第三，本课题就以江泽民为代表的第三代中央领导集体对邓小平农业现代化理论的继承和创新，从十一个方面作了比较系统的阐述。第四，对我国农业现代化问题从全局上、战略上作了一些宏观的思考和研究。

### （二）实际应用价值

第一，有助于深化对我国社会主义现代化的研究。第二，有助于深化对我国农业现代化理论的系统研究，对了解我国农业现代化的全局、历程及其发展前景，对探索中国农业现代化发展道路，对我们正确把握我国农业现代化的发展规律，不断推进我国的农业现代化都具有重要意义。第三，第三代中央领导集体关于"三个代表"重要思想和农业现代化理论对全面推进农村小康社会建设和新世纪农业现代化具有重要的指导意义。第四，我国几代领导人关于农业现代化的理论对社会主义国家的农业现代化有一定的借鉴意义。第五，关于我国农业现代化问题的全局、战略、宏观思考和研究，对深化我国农业现代化发展道路的认识有一定的参考价值。

项目名称：第三代中央领导集体对邓小平农业现代化理论的
　　　　　继承和创新

项目负责人：曾柏苓

所在单位：中共云南省委党校

结项时间：2007 年 6 月 25 日

# "三个代表"重要思想在高校党建
# 工作中的系统实践研究

## 一、课题研究的指导思想、理论基础

根据"三个代表"重要思想来确定高校党建工作的目标和任务，解决高校党建工作所遇到的新情况、新问题，是新的历史条件下高校党建工作的重要任务。深入研究这一时代课题，对于保证高校的办学方向、培养大批具有创新能力的高素质人才，具有重大的现实意义和深远的指导意义。本课题紧密围绕高校党的建设中具有基础性、全局性、前瞻性的重大理论和实际问题进行研究，旨在认清新时期高校党建工作的形势和任务，把握其特点和规律，指导实践，推动工作。本课题始终坚持以"三个代表"重要思想和江泽民同志为核心的党的第三代领导集体有关党的建设的论述为指导，紧密联系我国高等教育改革和发展的实际，紧密结合我国国民经济和社会发展的实际，立足高校党建工作的实践进行研究。

# 二、课题研究的意义

## （一）是推进高校党建工作的现实要求

在高等教育事业迅速发展与高教改革不断深化的新形势下，高校党建工作也面临着许多新情况、新问题：一方面，工作实践中获得的经验与体会，需要通过认真总结与提炼，上升到理性认识的高度；另一方面，实践中遇到的一些新课题，也亟须从理论上加以研究和探讨，以获得解决问题的新思路和新方法。因此，始终站在时代的高度，认真贯彻落实"三个代表"重要思想，积极开展党建研究，对于推进高校党建工作和教育事业的健康发展具有十分重要的意义。

## （二）是实施人才强国战略和党管人才的迫切需要

党和政府历来重视党的建设和人才问题，明确提出实施人才强国和党管人才战略。高校是高级知识分子密集的地方，担负着培养中国特色社会主义现代化建设所需的具有创新精神和实践能力的高层次人才的重任。因此，如何保证高校培养合格的人才成为高校党的建设必须研究的重要问题。

## （三）是保证高校正确的办学方向、完成好自身的任务和使命的内在要求

高校的地位和使命决定了高校要为社会培养高素质的人才。其中，思想政治素质决定着人才发展的方向，关系着人才质量的优劣。加强党的建设及其研究，有助于培育和提高学生的思想政治素质。

**（四）高校党建理论与实践的现状需要深化高校党建理论研究**

多年以来，高校党的建设工作取得了可喜的成绩，保证了高校的社会主义办学方向，培养了大批高层次人才。但是，近年来高校党的建设工作和理论研究并非都尽如人意。一方面，高校的党务工作者忙于具体的党务工作，很少有时间和精力对高校党的建设理论进行系统、深入的研究；另一方面，高校党的建设问题没有引起党建理论工作者的足够重视，致使高校党的建设理论与实践研究工作开展得很不充分。因此，对高校党建工作进行系统地研究是必要的。

**（五）是保证党的先进性在高校的体现的有效途径之一**

抓好高校党建工作实际上就是要解决党的先进性如何在高校体现的问题；解决党的执政地位、执政意识及执政能力如何在高校体现的问题。因此，高校党建工作的好坏，直接关系到教学、科研工作能否顺利进行，关系到社会主义事业接班人能否得到健康培养。

## 三、课题研究的主要内容和研究方法

课题的主要研究内容：（1）新的历史条件下我国高等教育改革发展的宏观背景和高等学校党的建设面临的新形势和新任务；（2）坚持用马列主义、毛泽东思想、邓小平理论和"三个代表"重要思想武装师生头脑，加强高校党的思想理论建设；（3）加强高校党委对学校改革发展的领导；（4）加强高校领导班子和干部队伍建设；（5）加强和改进高校基层党组织建设；

（6）进一步加强高校党风廉政建设；（7）加强大学生理论武装工作；（8）抓好高校学生党建工作。

在研究方法上，坚持马克思主义的辩证唯物主义和历史唯物主义，注意吸收学术界已有学术成果中的精华，运用、借鉴多学科的研究方法，紧密结合我国高等教育改革和发展的实际，突出课题的前瞻性和应用性。在具体组织过程中，课题研究的前期，运用文献研究法，通过图书资料、网络等工具广泛查阅目前国内高校加强党的建设的有关文献资料，同时在全省高校开展走访、调查，了解各高校党的建设的做法和经验；研究中期，运用系统分析法，在吸取省内外高校党的建设先进经验的基础上，结合学校实际开展专题研究；研究后期，在吸收专题研究成果的基础上，结合实际，开展实践探索。

# 四、课题研究取得的主要成果

本课题自开展研究以来，得到了学校党委的积极倡导和大力支持，动员和组织了一批从事党务工作的同志，结合高校改革与发展的实际，从不同的角度和层面认真思考，积极探索，撰写并发表了一批有理论深度和现实针对性的理论文章，取得了较为理想的研究成果。这些党建论文，既有工作实际中的经验总结，又不乏敏锐的理论思考，从理论与实践的结合上寻求解决问题的思路和途径。其主要内容和观点如下：

## （一）新时期高校党建工作面临的机遇与挑战

在全面建设小康社会的伟大进程中，国内外形势对高校党的建设产生了很大的影响，既对党的建设提出了挑战，也为加强党的建设创造了条件和机遇。一是我们党历来十分重视高等教育事业和高校党的建设，采取一系列措施加强高校党的建设，这为高校党建工作积累了丰富的新经验。二是在高等教育快速发展和高等教育实现大众化后，高等教育的发展又面临新一轮持续、快速的推进，这为高校党建工作注入了活力、拓展了新的空间。三是中国特色社会主义的宏伟事业取得了令人瞩目的伟大成就，进一步增强了全党和全国各族人民走中国特色社会主义道路的信心和决心，这为高校党建工作提供了强有力的理论和实践依据。四是加入 WTO 后，我国的法制建设取得了长足的进展，这为高校党建工作进一步走向制度化、规范化提供了新借鉴。但是，我们也应清醒地看到，高校党建工作也面临严峻的挑战。这主要表现为：一是随着国际经济竞争和综合国力较量日趋激烈，我们不但面临着发达国家在经济和科技上占优势的挑战，而且面临着霸权主义与强权政治的压力以及"西化"、"分化"的图谋，高等学校始终是两种价值观的交汇点，是国内外敌对势力进行政治颠覆和思想文化渗透的重点对象。二是国内改革和发展过程中的某些暂时性困难和社会矛盾以及各种社会思潮和价值观念波及高校，导致有些师生淡化政治意识，对社会主义本质和前途、命运认识模糊，价值观趋向实惠，功利化色彩较浓，等等，都需要加强教育，正确引导。三是伴随着高等教育快速发展和高等教育实现大众化后，如何面向市场、面向社会自主办学，确立高校法人地位，全面适应现代化建设对各类人才培养的需要，提高办学的质量和效益，更好地为经济建设服务。四是如何在高教改革和发展中，贯彻党的教育方针，坚持社会主义办学方向，坚持用马列主义、毛泽东思想、邓小平理论，特别是"三个代表"重要思想武装全体师生，坚持倡导正确的世界观、人生观和价值观，坚持引导师生自觉抵制各种腐朽思想、文化侵蚀，弘扬主旋律，努力把学生培养成"四有"新人等一些难点和热点问题将更加突出。

因此，要从实现跨世纪宏伟目标的战略高度，从培养德、智、体全面发展的社会主义事业的接班人的战略高度，从战胜西方敌对势力实施"西化"、"分化"图谋的战略高度，从推进新时期党的建设伟大工程的战略高度，进一步增强做好高校党建工作的责任感和紧迫感。

### （二）"三个代表"重要思想是指导高校党建工作的根本指针

江泽民同志关于"三个代表"的重要思想，是对马克思主义党建理论的继承和发展，是新时期实施党的建设伟大工程的根本指针，为高校基层党建工作指出了明确的方向。高校肩负着全面贯彻党的教育方针，培养社会主义建设者和接班人的艰巨任务，而人才的素质决定我们国家的前途。高校只有以"三个代表"的重要思想为指针，始终坚持党对高校的领导，才能保证党的路线、方针、政策在高校得到落实，才能始终坚持社会主义办学方向，才能在高等教育的改革、发展实践中显示出党的思想政治优势，保证高校根本任务的完成。因此，加强和改进高校党建工作，是贯彻落实"三个代表"重要思想的具体实践。全面贯彻落实"三个代表"重要思想的要求，既是加强和改进高校党建工作的重要目标、任务和内容，也是高校党建工作不断改进和创新的重要保证。能不能坚持、体现和贯彻"三个代表"重要思想，是关系到高校党建工作能不能得到加强和改进，能不能真正发挥核心作用的大问题。

### （三）进一步坚持和完善党委领导下的校长负责制

坚持、加强和完善高校党的领导，需要通过与之相适应的领导体制来实现。党委领导下的校长负责制是党的民主集中制以及集体领导和个人分工负责相结合的制度在高等学校的具体体现。实践证明，实行党委领导下的校长负责制，有利于加强高校党的领导，坚持社会主义办学方向，有利于保证学校改革的健康推进，确保学校的稳定发展。因此，必须进一步坚持和完善这一领导体制。

实际工作中，一是要理顺党政关系，分清职责。党委要把主要精力放在抓方向、议大事、管全局上，努力提高驾驭全局的能力。二是要改进党委的领导方式和工作方式。既要保证党委充分发挥领导核心作用，又要尊重和支持校长依法行使职权。校长要执行党委决策，依法行政。三是要坚持民主集中制。要制定和完善必要的议事程序，认真执行"集体领导、民主集中、个别酝酿、会议决定"这一党委内部议事和决策的基本制度。

### （四）把加强党的思想理论建设作为高校党建工作的首要任务来抓

思想理论建设是党的建设的先导和灵魂。高等学校肩负着培养社会主义事业建设者和接班人的重任，加强党的思想理论建设显得尤为重要。针对高校领导班子及干部党员的思想现状，加强党的思想理论建设，要着重解决三个方面的问题：一是加强党员干部和师生的理想信念教育，增强他们运用辩证唯物主义和历史唯物主义的立场、观点和方法分析问题、解决问题的能力，自觉抵制各种非马克思主义和腐朽思想的侵蚀，坚定对马克思主义的信仰，坚定对社会主义的信念，增强对改革开放和现代化建设的信心，增强对党和政府的信任。二是对党员干部和师生进行正确的人生观、价值观教育，切实解决一些干部党员不能正确对待名利、不能认真履行和实践党的全心全意为人民服务的宗旨以及群众观点、群众意识淡漠的问题。三是加强对党员进行崇尚科学，坚持马克思主义唯物论、无神论以及保持党员先进性的教育，旗帜鲜明地反对唯心主义及各种迷信活动。

加强高校党的思想理论建设，其实现途径是加强对干部党员的教育，最重要的是用马克思列宁主义、毛泽东思想、邓小平理论和"三个代表"重要思想教育和武装全体党员和广大师生员工，提高干部党员和师生员工的思想政治素质，这是高校党的思想理论建设的主要内容。首先要抓好领导班子的学习教育，以领导干部的学习带动党员的学习。领导班子和领导干部要按照建设学习型组织的要求，做学习的表率，弘扬理论联系实际的学风，在掌握理论的科学体系和精神实质上下工夫。要加强对领导干部的集中学习培训，提高校、系两级中心组学习的质量。通过学习教育，增强领导班子成员贯彻执行党的基本路线和教育方针的自觉性，增强学习马克思主义理论的自觉性以及用"三个代表"重要思想指导学校改革发展的自觉性；提高领导班子成员的政治敏锐性和政治鉴别力，提高增强驾驭复杂局势的能力，提高领导班子的凝聚力、战斗力；增强政治意识、责任意识和大局意识，增进领导班子的团结。其次，对一般党员，要把集中教育和日常教育结合起来，同时认真坚持开展民主评议党员工作，注意发挥高校党校的阵地作用，对党员进行有针对性的培训。通过理论学习，使广大党员坚定共产主义的理想信念，牢固树立无产阶级的世界观、人生观和价值观，振奋精神，积极投身于国家的经济建设和高校的改革发展。再次，大力推进"三个代表"重要思想"进教材、进课堂、进头脑"工作，提高学生的思想政治素质。

## （五）加强领导班子和干部队伍建设

加强高校领导班子建设，是高校党建的关键，是一个核心问题。江泽民同志指出，办好高等学校，高校的领导是关键，高校的党委书记、校长，应努力使自己成为社会主义的政治家、教育家。高校领导班子建设要重点解决五个方面的问题：一是讲政治问题。要努力提高干部的思想理论水平，增强政治敏锐性和政治鉴别力。二是认真贯彻党的教育方针问题。要围绕培养社会主义事业的建设者和接班人，坚持正确的办学方向，保证党的基本路线和教育方针在高校的贯彻落实。三是加强办学治校能力建设问题。要不断提高用马克思主义统领学校教育教学工作的能力和水平，科学判断形势的能力和水平，推进改革发展的能力和水平，管理学校的能力和水平，应对复杂局面和处理突发事件的能力和水平。四是坚持民主集中制问题。要正确认识和坚持实施党委领导下的校长负责制，正确处理党政关系。要认真解决目前存在着的民主不够和集中不够的问题，反对独断专行和软弱涣散两种倾向。五是群众路线问题。要坚持党的宗旨，密切党和人民群众的血肉联系，改善党群关系、干群关系。

要按照干部队伍"四化"方针，选配好校、系两级领导班子。要着重做好校党委书记、校长和院（系）一级的党政一把手的配备工作，特别是选好党委书记和校长。要认真学习贯彻《党政领导干部选拔任用工作条例》，建立、健全干部培养、考察、任用、监督等一整套切实可行的工作机制和工作制度。要提高干部选任工作的透明度，坚持以扩大民主为方向，认真落实群众对干部选拔任用的知情权、参与权、选择权和监督权。要不断深化干部人事制度改革，逐步形成"能上能下、能进能退、能高能低"的干部工作局面，营造"鼓励干事业，支持干成事业"的良好环境。

**（六）加强基层党组织建设，使其成为贯彻"三个代表"重要思想的组织者、推动者和实践者**

高校党的基层组织是高校党的全部工作和战斗力的基础，担负着把党的路线、方针、政策落实到基层的重要责任，是团结和凝聚广大师生的政治核心。按照"围绕中心抓党建，抓好党建促中心"、把党的工作和学校的中心工作紧密结合起来的工作思路，加强基层党组织建设。一是要从领导体制和工作机制上健全和完善制度，进一步明确校、院（系）党政职责和必要的议事决策规则，形成党建工作与教学科研工作有机结合的运行机制，努力做到党建工作与行政工作同步研究、同步考虑，为党组织开展工作和发挥作用提供保障。二是要结合学校院（系）及专业学科调整，合理地调整和设置基层党组织。要把基层党组织建立在能够相对独立完成教学、科研任务的工作实体上，尽可能与行政组织对应设置，便于党组织围绕本单位本部门的中心工作来开展活动和发挥作用。三是要把加强党支部建设作为党的基层组织建设的基础和重点，努力提高党支部工作的整体水平。党委要加大对基层党建工作的经费投入，加强对基层组织党建工作的领导和指导；要选配好党支部书记，提高党支部书记的素质，加强对党支部书记的培训；要进一步健全党的组织生活制度，创新组织生活的内容及形式，提高基层组织的活动质量；要严格管理，落实对基层党组织的检查和量化考核评估工作，以评促建，评建结合，提高基层组织建设的整体水平。四是建立健全党建工作责任制，形成党委负总责、主要领导亲自抓、分管领导具体抓、各部门齐抓共管、一级抓一级、层层抓落实的党建工作格局。

### （七）高度重视学生党建工作，保证党的事业后继有人

要充分发挥我们党的政治优势和组织优势，把优秀大学生吸纳到党的队伍中来。一要坚持抓早。从新生入学开始，党组织就要和学生见面，向学生介绍一些入党的基本知识，引导学生确立人生的追求目标，积极创造条件向党组织靠拢。要坚持早播种、早选苗、早教育、早培养，不断扩大入党积极分子队伍。二要辩证地把握标准，处理好"积极"和"慎重"两者的关系。既不能单纯追求数量、放宽标准，也不能求全责备、理想化；要注重学习成绩，但不要提倡唯学习成绩论；要坚持标准、但不得另立标准，自设很多附带条件。要把思想入党放在首要位置，严格程序并认真解决有些人入党动机不纯的问题，切实保证新党员的质量。三要加强党员的继续教育，增强党员意识和党员的荣誉感和责任感。针对少数学生党员入党后出现的"平庸化"、"边缘化"现象，必须抓好党员的再教育工程：坚持入党介绍人继续做好跟踪考察、教育工作；严格组织生活，让新党员接受正常的党内政治生活的熏陶，培养组织纪律观念；推行预备党员转正群众测评和公示制，严把预备党员转正关；通过建立学生党员投诉站和佩戴党员徽章，把党员的言行置于群众的监督之下；交任务、压担子、提要求，在实践锻炼中提高他们的思想政治素质。

### （八）适应形势发展，努力扩大党建工作的覆盖面

一要针对不同年级的实际，适时调整党组织设置。本着便于党员教育管理的原则，低年级党支部建在年级，高年级党支部建在班上。二要推进党建工作进网络。加强党建工作与网络资源的紧密结合，在网上唱响马克思主义主旋律，对学生党员和入党积极分子进行有效的思想教育。扩大党建工作的影响力、吸引力和

渗透力。要办好一批有吸引力、战斗力，有针对性、时效性，学生喜闻乐见的红色网站，使学生可以通过网站来了解党的历史、党的先进性、入党的程序等。三要推进党建工作进学生公寓。随着后勤社会化改革的不断深入，学生管理工作的中心逐渐转到学生公寓，使学生公寓在学生党建工作中的地位大大提升，成为学生党建工作最具影响力的阵地。这就要求高校必须在学生公寓营造积极健康的政治文化氛围，积极探索在公寓建立学生党、团组织的具体形式。将党建工作的组织载体由原来的"学校—院（系）—年级—班"向"社区—宿舍楼—寝室"延伸，建立相应的基层党组织，以适应这一变化。

### （九）加强高校党的作风建设

一是要坚持解放思想、实事求是的思想路线和思想作风，大力发扬求真务实、勇于创新的精神。二是要牢记党的宗旨，坚持党的群众路线，建立健全联系基层、服务群众的制度，认真听取广大师生的意见和建议，进一步密切党群、干群、师生关系。三是不断改进党的工作作风。坚持工作重心下移，通过加强基层工作、基础性工作、基本环节的工作，使中央的方针、政策和上级党组织的决定得到落实；坚持分类指导，根据不同情况提出不同要求；大兴调查研究之风，坚决克服形式主义和官僚主义。四是要保持艰苦奋斗的作风，加强党风廉政建设。加强思想政治教育，通过不断的反腐倡廉教育、遵纪守法教育、艰苦奋斗教育、职业道德教育等，提高干部党员的素质，筑起一道思想道德防线，这是治本措施；加强法制，运用法律法规、制度、党纪政纪规范党员和干部的行为，减少权力运作的随意性；建立和强化行之有效的监督体系，强化监督力度，重点是加强对领导干部的监督。

# 五、成果的推广及应用价值

（1）本课题作为一项前瞻性、针对性、应用性较强的实践指导研究，对于我们认清新时期高校党建工作的走势，把握其规律和时代特征，形成明晰的指导思想和工作思路，制定正确的目标，具有积极意义。

（2）本课题的研究始终坚持理论联系实际、研以致用的原则，以指导实践、推动工作为宗旨。在近年来的工作中，学校党委工作部门与基层党务工作者携手合作，把本课题所提出的一些思路和方法运用到具体的党建实践中，取得了明显效果，有力地推动了学校党建工作和其他各项事业的发展。

（3）本课题提出的一些观点，对高校的党建工作具有借鉴和指导作用，对进一步推进高等学校深入实践"三个代表"的重要思想具有带动和示范作用，已经引起了省内同行的关注。通过开展校际交流，得到了兄弟院校的认可。

# 六、尚需继续研究的问题

在现有研究的基础上，课题组经过认真总结、深入思考，认为本课题还有待在以下三个方面开展进一步的研究：

（1）新形势下党的建设与学校各项工作的关系。

（2）党的建设的理论如何与学校改革发展的实践更好地相结合，争取最大的党建效益。

（3）高校党建发展的外部因素即与社会接轨问题。

项目名称："三个代表"重要思想在高校党建工作中的系统
　　　　实践研究

项目负责人：杜玉银

所在单位：曲靖师范学院

主要参加人：徐显敏　周均东　李　莉　杨春亮　高瑞春
　　　　　　周　峰　张秀凤

结项时间：2007 年 7 月 4 日

# 新时期党的领导方式与领导
# 方法创新研究

本课题紧紧围绕新时期党的领导方式、方法创新这一主题，全面、系统地阐述了党的领导方式和领导方法以及领导方式和领导方法的创新，论证了加强党的领导方式和领导方法以及领导方式和领导方法创新的重要性、迫切性；深入、系统、全面地对党的领导方式和执政方式进行了历史考察；具体、深入地分析了党的领导方式和执政方式中存在的主要问题及其原因；提出并论证了党的领导方式和执政方式及其领导方法创新的思路和途径；最后还采用比较研究的方式，对西方政党的领导方式和执政方式及其方法作了论证。

## 一、本课题研究的意义

执政党领导目标的实现，必须有与之相适应的领导方式和方法。对于中国共产党来说，历史方位的变化，决定了其领导国家的方式、方法必须与时俱进。执政环境变化需要进行党的领导方式创新；实现全面小康目标和提高党的执政能力需要推进党的领导方式创新；建设社会主义政治文明需要实现党的领导方式创新；构建社会主义和谐社会需要党的领导方式的创新。

## 二、本课题研究的主要内容

中国共产党在领导新民主主义革命过程中逐步形成了自己一整套的领导方式与方法。新中国成立以后，尤其是改革开放以来，我们党在领导社会主义现代化建设过程中，立足于党情、国情的变化的实际，在继承的基础上，对改进党的领导方式与方法进行了大量的探索，取得了很大的进步。党的领导方式与方法是党的建设研究的重要内容。近几年来，关于此问题的研究取得了一些成果。但总的来看，研究党的领导方式和方法相比之下还是一个薄弱环节，与改善党的领导的需要不相称；或者完全基于传统党建理论的框架分析此问题，比较缺乏新意，对现实中存在或涌现出来的新问题的解释力和说服力不强；或完全基于西方的政党理论解释分析此问题，多少有些脱离中国政治的实际；或基于现象的罗列，缺乏理论分析，难免有些隔靴搔痒；或把党的领导方式与执政方式视为可以完全等同的问题，缺乏必要的学理上的辨析，或者仅从领导者个体的视角研究问题，把党的领导方式与方法外延大大缩小了。实事求是地说，研究党的领导方式与方法难度是很大的，原因有三：一是党的领导涉及的对象很多，既有对国家政权的领导，又有对社会、军队等以及自身作为组织结构所产生的领导问题。显然，由于对象的不同，领导的方式、方法存在着一些区别。要把涉及这些问题的领导方式与方法梳理清楚，尤其是要提出创新的思路，实属不易。二是领导与执政是紧密结合的问题。由此，探讨党的领导方式必然撇不开执政方式。既不机械地割裂开来，又能各自有明确的定位，并进行理论的深入分析，并不容易。三是领导方式、方法的研究，实践性很强。如何做到理论联系实际、处理好继承与发展的关系，特别是做到对改善党的领导有实际的指导价值，更不容易。为此，本课题研究尽其所能作了尝试性的研究、探讨。

本课题的研究在党的领导方式与执政方式、党的领导方式、方法创新的历史过程及其启示、党的领导方式与执政方式的改革和完善，以及西方政党的领导方式与方法、执政方式比较研究等方面的研究都是尝试性和开创性的。如，"探讨党的领导，在共产党执政的国家，就必然要与执政发生关系。在一定意义上，我们有时可以将二者视为一个问题，因为领导不可能与执政分开。但是，这又是两个不同的概念：执政主要是针对公共权力掌控、运用和管理而言，执政是关于权力的问题；领导则针对整个社会方方面面的方向和目标实现的引导，是关于权威的问题。显然，今天的中国共产党不仅领导国家政权机关，同时还领导军队、企事业单位、群团组织、人民社团，等等，它的领导具有全面性。执政是实现党的领导的最为重要的载体，也是充分体现党的领导作用的载体。就此而言，领导包含了执政，领导方式包含着执政方式。"又如，"至此，我们对可以对党的领导方式与方法下一判断：党的领导方式与方法是党在领导中国特色社会主义的过程中，为了实现党的目标、为了朝着党所确定的引领中国社会前进方向而选择的途径。所谓党的领导方式与方法的创新就是我们党因应时代变化，在继承传统的有效领导方式方法基础上，找寻与目标方向的定位更为切实的途径。"再如，"从操作的角度讲，它是运行的程序、方法手段和应遵循的基本原则；从组织结构上讲，它是一种制度和体制的安排，如党对国家政权的领导制度、领导体制、领导职能的运行的机制，以及党内从上到下的领导制度，等等。我们通常说，党的执政地位，是通过党对国家政权机关的领导来实现的。党同政权机关的性质不同、职能不同，组织形式和工作方式也不同，党不能代替人大行使国家权力。党的政治领导、思想领导和组织领导要通过政治原则、政治方向、重大决策的领导和思想政治工作，向政权机关推荐重要干部等来实现。这就是说，党的领导方式是同党的执政方式，党政关系，党如何实现对国家政权、对经济社会的发展、对社会团体、对群众组织的领导密切相关；从实践特性上讲，领导的方式、方法还体现着一种风貌。要改善党的领导，就要改进党的领导方式和方法，就必须抓好党风建设。因为党风也体现着党的领导方式与方法。因此。我们应该从更广的意义上理解党的领导方式与方法。"

尤其是从特点、规律及其启示等方面对党的三代中央领导集体在党的领导方式、方法上的创新的研究可以说弥补了这方面的学术空白。

对改革和完善党的领导方式与执政方式的思考也具有尝试性。如，"中国共产党是领导党与执政党双重角色集于一身的政党。党政关系的制度安排，不能把党政关系从党的领导中抽象出来，简单地从执政角度来安排执政党与国家政权的关系，相反，必须考虑党的领导制度的内在规定性。同时，也不能只从领导制度角度来考虑党的领导制度的内在规定性。也不能只从领导制度角度来安排党政关系，而不考虑执政党的特征。党的领导是党执政的政治前提，而党执政是党的领导的具体实现，党政关系的构建必须考虑党的领导和党的执政两个方面。从党的领导的角度看，处理党政关系的关键是从制度上实现对国家政权的有效领导。从党的执政的角度看，党必须保证执政的合法性：在政党与国家法律的关系上，政党服从国家法律，按照国家法律的规定去行使公共权力，并把本党提出的政治主张转化为国家的法律、法规和制度，对于不符合自己利益和主张的法律，也不得不按照既定的程序加以修改，而在未修改之前，仍不得不遵守；在政党与政府的关系上，执政党作为政府权力的具体承担者，按照现有的政治格局，作为公共权力的润滑剂起作用，同时政党和公共权力之间有明确的界限；在党与人民群众的关系上，必须充分发扬民主，在'人民同意'上实现、保持执政地位。因此，党不能凌驾于国家政权之上执政，这样会导致党政不分，以党代政，国家政权职能萎缩，党成为国家机器的'上层'，走向官僚化，从而违背宪政原则，使党面临丧失政权的危险。因此，坚持科学的领导方式和执政方式的唯一选择是从制度上实现党政职能分开，使党在国家政权中发挥领导核心作用。"为此，要"理顺党与国家的法理关系，坚持科学执政"、"坚持党的领导与人民民主相统一，推进民主执政"、"坚持党的领导和依法治国相统一，推进依法执政"。"科学执政、民主执政、依法执政从三个不同的角度强调了党执政必须遵循的基本原则和基本方式，科学执政强调执政的科学性，民主执政强调的是执政的人民性，依法执政强调执政的合法性，三者密切联系，相辅相成，缺一不可，深刻反映和体现了党执政的规律性。坚持科学执政、民主执政、依法执政是党保持科学的领导方式和执政方式的基本内容，也是党的领导方式和执政方式追求的价值目标和改进方向。"

中、西方政党领导方式与执政方式比较研究也具有开拓性。如，"综观西方政党的活动，以及总结历史经验教训，对我们治国理政的启示有四个方面：（1）必须增强党的领导现代化的意识，转变领导的方式、方法。具体说，就是转变人治观念，确立法治意识，树立法律至上的观念；树立正确的权利与权力、权利与义务的观念；树立依法治理的观念。转变党的执政方式和领导方式，核心问题是要彻底改革带有'人治'色彩的管理方式、方法。而解决人治问题的关键是要正确处理权与法的关系，树立宪法和法律的权威，从主要依靠政策治理转到主要依靠法律治理。（2）必须把依法治'吏'放在突出位置。依法治'吏'，把对干部的选拔、管理纳入法治轨道，这既是依法治国的题中应有之意，又是转变执政方式和领导方式的根本内在要求：一是要完善干部选拔任用的法律、法规和制度，在操作的程序和细节上必须符合现代民主政治要求的通例；二是扩大民选官员的范围，提高民主化程度，减少委任范围，还权于民，充分尊重民意。（3）执政党要把执掌国家政权的工作重心转移到领导和支持人民代表大会及其常委会上，改变过去那种由党直接行使国家权力和重点抓行政机关的做法。执政党要通过维护宪法和法律权威，通过组织、支持人民当家做主来维护自身的权威。（4）要通过推进政治体制改革，建设透明、高效、廉洁和公正行政的政府，建立起有效的反腐机制。同时，用推进民主政治建设的根本方法来解决执政党必须扎根于群众、服务于群众的问题。"

客观地说，本课题研究的难度较之其他方面的课题要大得多，因此课题的研究在推进民主政治建设进程中，积极推进政治体制改革，改革和完善党的领导方式和执政方式，提高党的执政能力方面所作的研究是初步的、尝试性的，还有进一步加强研究的巨大空间。

## 三、研究成果基本情况

作为长期从事政治学、公共行政等方面的研究和教学，特别是现在从事组织部门工作的项目负责人，十分关注党的领导方式与执政方式问题，撰写了10多篇相关论文，参与了中组部等牵头的相关调研课题。其中，《特点、规律、启示：实现党的领导方式创新的历史分析》一文，对党的领导方式创新进行了历史的考察，综述了党的三代中央领导集体关于党的领导方式、方法创新的特点、规律及其启示。《边疆民族地区党政领导能力建设的目标及路径分析》一文，主要是在对云南边疆民族地区党政领导能力调研的基础上，采用实证分析的方法，提出了边疆民族地区党政领导能力建设的目标及路径。《当前干部制度中存在的主要问题及其对策》一文，重点针对现行干部制度存在的主要问题进行了理性的分析，提出了解决的具体对策。课题组的主要成员吴传鹏，长期从事党的建设和思想政治工作的研究与教学，撰写了一些专著、教材、论文，参与了许多课题的调研和撰写。其中，主要的专著有《社会主义政坛的永恒话题——民主集中制》、《执政党建设的理论与实践》；教材有《思想政治工作学》、《党的建设教程》、《领导科学》、《马克思主义党的学说与党的建设》等；论文有《夯实执政基础，切实加强党的基层组织建设》、《发展社会主义民主政治，加强社会主义政治文明建设》、《提高驾驭和解决民族问题的能力》等。其他两位成员也撰写了一些相关论文。

作为本课题研究的最终成果的研究报告《新时期党的领导方式与领导方法创新研究》，我们拟在党的"十七大"召开后，根据新的精神，再在作深入的研究的基础上，以专著的形式出版。

项目名称：新时期党的领导方式与领导方法创新研究
项目负责人：朱　江
所在单位：中共云南省委党校
主要参加人：吴传鹏　罗剑英　张德寿
结项时间：2007 年 7 月 9 日

# 宗教学

# 邪教在云南的传播、危害及对策研究

　　项目由云南省长期从事实际工作的公安机关部门领导和社会科学专家合作进行。现已完成研究，形成了成果。

　　本项目立项的初衷就是理论联系实际。云南地处边疆，具有多民族、多宗教的特点，境内外邪教传入云南后，对云南的社会安定、民族团结以及正常的宗教信仰秩序造成了不同程度的危害。如何借鉴国际、国内对这一热点问题的研究成果，剖析发生在云南省的邪教活动的具体案例，研究现实社会因素与邪教的关系，提出切实可行的社会治理方法，是迫在眉睫的课题。

　　本成果内容分为三部分：

　　第一部分，以翔实的案例说明邪教在云南的传播及危害情况，以便有关部门了解云南境内邪教的实情动态。对目前仍然在云南省活动的十种邪教组织（"法轮功"、"门徒会"、"三班仆人派"、"血水圣灵全备福音布道团"、"呼喊派"、"被立王"、"主神教"、"实际神"、"观音法门"、"灵仙真佛宗"）在云南省传播的历史与现状作了较为翔实的描述。多年来，邪教在云南的传播不仅影响和危害了人们特别是广大农村人民群众的生产生活，而且邪教问题也成为侵蚀基层政权、影响社会稳定、危害共产党执政地位的一个严重问题。但是，邪教在云南如何传播，其主要危害有哪些？虽然有关部门作了大量的调查，采取了有力措施，依法打击、遏制了邪教的传播蔓延。但是，全面、系统研究邪教在云南的传播和危害及对策的课题此前可以说还是一个空白。这一课题刚好填补了这个空白。虽然课题的研究还不完善，还有许多问题，但还是开了个头，并进行了有益的探索。

第二部分，从理论的角度，多层面分析邪教产生的原因，为惩治、防范邪教提供了理论支持。邪教在云南的传播、危害及对策研究，更多的是要解决当前云南面临的一些实际和现实问题。因此，该课题的研究方法采用了在专门研究人员和专门实际工作者分别研究与调查的基础上，发挥各自特长和资源优势并紧密结合的方法，它既避免了以往一些研究人员注重理论研究而缺乏实践经验和相关资料的弊端，又避免了以往一些实际工作者缺乏理论研究功底而只注重实际工作经验、不愿深入研究的不足。可以说，这次理论研究人员和实际工作者的紧密结合正是本课题研究方法的一个创新和本课题的最大特色。在这一部分，首先划分实行计划经济的 30 年（1949—1978）、改革开放的头 20 年（1979—1998）、从出现"法轮功事件"到反对邪教至今这三个阶段，探讨了社会主义法制与邪教的关系，分析了历史背景下邪教活动的特点和我国在这一方面的法制建设的不断进步，并结合云南省邪教分子活动实际，揭露了其违法性；在深究邪教教徒深陷精神牢狱之中难以自拔的原因上，分别从邪教教徒入教的初始心理原因、基础个性心理特征以及强化心理因素等方面分析其与邪教的关系，从现象出发分析实质，从社会心理学和个体心理学阐明其机制，寻求其解脱之道；在启发民众、教育群众方面，分析了科学知识、科学思想、科学精神与邪教的关系，树立其正确科学观。法国思想家伏尔泰说过，迷信是"傻子遇到了骗子的结果"。同时，对高学历人员痴迷邪教的现象也进行了剖析，这对增强教育界的自身抵抗力具有重要意义；还分析了邪教滋生的政治、文化变迁背景和经济发展背景、社会背景、民众宗教信仰认知状况，特别是宗教界的态度十分鲜明，以正祛邪适得其所。

第三部分，提出了防范、惩治云南境内邪教的对策建议，以供有关部门参考。总结了云南省历年来查禁、取缔邪教组织工作的成绩，遵循邪教问题是一个长期的社会问题，必有其产生、发展、消亡的基本规律，防范和惩治它的方法也必须遵循这一规律，因而提出了防范、惩治邪教的几个原则和理念。根据课题第二部分的理论分析，提出了加强社会主义法制，依法惩治、防范邪教的相关建议。如逐步建立相关法律体系，加强立法，完善经济立法，严格执法，加强对出版物的审查与管理，加强普法教育，寻求国际合作等；提出了加强心理健康教育，积极应对各种社会心理问题。首先要区分教主与普通信徒，其次要分析精神需求的背后所折射出的社会问题，提倡公民个人完善自身的心理素质，揭穿邪教的心理骗术，远离邪教；普及科学知识，传播科学思想，弘扬科学精神以达到抵御邪教的目的。其途径有三：贯穿于学历教育中、贯穿于科普教育中、个人加强自身学习与修养。

另外，为便于有关领导、理论工作者和实际工作者全面了解世界邪教的情况以及我党和政府颁布的惩治邪教的法律、法规，我们还编辑了相关资料附后，以便参考使用。

从国内外研究这一问题的现状看，关于"邪教"这一概念的认定，目前国际上还没有统一的标准。国际社会比较通行的观点是：邪教对正常的社会秩序造成严重的威胁和破坏，带有强烈的政治色彩，是具有反科学、反社会、反人类、反政府性质的犯罪集团。国外学者一般称"邪教"为"极端教派"。我国学术界以正信宗教为对应而习惯称之为"邪教"。邪教虽然在不同的阶级社会和不同的社会历史中有着不同的认定标准，但因邪教都具有反科学、反社会、反人类、反政府的性质特点，因而世界许多国家都明令取缔。如美国的人民圣殿教、大卫教派；西欧、北美的太阳圣殿教；日本的奥姆真理教等。我国于 1999 年 10 月《最高人民法院、最高人民检察院关于办理组织和利用邪教组织犯罪案件具体应用法律若干问题的解释》对我国的邪教组织进行了明确界定：邪教组织是指冒用宗教、气功或者其他名义建立，神化首要分子，利用制造、散布迷信邪说等手段蛊惑、蒙骗他人，发展、控制成员，危害社会的非法组织。到目前为止，全国已认定和明确的邪教组织有 15 种。其中，由中央公开明确认定的有"法轮功"邪教组织；由中央办公厅、国务院办公厅文件明确认定的有"呼喊派"、"门徒会"、"全范围教会"、"灵灵教"、"新约教会"、"观音法门"、"主神教"等 7 种；由公安部认定和明确的有"被立王"、"统一教"、"三班仆人派"、"灵仙真佛宗"、"天父的儿女"、"达米宣教会"、"世界以利亚福音宣教会"等 7 种邪教组织。由于世界邪教种类繁多、各国的国情不同，因而各国政府、理论界、学术界对邪教的揭露、批判、研究、对策不尽一致。各国理论界、学术界一般只注重调查研究本国的邪教。近年来，我国理论界、学术界对世界各国的邪教作过许多介绍，对我国的邪教也作过不同范围、不同程度的调查研究，出版过许多著作。这些著作大都以介绍国外的邪教及其危害为主，很少系统、深入地研究邪教产生的社会、政治、经济等原因，也未对我国的邪教作过系统的调查研究，因此前述的著作基本上属于介绍邪教的通俗读物，没有高质量的学术性成果，也缺乏应用价值的研究报告。本课题是调查研究邪教在云南的传播、危害及对策，属于中国邪教研究中的一个重要组成部分。近年来，一些科研、政府部门也曾调研过云南邪教的传播、危害、对策，也受到云南省委、省政府的肯定，产生了较好的政治效益。但这些专题调研报告涉及面较窄，内容也较单一，未能对云南全省的邪教作系统深入的调查研究，特别是对邪教在云南传播、危害的社会、政治、经济原因，以及邪教在云南边疆多民族、多宗教的环境中传播发展的原因及特点基本上未作科学的回答，从而削弱了这些成果的意义和价值。因此，本课题是云南省社会科学规划中的首次立项，具有填补研究云南境内邪教课题空白的重要意义。本课题的研究对维护云南的长治久安、民族团结、经济发展也显得极为迫切和重要。

项目名称：邪教在云南的传播、危害及对策研究

项目负责人：康曙希

所在单位：云南省公安厅

主要参加人：杨学政　韩跃红　李荣昆　盛　勇　袁跃萍

结项时间：2005 年 12 月 10 日

# 纳西东巴占卜典籍研究

古代纳西族是一个占卜的民族，它兼容了周边民族的各种占卜方法，用自己创造的东巴文写了许多记录各种占卜方法及卦辞的典籍。这些典籍已列入联合国教科文组织的《世界记忆遗产》名录之中，对其进行研究就显得具有世界意义。

占卜典籍是东巴祭司进行东巴法仪的指南，除固定的传统仪式之外，只有通过占卜，东巴才能确定该进行何种东巴仪式。因此，研究纳西东巴占卜典籍对研究整个纳西东巴文化有着十分重要的意义。通过对纳西东巴占卜的研究，我们可以看到占卜在整个宗教中的地位和作用，也可以看到西南边疆古代各民族之间的文化交流和影响，同时，还可看到有些民族业已消亡的某些文化在纳西东巴占卜典籍中的遗存。更为重要的是，整个占卜典籍中虽充满了宗教扑朔迷离的神秘色彩，但从中也体现了古代人类的原始哲学思维；体现了纳西先民对天体、对万事万物及人和灵魂的认识；体现了纳西族对时间、空间、方位的认识及时间、空间、方位对人的影响，甚至决定一个人的命运的认识过程；体现了纳西族天文历法等十分重要的、丰富的内涵。

从某种意义而言，人类文化是以占卜巫文化为开端的。我们现在看到的最古老的人类文化可以说大都是占卜巫文化。例如，甲骨文就是记录占卜和天文的。占卜对古代人而言是他们的科学，对于今人而言是科学的萌芽。古代人的一切行动就是遵循这一"科学"规律。纳西族古代的占卜方法之多，确实令人惊讶，号称有 360 种，堪称一绝，对研究和认识人类古代文化有着十分重要的意义。

但对纳西族东巴占卜的总体研究，因纳西东巴占卜典籍是用图画文字所书写，除了东巴以外，是其他人都看不懂的"天书"，无法进入这一领域予以介绍和研究。只有到了 20 世纪三四十年代，陶云逵先生通过田野考察，写下了对用海贝和干羊肩胛骨占卜的翻译和研究成果。之后，原台湾故宫博物院副院长李霖灿先生本想对东巴占卜进行研究后写本专著，但因第一手资料及东巴占卜典籍的遗失，抱着遗憾写了一篇介绍纳西东巴占卜的小文章。除此之外，国内外尚未对纳西族东巴占卜典籍作过全面、系统完整的介绍和研究。

《纳西东巴占卜典籍研究》首先简要介绍了纳西族的形成、发展及现状，介绍了纳西族与东巴教的关系，简述东巴文、东巴典籍及东巴经分为祭祀用书和占卜用书两大类。通过东巴经《白蝙蝠取经记》中的神话探讨了占卜的起源：古代人类之所以占卜是因为要解决人为什么生病和怎样治疗这一棘手的问题。

为了详细介绍东巴占卜典籍的内容，就得对东巴占卜典籍中提到的东巴教仪式的目的、功能、诵读多少本经书等作简要说明；对东巴占卜典籍中涉及的鬼神名也作了介绍。东巴占卜典籍中的专用术语，有些连东巴也解释不清，本专著力求作出正确解释。

由于东巴占卜典籍公之于世的甚少，世人对东巴占卜典籍的内容也知之甚少，这就需要我们对现有的东巴占卜典籍作详细的介绍。介绍的方法采用了典籍的一页原件、本典籍的内容提要及对典籍的翻译资料。因纳西东巴占卜典籍都是手抄本，多本典籍记有同种占卜方法及卦辞，雷同者只录一种，其他略去。以这样的方式，介绍了72种占卜典籍的内容。这样我们可以说，这是现有资料的纳西东巴占卜典籍大全，它既是我们研究的对象，也是本项目的研究成果之一。

在详细介绍东巴占卜典籍内容基础上，对占卜典籍中提到的东巴祭祀仪式名称作了统计，把仪式名称因地域不同而有异名的作了归类。原来我们都说东巴祭仪有30多种，但通过我们的研究，发现在占卜典籍中记有的东巴祭祀仪式有70多种，解决了东巴祭祀仪式到底有多少种的悬案。

东巴号称有360种占卜法，用东巴经中的说法，"用纳西的三百六十种卜具作卦"。但纳西东巴到底有多少种占卜法呢？在这一项目未完成之前，任何一位东巴都无法说清楚，只有一位名叫"和才"的东巴把他所见过的占卜在他的一本占卜书中作过交代。但通过对现有东巴典籍的研究，发现他也没有说准确。我们对70多本东巴占卜典籍作了统计，得出了纳西东巴占卜法有147种的结论。当然，这结论只是在现有资料的基础上作出的，东巴经散落在国外的有1万多本，如果对这1万多本中的占卜典籍都进行研究，纳西东巴占卜方法还会更多。

纳西族的天文历法在东巴文化研究领域都不曾系统论述过，因为纳西族的天文历法都散见于东巴典籍之中，东巴们也未曾写下完整记录这方面的典籍。本课题通过去掉宗教神秘色彩，基本上弄清了纳西族的历法，即纳西族的纪年是以十二生肖作天干、五行分公母作地支为主要手段，同时还配以米吾九宫、郭、冉、奴美、罗道、娆、俄亨，且这些都具有五行之属性。在祭祀用的典籍中经常出现这些概念，但这些概念是做什么用的、是如何应用的都是一个谜。通过此项研究，弄明白了原来这些概念是用来纪年的。同时，还弄清了以十二生肖、五行纪月，以十二生肖及米吾九宫及二十八宿纪日，以物候及十二生肖纪时等纳西族历法方面的知识。

在纳西族占星的典籍中，对二十八宿的记载有一些混乱现象：都称二十八宿，但由于地域差异，存在宿名不同的问题，给研究纳西族二十八宿带来了困难。通过田野考察，本课题向世人提供了纳西族二十八宿的实际星象，即每一宿是指哪几颗星及各宿的形态；提供了每宿所司的天数，解决了二十八宿与月大、月小之间的关系，为将来解决纳西族各地宿名差异问题提供了一个基础性资料。本项目因条件及参与人员水平有限，还未能彻底解决此问题，有待更多的人参与对此问题的研究。

纳西东巴占卜方法之多，堪称一绝，是认识和研究古代人类原始文化不可多得的资料。本课题把140多种占卜方法分为无任何理论依据占卜和有理论依据占卜两大类。无任何理论依据的占卜方法是较为早期的占卜文化，而有理论依据占卜的方法属后期的占卜方法，这些理论都离不开时间、空间、方位和星空，离不开人类随时随地所见的、生活无法离开的木、火、土、铁、水。

我国有56个民族，每一个民族都有其独特的文化，当然也包含占卜这种文化。甚至可以说，全人类的先祖们都曾用过各种占卜企图解决危害人类的病痛和灾难，以求得消除病痛和灾难的办法。时至今天，当医药无法治好某些疾病时，不少人还是求巫师占卜或到庙中求签。可见，占卜对人类影响之深远。如果每一个民族都能把自己民族的占卜法写成文字，这也是留给后人的一份文化遗产，对于今人和后人研究古人的思想、文化等都有极高的学术价值。这就是本项目成果的学术价值及社会影响之所在。通过此项目的成果我们可以看到，一个不到30万人口的纳西族，能有如此丰富多彩的占卜文化，虽然这种文化正处于消亡之中，但也能激起民族的自豪感。对处于消亡之中的文化现象进行抢救、整理和研究，更显出其学术价值，为学界提供了翔实的研究素材，为学人进行文化比较研究提供了珍贵的资料。

对纳西族东巴文化的研究，以前多重于翻译介绍，让世人了解用世界唯一存活的图画象形文字书写的这一世界文化园地里的奇葩。20世纪末，纳西东巴古籍绝大部分已被译成汉文公之于众，对东巴文化的研究应多角度专题进行。本项目就是这种研究的尝试。

越是民族性的东西越具有世界性。本项目所介绍和研究的对象是已列入联合国教科文组织的《世界记忆遗产》的文献，是人类共同拥有的宝贵财富。我们所研究的对象——纳西东巴占卜典籍及其内容本身就有极高的学术价值，其研究成果的学术价值、社会影响及效益也自然可见。对这种文化的研究在今天而言，虽显现不出有什么应用价值，但不认识人类文化的历史，也就不能正确认识人类的今天，许多原始文化正是现在许多科学的母体，没有古人对自然和社会的认识积累，就不会有今天发达的科学。

我国历代的文化研究者对汉族的《易经》就研究了上千年，有了众多的论著，至今还有许多难解之谜；而对于其他少数民族的占卜文化研究，可以说，至今不曾见一本专著问世，这应该说是我们民族大家庭的一大遗憾。本项目的完成从这一意义上来说弥补了这一遗憾，增添了民族文化园地的色彩。正如董作宾先生所言：纳西文化"在这中华民族文化的系统上，只能算泰岱、华岳旁边的一座小丘，长江、黄河沿岸的一股细流，但是这座小丘、这股细流却自有它特立的精神和发生的源泉，是值得大书特书的"。

项目名称：纳西东巴占卜典籍研究

项目负责人：王世英

所在单位：云南省社会科学院东巴文化研究所
结项时间：2006 年 7 月 16 日

经济学

# 云南省旅游人力资源开发优化模式研究

## 一、项目研究的目的和意义

在当前新世纪、新时期、新形势和新发展中，云南旅游既面临新的发展机遇，也面临新的挑战。因此，认识机遇并有效地抓住机遇，分析挑战且主动迎接挑战，对云南旅游未来发展是非常重要而紧迫的。（1）我国加入世界贸易组织带来的机遇和挑战。（2）中国—东盟自由贸易区建设带来的机遇和挑战。（3）世界旅游和中国旅游快速发展带来的机遇和挑战。（4）国家实施西部大开发战略带来的机遇和挑战。对云南省旅游人力资源挑战之一：国际人才争夺的加剧给旅游企业发展带来巨大的压力。挑战之二：紧缺人才的培养显得更加紧迫，根据分析预测，就宏观层面来讲，云南省旅游业目前短缺的关键性人才主要是下列6类：一是国际化经营人才；二是国际商务谈判人才；三是电子商务人才；四是外语人才；五是高级管理人才；六是研究与开发人才。挑战之三：人力资源的整体素质亟待提高，复合型的人才（也称"多功能型的人才"或"知识结构型的人才"，即一专多能、身兼数职的人才），将是最紧缺的人才。挑战之四：留住及如何留住高素质的员工已经变得越发重要。尽管云南省近年来也有学者对饭店、旅行社的人力资源开发进行了研究，也有少许文章见诸报端，但是进行深入、系统研究的却很少。本文试图将人力资源管理与开发理论和实践，应用于系统地研究云南省旅游人力资源管理与开发现状、成功的经验、存在的问题中，并提出相应的对策和措施，以弥补研究的不足，推进人力资源管理与开发理论和实践在云南旅游业中的发展。

## 二、研究成果的主要内容和重要观点或对策建议

### （一）主要内容

加强人力资源管理与开发的研究，是保证云南省旅游业获得持续竞争优势，实现旅游强省目标，所面临的严峻而现实的问题。本文结合云南省旅游业目前人力资源管理与开发的现状，进行了理论与实际调查相结合的初步研究。其主要研究内容有六个方面：

其一，通过对云南省旅游院校人力资源管理与开发现状的调查，运用人力资源的开发与管理理论，分析其取得的成果，指出存在的问题，并提出相应的对策与措施。

其二，通过对云南省旅游行政管理部门旅游人力资源管理与开发现状的调查，运用人力资源的管理与开发理论，分析其取得的成果，指出存在的问题，并提出相应的对策与措施。

其三，通过对云南省旅游饭店人力资源管理与开发现状的调查，运用人力资源的管理与开发理论，分析其取得的成果，指出存在的问题，并提出相应的对策与措施。

其四，通过对云南省旅行社人力资源管理与开发现状的调查，运用人力资源的管理与开发理论，分析其取得的成果，指出存在的问题，并提出相应的对策与措施。

其五，通过对云南省旅游景区、景点人力资源管理与开发现状的调查，运用人力资源的管理与开发理论，分析其取得的成

果，指出存在的问题，并提出相应的对策与措施。

其六，通过对云南省旅游人力资源现状的分析，提出了建立旅游职业经理人制度的、促进云南省旅游人力资源管理和开发的优化模式。

本文的创新点在于，首次对云南省旅游院校人力资源，云南省旅游行政管理部门人力资源，云南省旅游景区、景点人力资源进行了调查和研究。

论文希望通过对云南省旅游人力资源管理与开发的系统研究，对人力资源管理与开发理论实践在云南省旅游业中获得更好应用进行了初步的尝试，提出了建立旅游职业经理人制度的、促进云南省旅游人力资源管理和开发的优化模式。

## （二）重要观点（或主要结论）

论文就云南省旅游业人力资源管理与开发的现状，进行了理论与实际调查相结合的初步研究，所得到的主要结论有：

（1）云南省旅游业作为发展起步较晚的行业，旅游行政管理部门一直重视人才培养和人力资源开发工作。在院校建设方面，积极构建了博士、硕士、本科、专科、中等职业教育；构建了旅游管理、饭店管理、旅游资源开发与利用、旅游外语等纵横交错的人力资源开发体系。在职培训和人力规划等方面，推动和保证了旅游人力资源开发工作的迅速推进。

（2）通过推行导游人员资格考试制度、导游人员等级考评制度、旅行社经理资格认证制度、旅游行业工人技术等级考核制度等，基本上形成了较为完整的体系，对保证云南省旅游从业人员的整体素质和水平起到了积极和重要的作用，同时也为云南省旅游行业职业资格证书制度的进一步完善，并逐步与国际接轨打下较好的基础。

（3）旅游行业积极探索，举办旅游行政管理人员、旅行社总经理、饭店总经理等各种专题培训。此外，采取"请进来"、"走出去"相结合。现在，云南省旅游业界已经和国内外20多个国家和地区，以及世界旅游组织、亚太旅游协会、国际饭店协会等的教育培训机构建立了广泛的交流和合作关系，形成了一些有特色的适合于云南省旅游业发展的人力资源管理与开发方面的经验和有效做法。

（4）近年来，旅游教育培训、饭店评星和创建优秀旅游城市、旅游景点等级评定紧密结合，力求培训达标，使人力资源由"软指标"变成"硬指标"，促使各个部门对人力资源开发予以重视，提高了人力资源的整体素质。同时，也使人力资源开发工作得到了行业其他有关部门的积极支持与密切配合，极大提高了开发效果。

### （三）问题讨论

面对旅游业日趋激烈的国内外竞争形势，云南旅游人力资源管理与开发如何既把握国内外理论和实践的最新动态，又能面对现实、构建自己的竞争优势、迎头赶上东部发达地区等问题引起了激烈的争论。下面对其中普遍存在争议的问题进行简短的讨论。

1. 人力资源是云南省旅游业得以迅猛发展的基本保证

云南省的旅游业是以'99世博会为契机，在政府的主导下得到迅猛发展的，具有强烈的行政管理特点和计划经济特色。一方面，在政府的强力推动下，旅游业的人力资源管理与开发取得了令人瞩目的成就，为云南省的旅游业发展奠定了坚实的基础；另一方面旅游人才市场以及与之配套的制度、机制滞后，造成人力资源管理与开发及市场需求的失衡。通过对云南省旅游业旅游院校、旅游饭店、旅行社、景区景点人力资源管理与开发现状进行的调查分析，可以看到人力资源管理与开发在云南省旅游业理论和实践方面得到了一些应用，尤其是在旅游院校、旅游饭店得到了应有的重视，逐步建立起一些有效的人力资源管理与开发机制和运行模式。

2. 人力资源管理与开发仍然是云南省旅游业获得持续竞争优势的必由之路

随着旅游业竞争的加剧，旅游人力资源管理与开发的理论和实践不能满足云南省由旅游资源大省向旅游强省的转变的需求，致使近几年来云南省旅游业处于徘徊之中。为此，业内人士颇有微词："难道我们还不重视人力资源管理与开发吗？"笔者认为，不是"重视不重视的问题"，而是"怎么重视的问题"。人力资源管理与开发是一个系统工程，不是仅有"理念"就行了，而需要更多的有识之士，立足于云南旅游业的实际：政府部门应站在战略的高度，从制度建立、政策制定、行业引导等方面规范人力资源管理与开发规划；企业应从人力资源战略与经营战略的匹配、人力资源管理与企业文化的整合等方面，推进人力资源管理与开发管理实践的发展。只有更多的有识之士加入到云南省旅游业人力资源管理与开发的基础性研究中，才能为云南省旅游业获得持续不断的竞争优势提供强有力的理论支持。

### （四）解决措施及思路

旅游业要从以下几方面入手：一是整体性开发。由于云南省还处在社会主义市场经济的初级阶段的不发达地区，因此，作为旅游行政部门，对本地区的人力资源开发要有一个整体性的考虑和规划。在深入了解本地区人力资源状况的基础上，研究本地区人力资源开发的优势和劣势，制定符合市场经济发展要求的开发政策和措施。在旅游人力资源管理与开发过程中，旅游行政部门要着力构建旅游院校、旅游行业协会和旅游企业并发挥社会上各种机构的积极作用。旅游院校要根据旅游行业发展的总体要求，培养适销对路的专业人才；行业协会要积极拓宽思路，做好人才开发服务工作；企业要适应形势要求，积极开展自主培训和淡季培训，增强自身开发人力资源的能力。二是战略性开发。人力资源开发是一项长期的战略性任务，要着眼于旅游业的可持续发展，把旅游人力资源管理与开发和旅游经济发展紧密地结合在一起。要根据旅游业发展的需要，抓关键人才的开发和培养，如行政领导人才、企业高级经营管理人才、教育培训师资人才、导游人才等，并形成一种"由上而下"的开发机制。三是市场化开发。随着云南省市场经济的日趋完善，在旅游人力资源管理与开发过程中，行政管理部门要通过行业引导，以高质量的人力资源管理与开发品牌模式产品等来吸引学员。四是多元化开发。在市场经济条件下，旅游人力资源管理与开发也不例外，只要能满足市场的需要，任何形式都能得到认可，都应该有生存和发展的空间，以使旅游人力资源的结构性矛盾得以消除，人才效能得以释放，确保云南省旅游强省的战略目标得以实现。五是大力培养云南本土的旅游职业经理人，使他们的素质、水平能适应区域化旅游发展和全球化的需要。最后，提出了建立旅游职业经理人制度的、促进云南省旅游人力资源管理和开发的优化模式。

# 三、成果的学术价值、应用价值以及社会影响和效益

（1）阶段性论文《云南省旅游饭店人力资源开发研究》载于《经济问题探索》（核心期刊）2004 年第 4 期。论文中的调

查结果和意见、建议，受到省内从事人力资源管理和开发研究的专家的认可。（2）《云南省旅行社人力资源开发研究》载于《昆明工学院学报》2004 年第 1 期（第一作者），受到旅行社和导游管理人员的肯定。（3）论文《中国跨国酒店集团人力资源开发研究》载于《国际化环境与跨国经营》［寰球（国际）出版有限公司］2004 年 7 月第一版。该论文已翻译成英文，并被邀请参加 2004 年 7 月 9 日—13 日由中山大学管理学院组织的"竞争与合作：跨国公司研讨会"，并做小组主题发言。（4）在从事本课题研究的同时，我们根据云南省的实际情况，还策划、出版了云南省第一套《旅游职业经理人》丛书（一共 7 本，邵琪伟副省长亲自为本套丛书作序）受到了院校和旅游企业的欢迎，产生了良好的社会影响。

项目名称：云南省旅游人力资源开发优化模式研究

项目负责人：仇学琴

所在单位：云南大学

主要参加人：王明景　段长青　王丹莉　余明九　朱云东
　　　　　　刘德周　贺　萍　陈建兵　侯阿冰　明　虹
　　　　　　杜爱萍　罗　滨　白凤翔

结项时间：2005 年 4 月 3 日

# 维护云南经济安全

## ——科技园区国际化关系个案研究

## 一、本课题的研究目的和意义

"十六大"报告提出，实施"走出去"战略是对外开放新阶段的重大举措；报告还前所未有地提出，在扩大对外开放中，要十分注意维护国家经济安全。本课题认为，维护国家经济安全是一个全新的国家安全观，21 世纪的世界各国都在关注国家发展与安全问题，这也是我国改革开放发展战略阶段必须重视的现实问题。当国际运动要素（如：政府行政模式、科技、教育资源）的所有者在跨国界重新定位时，不可避免地要在集群架构的系统间作选择，并恰当地解释这种效应。不可否认，制度上的差异将会产生一个直接后果，乃至会导致国家利益不同赢利的可能性。因而，国家经济安全制度选择就变成了一种竞争中的挑选，并受到经济开放程度的影响。着力于研究多向度视野下探讨中国云南与东盟自由贸易区合作性竞争中作为市场竞争力孵化器的科技园区集群关系的确定性因素、制约因素与经济安全的互补作用是本课题的研究优势。

云南省委、省政府"把昆明建成'东方日内瓦'，推进云南经济、社会发展的一个大战略"的集群之势已经形成，国际化过程中将会出现跨政区的区域制度竞争。研究维护云南经济安全问题的代表性个案、提供适宜的竞争优势与保持原有的竞争优势将有同样的重要性。以构成开放、有吸引力的区位性要素显现了本课题研究的战略意义。

中国—东盟关系进入了新的历史时期，东盟承认中国完全市场经济地位，引导了东亚合作的发展方向。本课题研究报告初稿掩卷时，《落实中国—东盟面向和平与繁荣的战略伙伴关系——联合宣言的行动计划》公布。综上所述，中国与东盟自贸区万象会议的成功举行，标志着"10＋1"的合作全面展开，中国与东盟的合作已翻开历史新的一页。国家意志确定保障经济安全具有新的解释，经济关系上不去，政治关系即使上去了，也很难长久。中国力推"10＋1"的核心原因还在于，以有利于建成"C—P—C"[《中国与东盟自由贸易区计划（CAFTA）》—《泛珠江区域经济合作组织（PECO）》—《关于内地与香港建立更紧密贸易关系安排（CEPA）》]的政策通道为国家安全走廊态势。"以经济达成周边和睦"的国家安全战略发展格局正在形成。

我国从发展中国家的地位及我国自身利益考虑，战略性选择云南作为中国与东南亚的战略枢纽，使云南"建成国际大通道战略"的实际意义远远超过了其国际关系定量战略计划的实施边界。我们认为，中国—东盟自由贸易区的前奏是在开发与保护兼顾的安全理念下进行的。确立新时期国家安全战略观，应尽快启动维护国家经济安全格局下中国云南科技国际化战略规划，这是保证中国云南与东南亚自贸区经济持续发展的重要、积极、主动的良策。该课题研究针对云南科技园国际化的地缘竞争优势和比较优势及怎样采取自主对策和备选举措，维护、强化国家—地区经济安全，提供了预研、预警决策建议和实证研究成果。在维护国家经济安全的法律框架内，云南乃至全国与东南亚经济安全集群关系赋予了该课题研究理论实践性、未来前瞻性和防御战略性的意义。

## 二、研究成果的主要内容和重要观点

（1）该课题的定位是国际化进程中区域集群战略关系的综合性学科研究。项目成果表明在国内率先建立了《中国大学科技园环境评价体系》及相关研究（国内查询无）。

（2）在中国云南与东南亚自由贸易区，以开放的经济安全观研究维护国际化环境及其次区域战略圈赖以生根的土壤和空间，借鉴经济安全理论的"附属原则"，在理论建构、个案和实证研究中及时吸收国际先进研究成果，从实际出发探讨维护和影响中国云南与东盟经济的科技支撑关系因素问题；对影响维护云南经济安全战略与科技园区国际化关系的个案进行了多倍数的抽样论证。

（3）完成了云南科技园区国际化个案背景分析和对策研究，提供了可靠的接近竞争利益层面上达成愿意服从的双边协议的国际化的发展力要素。

（4）提供了云南科技园区国际化制度竞争的研究对策和模式。

（5）论证并选择了支持经济建设和流动的国家竞争优势的相关提案；提出了云南—东盟自由贸易区科技竞争力"绩效技术"支持方案。

（6）借鉴战略发展矩阵评价方法，研究个案国际化维系的集群因子价值链边际将是形成建立云南科技竞争制度模式的来源。因此，从国际关系安全出发，重视中国与东南亚自由贸易区国家经济利益重合度过高及经济、文化等因素的差异性和交叉性特点，完成了东盟科技产业发展力提高与阻碍背景的调查与案例分析。

（7）区域战略圈的产业水平非均衡性等因素制约的集群关系值得商榷，维护国家经济安全应该是多向性地在 WTO 法律框架内探讨、确立制度"柔性"合作伙伴角色的定位，以及确定云南科技园国际化的情境因素对科技竞争的长期影响力，完成了维护云南经济安全——科技园区国际化集群关系个案研究。随着中国与东南亚自由贸易区国家的开放空间扩大、多元投资绩效技术力度增大时，东南亚国家经济成本和人力资源低成本等矛盾的利益关系问题及寻求市场化解决途径的多重矛盾，将会影响中国云南经济格局下科技发展的质量和速度。课题研究的个案提供了集群架构对象竞争的主要备选因素，研究立足中国云南与东南亚自由贸易区利益对科技园区关系维持的基层化原则特征进行国家经济安全因素排序，重新界定云南经济发展附着力以及整合安全边界的宽泛度、适应市场能力的内生量值，提出中国云南经济格局下的集群关系安全预警系统的定位和对策，将对催生云南经济竞争力、增强经济安全应变力提供实证性成果和重要的决策参考。考虑国际科技制度竞争利益架构间的分合力及有关国家科技制度强力排序和比较，安全因素将直接影响竞争力垄断区域战略框架整合，双方的价值链在安全战略性主动思维下做出了类似和类比的加大或消减驱动。有关对象的技术竞争优势价值的"内生增长决策"因素将补偿双方在抗衡各自分合力中的弹性基础，则有利于稳定双边协约和投资。为此，课题完成了比较研究区域科技园发展优势与劣势的相关因素及其"产—学—研"发生因素为政府提供公共物品的隐性价格的安全政策。

总而言之，地理集中的国家经济安全边界不能排斥某些特定个案政策模型虚拟因素在追求经济利益最大范围的控制权时限制性因数的排序和论证。

# 三、成果的学术价值和应用价值
## 以及社会影响和效益

（一）研究的价值观取决于东南亚地区已从"亚洲国家在全球化政策和结构调整方面的经验"获得的比较优势效值，而有差别的双边性和地区性之间的贸易协议与云南科技发展力国际化、单边自由化的安全影响因素的重合性与分离性进行了针对性研究

中国与东盟自由贸易区（CAFTA）作为"区域合作组织、国家集团"的国际关系体系，也是囊括人口众多、因地缘而集中的集团利益国际化倾向日趋突出的地区。在全球化进程中，东盟是一个联合体，其成员国处于"一个社会的动因性结构"的相互作用下的地缘国际关系中。而判定这个战略力量形成的主要依据是中国与东盟相对稳定的国际战略力量的形成并存在。其具有的重要特征是21世纪次区域发展的安全有机性（国际化）提供了科技发展的空间因素。在特定的历史时期内拥有一定的国际战略实力（地缘/资源/经济发展等待开发的增长力）、对世界范围将产生影响的独立自主的外交意向和国家经济活力。随着国际化程度的深入，重新审视中国云南与东盟战略圈——次区域战略经济安全格局下的科技战略发展的定位十分紧迫。目前，国际化的东盟局面显现了国际经济强势的竞争和合作并存的动因和国际关系。这一体系的国际格局的形成并不稳定：在这个体系中建立、参与和维护地区国际关系的目标和手段上取得一致或共识还有一定的距离；该项目研究认识和分析了中国云南与东盟国际联盟存在短暂的均衡性以及长期的不确定因素。研究通过对中国云

南与东盟地缘战略形势的安全因素抽样论证认为，正确认识对外战略发展路径是中国云南与东盟合作的必要前提。根据科技园区关系维持的基层化原则，进行区域经济安全格局相关因素的质量排序，重新界定云南经济发展附着力，整合安全边界的宽泛度，适应市场能力的内生量值。通过比较论证，提供了催生云南经济竞争力、增强经济安全应变力的实证性成果和重要的决策参考。

1. 建立中国云南中心战略信息基地——中国云南与东盟科技园国际合作总部的时机已经成熟

（1）国家投资为主的国际信息港中心（正在建设）及安全系统配套工程。

（2）制定中国云南与东盟科技信息中心城市定位的战略规划。

（3）以新昆明建设的基础功能为其中心的备选规划基础；以区域战略发展为目标进行总体规划和投资建设。

2. 外部国际环境的合作性优势大于竞争优势

3. 中国与东盟的国际环境直接影响云南对维护国家利益的判断和抉择

4. 完成对国际化进程中地缘经济时代科技发展力问题的比较研究

（1）具有地缘经济时代特征的国家科技组织权变因素的研究。

（2）体现维护国家科技安全的有关对外战略措施的实施。

（3）增强对有关国家关系针对性预警问题的研究建立科技安全预警系统。

（二）集群理论在成为促进经济发展的新思维方式的同时，也是提供研究云南科技园作为国家竞争力、维护国家经济安全的防御要素的新思维方式，重视研究对国家有重要经济安全意义作用的制度竞争模式，为地缘性集中的经济市场需求提供了科学决策服务，完成云南科技园国际化地区合作模式框架与集群架构比较研究的政策性与实证性问题

1. 东盟科技产业发展力提高与阻碍背景调查和案例分析：完成东盟十国科技竞争力个案研究（地理要素、人口要素、自然资源、工业能力等）及国家竞争力排序和比较

2. 东盟科技战略管理集群不同层级视野的评价

（1）国家科技制度比较——高度一致性战略管理及其局部一致性战略管理的差异性排序和比较：组织结构与资源匹配实行政府权威主义的层级管理方式。

（2）高双向性战略管理：高度一致性的国家科技体系组织结构与资源匹配实行参与协调性的管理模式。

3. 提出东盟科技竞争力地缘架构战略关键因素

（1）中国云南与东盟合作的战略发展地缘架构特征。

（2）战略发展规划备选的因素。

（3）未来战略发展规划实施的主要参考依据。

（4）东盟地区地缘架构科技资源集群禀赋因素。

（5）中国云南与东盟国家科技竞争力比较。

4. 中国云南与东盟国家在国家经济格局下的科技集群关系尚未形成

5. 以实施战略计划矩阵（OSPM）原理，遵照该技术分析方法的客观性与理论性相结合原则而进行实效战略计划的验证和示范，提出中国云南与东盟国际化科技合作的安全战略区域分布模

式解析

（1）岛链带国家地理集群因素的非确定性风险增大，战略因素不稳定。

（2）岛、陆链带国家地理集群因素的非确定性因素较小，战略因素稳定，国际地缘经济影响力明显，科技合作空间较大。

（3）陆链带国家地理集群因素的确定性变化不大，战略因素稳定，通道经济明显，经济格局下的科技合作具有针对性特征。

6. 建立经济（科技）预警机制，动态掌握中国云南与周边经济（科技）比较研究，如：在"10＋3"、"10＋1"、"9＋2"等多元合作组织及协议的框架内选择和建立的相应国家及国际性经济（科技）战略区域和次区域战略合作圈的内涵信息和外延动态平台

7. 提出中国云南经济安全格局下的科技发展"有所为、有所不为"投资战略，回避与东盟地区在岛链带区域的长线基础投资，合作投资的中心立足在岛、陆链带地区，从地缘不安全战略因素考虑，进行战略中心——"多园一中心"的区域高科技战略圈规划建设，以及建立国家及国际性经济（科技）合作圈的经济技术安全预警信息平台

8. 建立国家及国际性经济（科技）合作圈的信息平台的主要模块

（1）模块技术要求：具有聚集效应，形成有影响和感召力的信息、人才、资金、成果、装备等科技资源体系。

（2）信息平台的主要模块。

（3）至 2006 年，形成云南—东盟国际"信息港"基础框架。

（三）提出借鉴"绩效技术"理论的智力型经济贸易开发模式实效战略规划；提出低成本智力型经济开发与协调发展的技术方法实施意见；探讨云南省大学科技园维护国家经济安全秩序的基层化示范作用，根据"内生增长决策模型"的理论论证云南"产—学—研"的资源价值发展与利用并重的发生的最大可能性

（四）探讨云南科技园区国际化的双向性：一方面，国际化将不断缩小云南"产—学—研"的层级结构与内地的差距；根据战略管理学竞争环境评价矩阵方法与国际关系学科中对国家实力评价主要因素相结合，通过确定、集中和筛选后进入该个案研究的备选因素。另一方面，探讨大学科技力量直接进入市场经济的影响力价值

（1）完成了云南省国家大学科技园战略评价系统的有关考量。

（2）在第一时间现场对科技园目前的外部及内部环境的战略评价要素进行了系统评价，完成了对云南科技园区进行战略管理的可行框架及主要模块的设计。

（3）完成了对云南省国家大学科技园管理过程与市场进入预期阶段的科学论证。

（4）国际化将会不断调整云南高校在国家科技目标与学科专业层次建设后高校未来价值的函数的象限位移以及在维护国家经济安全中承担的义务和责任的考虑。该研究提出大学科技园与高校科技成果转化的第三条路径。

（5）中国云南本土化——基于绩效技术的 IT 科技竞争支持模式探讨。

### （五）云南科技园国际化制度竞争研究对策

1. 国家安全战略转型的价值成本定位

国家法规建设与政府积极鼓励的政策齐头并进，政府将科技园国际化战略定位看做云南省实施循环经济发展的安全工程，实施战略性建设和专项基金滚动投入以区域发展的专项法规确定下来，完成开发性智力型投资，利用云南的区位和品牌优势抢占有利于自己的市场份额。

2. 中国云南经济安全格局下科技战略发展的制度化建设

3. 制定高科技战略规划及信息网络平台构建，以形成"多园一中心"战略区域跨越式效应

（1）本课题研究提出，继续坚持科技发展"有所为、有所不为"的策略，集中投入，注重信息时代的技术特征，坚持时效性、系统性、先进性、科学性，努力把科技园（昆明国家级高新技术开发区）建设成为"多园一中心"的高科技系统终端，形成以区域科技中心（新昆明）辐射各地次科技中心的科技战略集群框架，建成云南省的高新技术研究基地中心、成果转化基地中心、产品出口加工基地和成果交易中心，相机考虑中国云南与东盟科技园总部制度形成的战略发展关键因素，将科技园区战略规划与经济战略圈发展规划目标达到互动与协同，提供系统性的安全战略规划，并争取到2010年，高新技术产品产值占云南省工业总产值的60%。

（2）根据对"C—P—C"［《中国与东盟自由贸易区计划（CAFTA）》—《泛珠江区域经济合作组织（PECO）》—《关于内地与香港建立更紧密贸易关系安排（CEPA)》］等区域科技战略发展的案例研究提出，要通过政府的政策引导和市场的资源配置，推动高新技术企业成为区域战略研究开发和科技投入的

主体。

（3）政府今后对直接投资兴办和管理非公益性科研机构应坚持逐渐放弃的原则，政府投资建立的技术开发类科研机构向企业化转制应尽快完成；政府与高校、研究机构共同投资建立的科研机构（如大学科技园按市场机制运作）要实行企业化管理（高校科技成果采取技术转让或技术入股的方式入驻园区）；公益类科研机构进行体制和机制创新，按照非营利科研机构模式运作，全面实行聘用制。

（4）大学教育体现其价值的合理内核在于把握教育内延价值与外延符合度的协同。

根据"产—学—研"内生增长模型的增长因素，大学科技园二次创业的确定性边际差别明显。

## （六）制定云南科技园二次创业体制内模式

## （七）区域与国际化的经济安全要依靠科技手段和技术保证

1. 中国云南与东盟的战略发展要在"10＋1"以及次区域战略圈中，通过互联网建立网络安全制度

2. 通过网络建立经济合作相互认证制度和电子安全认证制度，加快有关交易安全、信用的制度建设

3. 以政府牵头，在中国云南国家级科技园区建立"10＋1"以及次区域战略圈的科技发展论坛

4. 科技园区企业的创品牌战略要将科技园作为不能再生的资产进行维护和发展，注重与其品牌优势关联的研发设计的价值最大化行为影响力

5. "总部"制度的空间优势和战略意图具有虚拟网络系统的特征和要素

6. 建立"总部"安全预警机制评价体系，对合作圈的相关信息进行动态评价。主要考察以下几个方面

（1）合作的内在基础。

（2）将预测结果与实际经过进行比较。

（3）将提出修正或采取的应变措施以保证行动与计划实现的报告发送。

该课题研究论文在核心刊物上已发表 5 篇，待发表 9 篇；阶段性成果《云南省国家大学科技园战略评价系统》在昆明国家大学科技园现场评价后，已取得一定成效；建议在云南科技园推广相关评价；"产—学—研"政策模型和绩效技术的 IT 科技竞争支持模式具有应用价值。

项目名称：维护云南经济安全
　　　　　　——科技园区国际化关系个案研究
项目负责人：陈丹妮
所在单位：云南师范大学
主要参加人：何　跃　马惠娟　余明九　朱云东　刘德周
　　　　　　贺　萍　陈建兵　侯阿冰　明　虹　杜爱萍
　　　　　　罗　滨　白凤翔
结项时间：2005 年 4 月 13 日

# 云南省社区劳动保障工作平台运作
# 模式及对策研究

## 一、项目研究的目的和意义

　　研究社区劳动保障工作有助于结合云南省情贯彻"十六大"精神和实践"三个代表"重要思想。"十六大"报告指出："就业问题解决得如何，是衡量一个政府、一个执政党治国水平、执政水平的重要标志"，"千方百计解决好群众的就业问题，就是为人民办实事，就是贯彻'三个代表'要求的重大实践。""建立健全同经济发展水平相适应的社会保障体系，是社会稳定和国家长治久安的重要保证。"中发［2002］12 号文件规定：各级党委、政府要把控制失业率和增加就业岗位纳入国民经济和社会发展规划，作为政绩考核的重要内容。社区社会保障工作是解决就业问题和做好劳动保障工作的基层和最基础性的工作。

　　研究社区劳动保障工作是健全劳动保障体系、做好云南省劳动就业和社会保障工作的迫切需要。社区劳动保障工作站及其工作是我国社会保障体系的基层组织机构和重要组成部分。社区劳动保障工作也是社区建设和社区工作的重要内容。如何加快云南省社区劳动保障工作平台建设？机构建立后，采取什么样的模式和对策运转？这些都急需理论和政策指导。

　　研究社区劳动保障工作是解决云南省社区劳动保障问题的需要。云南省社区劳动保障的主要问题有六个方面：一是就业形势严峻。"十五"期间，全省城镇新增劳动力约 110 万人，加上下岗失业人员，需增加就业岗位 100 多万个，农村还有 700 多万富余劳动力需要转移，劳动力市场供大于求的矛盾较大。二是开发就业岗位难度较大。三是社区的劳动保障事务管理和服务滞后。四是执行优惠政策难。五是部门之间对社区劳动保障管理不协调。六是对社区劳动保障工作职能的认识不到位。如何解决这些问题，尚无较好的对策、措施和政策。云南省委、省政府和相关部门的决策、管理和对全省工作的指导都迫切需要对这些问题进行研究，以提供决策参考。

研究社区劳动保障是发展社区劳动保障理论的需要。西方国家对社区建设、社区劳动保障工作的理论研究和实践较早。德国社会学家腾尼斯在其《社区与社会》（1887）一书中最早提出了"社区"概念。第一次世界大战后美国的查乐斯·罗密斯将德文的"社区"译为英文的"community"。1933 年，费孝通等人将此英语词汇译为中文的"社区"。当时在吴文藻先生的带动下，我国的社会学者与人类学者对"社区"开展过热烈的讨论。但就探索社区劳动保障工作规律性的理论，在我国还是空白。

建立社区劳动保障工作平台的运作模式和原则，在理论和实践上都属于一种创新，能给党和政府以及相关业务主管部门制定有关社区劳动保障工作的政策和决策提供参考；能给社区劳动保障工作实践提供指导。

## 二、研究成果的主要内容、重要观点 和对策建议

课题研究成果的主要内容、重要观点和对策建议集中体现在以下四节之中：

第一节，研究"社区劳动保障工作平台建设及其运作的管理模式"。首先，根据劳动就业和社会保障部要求建立劳动保障工作平台，要做到机构、人员、经费、场地、制度和工作等"六个到位"的到位程度不同，把建立的街道、乡镇的劳动保障事务所和社区劳动保障工作站分别分为三种类型，总结出平台建设取得五个方面的阶段性成绩和四条主要经验。然后，分析平台建设和运行面临的"五大困难"和"六大矛盾"，提出促进平台建设和发挥平台作用的六条建议及措施：一是政府要担当起平台建设的主角并履行职责；二是要明确平台建设的经费来源渠道和使用原则；三是理顺机构体制、规范平台建设和分类指导工作；四是发展社区经济、促进社区就业岗位的开发；五是社区劳动保障管理服务要分类走产业化和市场化之路；六是做好"五个教育培训"的规划和准备工作。最后，提出了社区劳动保障工作平台运作的管理模式：即"城乡两头并进、三项经费保障、明确四个任务、规范五个管理"。

第二节，研究"社区的就业岗位开发模式"。首先，综述国际上有关社区就业的理论和我国出台的有关社区就业的政策。然后，研究社区就业的特点及岗位分类。社区就业具有发展空间大、进入成本低、技能要求单一、容量大、投资少、失业风险小等优势；具有地缘性、综合性、辅助性、福利性与盈利性和快捷便利等特点。社区就业岗位可分为三类：一是社区管理服务的公益性岗位，二是便民利民服务岗位，三是面向社区单位的服务。最后，提出了社区就业岗位的开发模式："分清四类人员、采取三种措施、内外两面出击、一网连通神州。"

第三节，研究"农村富余劳动力输出转移就业模式"。首先，分析农村富余劳动力输出就业的历史：我国农村劳动力流动经历了盲目自发限制期（1978—1992）、理性自觉引导期

(1993—2003) 和积极主动促进期（2004 年以后）的三个时期，外出就业农民的价值取向也经历了三种转变。与此同时，农民工的进城方式，社会、政府对待他们的态度以及政策环境和管理手段也相应发生了三次变化。农村富余劳动力的输出转移方式，从自发、分散、盲目向组织化、有序化、规模化方向转变。然后，分析农村富余劳动力输出就业存在的主要问题，提出农村富余劳动力输出就业的对策：一是要树立科学、确切的转移输出观；二是努力提高输出转移的质量和效益；三是发挥云南境外输出的区位优势，加大省外和境外输出力度；四是健全、完善转移输出的组织体系和制度措施；五是结合民族文化优势打造云南劳务输出的特色品牌和特色经济。最后，总结提炼出农村劳动力输出就业模式："政府统筹、实业经营、项目管理、市场导向、资源共享、奖惩督察。"

第四节，研究"企业退休人员的社会化管理服务模式"。首先，论证了退休人员实行社会化管理的必然性。根据管理服务主体不同，把退休人员的管理服务模式分为企业化管理服务、国家化管理服务、家庭化管理服务和"纯粹社会化管理"服务等多种模式。然后，分析企业退休人员社会化管理服务的政策演进及工作进程和社会化管理服务的基本情况。最后，提出了企业退休人员的社会化管理模式："目标任务规划到位、制度设施条件到位、服务周全责任到位、监督管理落实到位。"

由于社区劳动保障工作的内容较多，涉及的工作面宽，所以，开发社区就业岗位、企业退休人员的社会化管理服务、农村社区的富余劳动力输出就业和对社区平台的管理，是社区劳动保障工作的主要职责。

# 三、成果的学术价值、应用价值以及
# 社会影响和效益

20世纪90年代，我国部分发达地区才开始社区建设试点，云南省2001年5月才启动社区建设试点。2002年，中央要求在社区建立劳动保障工作站。社区劳动保障平台属于新建机构，处于边建设边工作状态，全国没有现成的和统一的模式可以学习和照搬。虽然劳动和社会保障部提出了机构、人员、场地、经费、编制、工作等"六个到位"，但是，这"六个到位"在云南省却很难做到。因此，根据云南实际情况及基层劳动和社会保障工作需要总结提炼出来的这四个模式，不仅具有全新的理论意义，而且对于社区劳动保障工作具有指导性、普遍适用性和可操作性等价值；不仅具有学术价值，而且对实际工作更具有应用价值。一些对策建议已被主管部门和社区基层采用，有助于指导实际工作和促进工作效率的提高，同时也有助于为政府提供决策依据和参考。

由于社区劳动保障工作平台搭建的时间短，还有很多不够完善的地方，在我国还属于新生事物，工作和领导管理的经验积累以及理论研究成果不多，在此基础上总结提出来的社区劳动保障工作平台的四个模式还必须接受实际工作的检验，有待丰富完善。

项目名称：云南省社区劳动保障工作平台运作模式及对策研究

项目负责人：杨志银

所在单位：云南财经大学

主要参加人：范崇芬　张良泉　张宇清　袁世福　欧阳天治

结项时间：2005年6月9日

# 发展工业循环经济，推进
# 云南省新型工业化建设

## 一、项目研究的目的和意义

循环经济是一种以资源的高效利用和循环利用为核心，以"减量化、再利用、资源化"为原则，以低消耗、低排放、高效率为基本特征，符合可持续发展理念的经济增长模式，是对"大量生产、大量消费、大量废弃"的传统经济增长模式的根本变革。

随着我国经济快速增长和人口不断增加，资源、能源严重不足的矛盾日益突出，生态建设和环境保护的形势也日益严峻。根据中央提出的坚持科学发展观、坚持可持续发展战略、走新型工业化道路、建立资源节约型社会、实现人与自然的和谐发展的要求，大力发展循环经济，是势在必行的战略选择，是我国经济增长方式的重大变革，必然使我国经济发展走上内涵性、质量型的良性增长道路，加快全面建设小康社会的步伐。

经济发达国家经过了较长的资本主义发展阶段，其工业的发展程度和资源利用已达到较高的科技水平，循环经济在这些国家不仅积累了成熟的经验，而且形成了理论观念和技术成果。我国由于长期沿袭资源型、外延型的经济发展理念和增长方式，目前循环经济无论在实践上还是在理论上都处于起步阶段。因此，把循环经济作为一种经济发展的新路子、一种新的经济增长方式、一个新的经济增长点进行深入研究，并成为我们发展经济的一个重要的指导思想而广泛运用到实践中去，具有重大的深远意义和迫切的现实意义。特别是云南这样一个经济基础薄弱、生产力水平低、工业发展滞后的省份，经济是粗放经营型的经济，工业是资源依赖型的工业，转变经济增长方式，发展循环经济，尤为必要和紧迫。

本课题着眼于云南省实现工业的现代化和可持续发展，立足于贯彻落实省委、省政府提出的工业强省战略、走新型工业化道路的要求，着力对工业领域如何发展循环经济，在资源的节约开发、充分利用、循环利用，以引导发展生态经济、使经济发展与环境建设协调发展上进行研究，并力图对工业应用起到指导作用。

# 二、研究成果的主要内容和重要观点或对策建议

主要内容包括六个部分，其中第六部分是发展工业循环经济的对策，重要观点包含在内容介绍中。

## （一）循环经济与工业循环经济

这一部分主要是从理论上论述循环经济的概念、本质与经济技术特征、内涵和基本原则以及工业循环经济的概念和主要内容。循环经济是指人、自然资源和科学技术的大系统内，在资源投入、企业生产、产品消费及其废弃物的处理过程中优先考虑可持续发展，依靠生态型资源循环来发展的经济。工业循环经济是指在整个工业领域、在各类工业产业、在各个生产环节，改变高投入、高消耗、高排放、不协调、难循环、低效率的粗放式经济

增长方式，按照循环经济的"减量化、再利用、资源化"原则和"资源—产品—废弃物—再生资源"的经济运行模式组织集约化的工业生产，实现资源利用最大化、经济效益最大化、物质废弃最小化、环境污染最小化。工业循环经济的主要内容是：按经营层次，在企业大力推行清洁生产、节能降耗、资源综合利用，从生产的源头和全过程充分利用资源；在企业集中地区，积极发展生态工业，延长产业链条；在一定区域内用生态链把工业与农业、行业与行业结合起来。按生产环节，在资源开发环节，大力提高资源综合开发和回收利用率；在资源消耗环节，对重点行业加强能源、原材料、水等资源的消耗管理，提高资源的产出效益；在废弃物产生环节，开展综合利用，提高废气、废水、废渣的利用率；在再生资源环节，大力回收和循环利用废旧资源；在社会消费环节，增强节约意识，倡导绿色消费，树立可持续消费观。

### （二）发展工业循环经济的重大意义

这一部分是通过分析全国和云南在工业发展中对资源能源的开发利用水平、存在的严峻问题，论述发展工业循环经济的必要性和紧迫性，主要体现在发展工业循环经济是缓解资源约束性矛盾的根本出路，是从根本上减轻环境污染的有效途径，是提高经济效益的重要措施，是应对国际新保护主义的迫切需要，是坚持以人为本、落实科学发展观、实现可持续发展和人与自然和谐发展的本质要求。

### （三）云南工业循环经济发展的现状

这一部分主要是从云南工业发展概况入手，总结全省工业循环经济主要是在节能降耗、清洁生产、资源综合利用、发展环保产业方面的情况，以及在循环经济的研究、宣传、试点、法规制度及机构建设等方面所开展的工作。研究中，还从政府层面、工业园区层面、企业层面列举了成功的典型。在全面总结的基础上，指出了存在的突出问题：工业能耗居高不下，矿产资源粗放开发，带来资源矛盾、环境负担、生态压力、效益不高等问题。从总体情况看，全省的工业循环经济呈现出认识不到位、工作不主动、措施不得力的状况。

### （四）国内外发展工业循环经济的成功经验

这一部分从两个方面概述了国外和国内的经验。欧盟与美国、日本等主要通过立法、建立政策鼓励机制等发展工业循环经济。目前，发达国家循环经济的发展已在四个层面上开展：企业内部的循环利用、企业或产业间的生态工业网络、建立废物回收和再利用体系、建立社会循环经济体系。我国的工业循环经济也有了良好的起步，主要表现是：国家出台了一系列法规、政策，在企业积极推行清洁生产，在企业相对集中地区或开发区建立生态工业园区，在区域层次上（如贵州、辽宁）开始探索循环经济发展模式，在一些关键领域进行循环经济的技术创新。

### （五）云南工业循环经济的发展要求

这一部分根据党的"十六大"和十六届三中、五中全会精神以及中央对"十一五"规划的建议、温家宝总理政府工作报告要求，紧密结合云南工业循环经济的发展现状提出了云南工业循环经济的发展要求。对近期（2010 年）工业循环经济的总体要求与国家和省政府提出的目标做了衔接，结合工业领域的实际，在万元工业增加值综合能耗、取水量、用水重复利用率、工业固体废物综合利用率这些主要指标上以及对能源、主要重工、轻工的十大产业的循环经济发展上，都提出了明确的量化指标。对当前全省工业发展循环经济的重点，提出了加快推进清洁生产、突出节能节水、加强资源综合利用、开展资源循环利用、推广循环经济试点等五个方面的要求。

### （六）发展云南工业循环经济的若干措施

这一部分根据中央和省委、省政府对发展循环经济提出的要尽快建立比较完善的循环经济法律法规体系、政策支持体系、技术创新体系和有效的激励约束机制的总体要求，结合云南工业发展的实际，提出了12个方面的对策：

（1）建立节约资源能源的政策激励机制，在资源开采、生产消耗、废弃物的资源再生、废旧产品的再制造等环节，以节能、节材、节水、节地为中心，厉行节约，减少浪费，实现资源消耗最小化。

（2）制定工业循环经济发展规划，纳入全省经济社会发展规划。

（3）利用宏观调控手段，加快产业结构、产品结构和能源消费结构调整，用循环经济的发展模式指导区域发展、产业转型和工业园区建设。

（4）调整生产布局，优化产业链。

（5）加强制度建设，建立发展循环经济的政策激励机制，主要是建立新的经济制度体系，如生态环境要素的定价和有偿使用制度、生产责任延伸制度、政府责任制度等；建立节约使用资源、资源再生利用、技术支持的机制，在产业产品的开发上放宽循环经济的准入条件和提高高耗产业的生产规模与技术标准，坚持实行资源使用的补偿制；建立有利于发展循环经济的投入机制。

（6）加强法制建设，提高执法力度。

（7）建立科学的循环经济评价指标体系和绿色国民经济核算体系，推行新的政绩考核指标。

（8）开展技术创新，建立循环经济的技术支撑力量，大力发展高新技术产业，加快传统技术的改造，重视资源再生技术的开发。

（9）引导企业进一步开展节能降耗活动，重点是节电、节煤，实施企业用水定额管理，强化企业用地管理，加快新型墙体材料推广的进程，节约原材料，鼓励深加工、精加工以及功能替代型和可循环产品。

（10）全面推进清洁生产。到"十一五"末，建立比较完备的清洁生产的政策、法规和技术支撑体系，使节约、降耗、环保、增效成为企业的自觉行动。

（11）倡导绿色消费方式：一要实行绿色采购，延伸生产者责任；二要以市场为导向，生产绿色产品；三要在生产过程中使用清洁生产技术工艺，提高资源效率，符合环境标准。

（12）依托云南的区位优势，综合利用贸易、投资等多种合作形式开发国内国际的两种资源，发展两个市场，拓展资源的配置空间。

# 三、成果的学术价值、应用价值以及社会影响和效益

这是云南第一个全面论述工业循环经济的专题调研报告，对贯彻党的"十六大"精神、走新型工业化道路与落实省委提出的工业强省战略，特别是对促进循环经济发展具有重要的指导作用和参考价值。报告中若干观点富有新意，较为超前。报告提出

的 12 个方面的对策具有较强的针对性、系统性和可操作性。报告援引了国内外发展循环经济的成功经验，对云南发展工业循环经济可以起到借鉴作用。报告中所提出的若干数据较全面、真实地说明了云南在资源利用、工业污染、工业循环经济发展等方面的情况，具有较珍贵的使用价值和历史价值。

项目名称：发展工业循环经济，推进云南省新型工业化建设
项目负责人：冀育丰
所在单位：云南省经济委员会
主要参加人：杨荣华　游　春　曹立芳　张钦国　尹　洁
　　　　　　窦晓晴
结项时间：2005 年 7 月 14 日

# 云南省国有资产管理体制改革研究

国有资产管理体制改革是一个既富挑战性又具现实性的全新课题。从云南省的实际情况出发，深入研究和解决完善国资监管体制的各种重要问题，对于实现全省国有资产的保值、增值，实现全省经济持续、快速、健康发展，对于与全国同步、全面建设小康社会，具有非常重要的意义。

## 一、深化国有资产管理体制改革势在必行

半个多世纪以来，随着经济体制改革和经济建设的发展变化，我国国有资产管理体制的建立和发展，大致经历了1979年以前计划经济体制下的分权管理阶段、1979年至1998年的初步改革阶段、1998年至今的深化改革阶段等三个主要阶段。在现行体制下，我国国有资产所有者代表职能被多个政府部门分割行使，形成"多龙治水"而实际上"无龙治水"以及管资产和管人、管事相分离的格局。因此，改革国有资产监督管理体制是坚持我国基本经济制度的根本要求，是贯彻条例、落实中央和省政府指示的要求，是推进云南省国企改革和国有经济战略性调整的要求，是建立现代企业制度的需要。

云南经济和现代化建设进入了重要的战略机遇期。但是，多年积累下来的各种长期性问题和深层次矛盾严重影响和制约着全省经济的发展，经济增长从1995年起连续7年下滑。影响和制约全省经济发展的两大矛盾，一个是经济结构严重不合理，国有

126

经济一统天下，非公有经济所占比重很低；烟草产业一枝独秀，非烟产业所占比重很低。另一个是工业增长缓慢。其中最重要的原因就是在工业中占有较高比重的国有企业体制不顺、机制不活、效益不好。云南省委、省政府明确提出，全省当前最大的政治任务是扭转经济增长持续下滑的不利局面，最大的矛盾是经济结构严重不合理和国有企业亏损长期居高不下，最大的工作是深化国有企业改革。基于这样的认识，云南省委、省政府于2002年3月发出了《关于深化国有企业改革的若干意见》，决定再用三年左右的时间，以产权制度改革为突破口，全面、有序地深化国有企业改革，针对不同企业的不同实际情况，重组、改造、培育壮大一批，有序退出、转让一批，破产、关闭淘汰一批，退二进三转产一批。通过改革，国有企业存在的重点、难点问题基本得到解决，国有及国有控股企业基本建立起了现代企业制度，国有资产在应当退出的行业和领域已基本退出；加快国有企业的体制创新、机制转换和结构优化，使国有企业在实现全省经济快速发展中作出应有的贡献。经过三年深化改革，基本实现了省委、省政府提出的改革目标。全省 87.4% 的国有企业都进行了不同形式的改革、改制，企业管理体制和经营机制发生了深刻变化，非公有经济和非烟工业加速发展，在国民经济中的比重稳步上升，烟草产业一枝独秀和国有经济一统天下的不良局面发生了历史性变化。改革同时还深刻地改变了企业干部职工的思想观念，有效推动了其他改革的进行，使云南省国有企业很好地抓住了新一轮市场机遇，加速发展壮大，国有企业的亏损面和亏损额大幅度下降，国有及国有控股企业多年来首次实现全行业盈利。深化改革显现出明显的"扭亏增盈效应"和对全省经济快速发展的"拉动促进效应"。国有企业的扭亏增盈极大地促进了工业的发展，全省工业经济运行质量明显提高。2004 年工业增加值完成

1 053.36亿元，增长13.9%，首次登上1 000亿元台阶；全部工业销售收入由2001年的1 680亿元增加到2004年的2 600亿元，三年增加近1 000亿元。同样，由于深化改革，国有企业和国有经济对全省经济增长的拉动促进作用巨大，2004年实现了10.8%的国内生产总值快速增长目标。

全省国有资产管理体系和管理体制改革，经历了艰苦漫长的探索历程。云南省国资委自组建以来，坚持以邓小平理论和"三个代表"重要思想为指导，以促进全省经济快速、健康、持续发展为己任，以完成国有企业三年深化改革任务为动力，全面落实科学发展观，展开了多方面的国有资产监督管理工作。但是，云南省现行的国有资产管理体制，还存在许多不足之处，国有资产保值增值的压力很大，有时甚至严重流失。虽然当前监管企业经济发展势头良好，主要经济指标处于历史高位，但是实事求是地分析，除了我们的主观努力外，与国家加强和改善宏观调控政策以及2004年的产品高需求、市场高价位是分不开的。对此，决不能盲目乐观，必须正视存在的不足，注意潜在的问题和困难。

## 二、国内外国有资产管理模式的实证研究

一般说来，国有资产的管理涉及总量和政策管理职能、资本营运职能、实业经营职能这三大职能。按照国有资产的基本管理职能，国内、国外国有资产管理有如下几种模式：

### （一）国务院国资委管理模式

国家国资委根据国务院授权，依照公司法等法律、法规履行出资人职责，目前直接监管的关系国家经济命脉和安全的中央大

型企业共 188 家，资产量约 6.9 万亿元，占全国国有资产总量的 58.2%，其中所有者权益 2.5 万亿元。主要通过加强法规和管理体系的建设、强化企业监事会作用、建立了企业负责人经营业绩考核体系、加强国有资产监管的基础工作等途径，加强对国有资产保值增值情况的监管。

## （二）江苏模式

与国务院国资委相似，省属国有企业实行"列名监管"，首批列入监管的企业有 38 户，2004 年年初净资产近 700 亿元。其特点是在国资委内成立党委、纪委，经省委授权，负责所监管企业的党建和纪检等工作。

## （三）改革开放先导区的创新模式

深圳、上海等改革开放先导区，在国有资产管理体制改革方面起步较早且一直没有中断，因此实践也比较丰富，积累的经验比较多，许多成功经验都是这些地区首先提出来的，具有创新性和先导性的作用。深圳市最早由原行业主管部门改组成的国有控股公司，通过修改公司章程，"合法侵占"被投资企业的合法权益，成立新的"老板加婆婆"的控股公司，下一步将按市场化原则重构跨行业的资产经营公司，推进跨行业、跨所有制的产权转让和企业重组。上海市实行的是市和区（县）两级国有资产管理体系，全市有 38 家资产经营机构通过实施跨行业重组，国有资产总量大幅增长，产业结构不断优化。安徽省初步建立起省属国有资产管理体系，率先实现了管资产和管人的最佳结合，较好地体现了党管干部、政企分开、管资产与管出资人代表相一致的原则，收到了明显成效。

世界银行不久前发表了改革国有资产管理的政策分析报告，

报告研究了国有资产管理的国际经验。该报告指出，国有企业并不一定不如私人企业，政企不分会毁掉国有股的价值，被监管的资产应限于经营性资产，应尽量减少国有资产管理层次等。世界银行总结的这些经验，给我们以重要的启发。

## 三、国有企业改革及国有资产监管的目标和任务

研究云南省新一轮国有资产管理体制改革，就是要从云南国有企业改革和经济社会发展的具体实际出发，推进和深化国有企业改革和国有资产管理体制改革，建立、健全具有云南特点的国有资产监督管理体制。具体说来，就是要通过实现"四分开"和建立"三个三"的管理体系，真正建立起国有资产出资人制度。

（1）实现"四分开"是新一轮改革的重要目标：实现政资分开，实现政企分开，实现国有资产经营与使用职能分开，实现生产型企业的盈利和资产保值、增值职能分开。

（2）"三个三"是新一轮改革的主要内容：建立中央和省、地三级政府分别代表的出资人制度；建立管资产和管人、管事三结合式的管理；建立由国资委代表国家履行出资人职责、以预算管理为主，由国有控股公司受托从事资本运作、以投资决策为主，由生产服务型企业实际使用国有资产、以财务管理为主的三层经营架构。

# 四、云南省国有资产监管的主要思路及对策措施

## （一）国有资产监督管理思路

经过艰苦的实践、思考和探索，已经逐步理清了履行出资人职责的监管思路。这就是：凭借发展规划、预算管理、激励约束"三个支撑"，抓住"五个环节"，确保"一个目标"，依靠"两个抓手"，确保实现国有资产保值、增值。展开来讲，就是通过战略规划，明确发展方向，按照国有资本有进有退、有所为有所不为的原则，根据国家和省委、省政府的产业政策、产业导向，制定出指导性和可操作性强的监管企业发展战略规划纲要，科学、合理配置国有资本和资源，向符合国家政策的产业和优势企业集中。通过预算管理，坚持发展方向，各监管企业根据发展战略规划纲要，制定本企业中长期发展规划，编制分年度经营预算，依托预算管理将企业的经营目标财务化，形成对企业重大投资、担保、产权转让的硬约束，确保企业发展战略目标的实现。通过"两个抓手"，落实发展方向，国资委主要通过董事会和监事会这"两个抓手"对企业实施监管。通过强化责任，确保发展方向，按照国有资产保值、增值指标，国资委与企业董事会签订年度和任期经营业绩责任书，把目标和责任具体分解到各个不同的责任主体；通过层层签订责任书，强化责任，确保国有资产保值、增值。通过激励机制，促进发展方向；通过统计评价、业绩考核和薪酬管理等手段，将董事和经营者的年度及任期经营目标与薪酬挂钩，实行严格的奖惩制度，确保产权代表与出资人的利益导向和价值取向保持一致，推动国有企业的改革发展。

**（二）继续深化国有企业改革的建议**

1. 坚持正确的改革方向

深化国有企业改革必须坚持党的"十五大"、"十六大"提出的国有资产管理和国有企业改革的一系列方针、政策，全面理解和贯彻中央关于国有企业改革的方针、政策，不能把国企改革片面、简单地理解为"国退民进"，不能把国有资本的进和退对立起来，更不能"一卖了之"。

2. 规范和加快推进国有企业改革

要认真贯彻执行《关于规范国有企业改制工作的意见》和《企业国有产权转让管理暂行办法》，保证国有企业改制规范进行。对管理层收购，要严格执行中央的明确规定，大型国有企业不搞管理层收购，中小企业的管理层收购要在探索中区别情况规范进行。要加大对国有企业改制和产权转让的检查力度，重点把好离任审计、资产评估、进场交易、公开竞价等关键环节，严格规范产权交易，切实维护出资人和企业职工的合法权益，防止国有资产流失，确保国有企业改革健康发展。

3. 推动企业做强做大主业，提高核心竞争力

突出主业是企业做强做大的前提和基础。省属企业面对着激烈的市场竞争，必须扬长避短，充分发挥优势，找准市场定位，明确主业的发展方向，集中有限资本做强做大核心业务（即主业），增强对核心技术和专有技术的研发能力，提高企业的核心竞争能力，保证企业持续发展。

4. 要认真处理好改革、发展和稳定的关系

既要稳步推进改革、促进发展，又要兼顾各方利益，做到积极稳妥，把改革的力度、推进的速度与职工和社会的可承受程度统一起来，平稳推进改革。企业要严格执行有关政策和操作程

序，充分发挥党组织的战斗堡垒作用，做好深入细致的思想政治工作，把矛盾化解在萌芽状态，把问题解决在基层，确保企业和社会稳定。

### （三）深化国有资产管理体制改革的对策建议

深化国有资产管理体制改革的指导思想：以邓小平理论和"三个代表"重要思想为指导，深入贯彻党的"十六大"精神，坚持科学发展观，转变观念，求真务实，进一步健全、完善国有资产监督管理体制，继续深化国企改革，调整、优化国有经济布局和结构，促进国有经济发展壮大，加强和改进企业党的建设及思想政治工作，确保国有资产保值、增值。

国有资产监督管理工作发展目标：监管企业力争实现主营业务总收入增长 25%，实现利润增长 18%，国有资产保值、增值率达到 105%。

国有资产监督管理工作的总体要求：围绕"一个目标"，抓住"两个重点"，建立"三个支撑"，做好"六项工作"。即：紧紧围绕国有资产保值、增值目标；切实抓住深化国有资产管理体制改革、深化国有企业改革两个重点；建立发展规划、资本预算、激励约束三个支撑；着力做好完善国资监管体制、加强和改进企业党的建设、深化国有企业改革、完善法人治理结构、加强企业内部管理、加强国资监管队伍自身建设等六项主要工作。

项目名称：云南省国有资产管理体制改革研究
项目负责人：李　莲
所在单位：中共云南省委政策研究室
结项时间：2005 年 8 月 7 日

# 云南省社会发展区域差异及其
# 现代化的系统研究

## 一、研究目的与基本意义

### （一）主要目的：核心任务与系统探索

区域可持续发展的研究既是诸多学科共同关注并努力探索的前沿领域，也是全国或某一省（区）等区域努力施行的发展战略。区域可持续发展的研究的核心任务之一，是回答某一地区的现代化进程的程度和全面实现第一次现代化进程的时间等问题。

### （二）基本意义：前沿领域与决策根据

通过研究某一区域的社会发展的区域差异进而研究其各次一级区域的现代化进程时间表，是经济地理学和区域经济学等诸多学科共同关注的前沿性课题，属于源头创新性研究，具有重要的理论意义。同时，这项研究将为西部大开发背景下的云南省"三大目标"与"四大战略"的成功实施提供一定的科学决策根据，并为欠发达地区的社会发展与现代化的实现提供一定的理论储备，因而具有重要的实践意义。

## 二、主要内容与重要观点

### (一) 研究现状：六个流派与我国研究

国内外关于现代化的研究形成了六个主流学派：(1) 以塞缪尔·亨廷顿为代表的现代化研究的政治学方向；(2) 以沃尔特·罗斯托为代表的现代化研究的经济学方向；(3) 以塔尔科特·帕森斯为代表的现代化研究的社会学方向；(4) 以阿历克斯·英克尔斯为代表的现代化研究的人文学方向；(5) 以西里尔·爱德华·布莱克为代表的现代化研究的制度学方向；(6) 以我国学者牛文元为代表的现代化研究的系统学方向。在我国，"中国的现代化"问题的系统研究，主要有以何传启教授为组长的中国现代化报告课题组的《中国现代化报告2001》和以牛文元教授为首席科学家的中国可持续发展战略研究组的《2001年中国可持续发展战略报告》。

对于后发达省域及其各次级行政区（地区、市、州等）的现代化能力及其现代化时间表的研究，国内外尚没有相应的系统研究，更没有相应的成果。本项研究主要针对云南省这样的后发达省域进行了系统的研究。

### (二) 主要内容：五项研究和重要观点

本项研究运用"第一次现代化模型"、"生产性生态足迹模型"和"地域结构模型"等对云南省及诸州（市）的"第一次现代化进程"、"生产性生态足迹"、"第一次现代化进程的地域结构"、"生产性生态足迹的地域结构"、"第一次现代化进程与生产性生态足迹之间的关系"和"完全实现第一次现代化进程的时间"等进行了系统的研究。

1. 关于"第一次现代化进程"和"生产性生态足迹"数据库的系统研究

对于这项研究难度和资料收集及处理难度极大的课题，课题组通过"实地考察获得的数据"、"统计资料中的基本数据"和"利用统计资料中的数据的推算数据"等多重数据获得路径，运用多重计算方法和计算工具，建立了这项研究的 26 年（1978 年至 2003 年）的数据库，获得"直接用于"这项研究的基本数据近 2 万个（而推算出这些数据的最原始的数据大约有 15 万个）。这个资料库是准确、系统的。

2. 关于"第一次现代化进程"和"生产性生态足迹"的历时研究

运用"第一次现代化进程"和"生产性生态足迹"数据库资料，对云南省及各个州（市）的"第一次现代化进程"和"生产性生态足迹"进行了从改革开放起始的 1978 年到获得系统资料的 2003 年的逐年的历时研究。这方面的研究，共得到 884 个重要数据。用这些数据建立了"第一次现代化进程的时间方程"和"生产性生态足迹的时间方程"，并根据这些方程进行了系统研究。

3. 关于"第一次现代化进程"和"生产性生态足迹"的地域研究

运用"第一次现代化进程"和"生产性生态足迹"数据库资料，对云南省及各个州（市）的"第一次现代化进程的地域结构"和"生产性生态足迹的地域结构"进行了从改革开放起始的 1978 年到获得系统资料的 2003 年的逐年的历时研究。这方面的研究，得到多个重要数据。用这些数据建立了"第一次现代化进程的地域结构的时间方程"和"生产性生态足迹的地域结构的时间方程"，并根据这些方程进行了系统研究。

4. 关于"第一次现代化进程与生产性生态足迹之间关系"的相关研究

根据"第一次现代化进程的时间方程"和"生产性生态足迹的时间方程",建立了"第一次现代化进程"和"生产性生态足迹"之间的相关关系方程。这个方程包括两个时段:从1978年至2003年、2003年至未来50年。这方面的研究,共得到76个重要数据,并根据这些数据进行了系统研究。

5. 关于"完全实现第一次现代化进程的时间"的预测研究

根据所建立的"第一次现代化进程的时间方程"和"经济指标完全达到第一次现代化程度的时间方程",对云南省及各个州、市的第一次现代化进程的完全实现的时间进行了预测。

## (二)重要观点

### 1. 重要发现

在上述五个方面的系统研究的基础上,我们发现了如下重大问题:

(1)云南省的第一次现代化程度落后于全国,落后的程度在不断加大。从理论预测上看,这个落后的程度将继续加大。

(2)云南省的16个州(市)之间的第一次现代化程度存在着很大的地域差异,其差距的程度大于"全国各个省、自治区和直辖市之间的差距"的程度。

(3)云南省,特别是后发达地区的第一次现代化进程,主要是通过"经济增长"来实现的(即经济增长的生态环境代价极高),从"经济增长—生态足迹曲线"看,生态环境代价仍在不断地、快速地提高。

(4)云南省16个州(市)的第一次现代化完全实现的时间存在着很大的差别,最快的是昆明(2018年实现第一次现代

137

化），最慢的是临沧（2044年实现第一次现代化）。

2. 思路对策

根据上述重大问题，我们提出了新的思路和对策。

（1）云南省以及诸多后发达省区，除了走"经济增长型"第一次现代化的道路外，还特别应该走"基础教育振兴型"第一次现代化的道路。通过基础教育的振兴，可以"直接"地提高"成人识字率"，进而提高第一次现代化进程的"教育分指数"；可以"间接"地提高第一次现代化进程的"其他分指数"。

（2）云南省可以通过财政转移支付等办法，加大对落后州（市）的开发力度，逐渐缩小云南省的"区域差距"，以便使各州（市）第一次现代化进程的步伐逐渐接近。

（3）云南省可以加大"自上而下的快速城市化"进程，以便缩小云南省和全国第一次现代化进程之间的差距。

（4）云南省可以通过逐渐放弃对生态环境有极大破坏作用的产业和企业，走"循环经济"的道路。

# 三、基本价值

## （一）学术价值

尚未联机检索到国内外将"第一次现代化进程及其地域结构"与"生态足迹及其地域结构"统一起来进行系统研究的研究动态和研究成果。而这样的系统研究是自然科学与人文社会科学的跨学科研究基础上的整合研究，是基本理论、学术思想和研究方法的创新。

## （二）应用价值

这项研究的重要发现和思路对策，可以为云南省社会、经济的可持续发展和加速第一次现代化进程的实践提供重要的"科学决策"根据，也可以为后发达省区的社会经济的可持续发展和加速第一次现代化进程的实践提供重要的"思考范式"根据。

项目名称：云南省社会发展区域差异及其现代化的系统研究

项目负责人：潘玉君

所在单位：云南师范大学

主要参加人：张谦舵　武友德　明庆忠　郝维人　肖海平

刘　坚　何红军　王凤兰　华红莲

结项时间：2005 年 8 月 11 日

# 推进云南纳税信用体系建设研究

## 一、该项目研究的目的和意义

税收信用是建立在税收法律关系中，表现和反映征、纳双方相互之间信任程度的标的，是由规矩、诚实、合作的征纳行为组成的一种税收道德规范。纳税信用是税收信用的重要组成部分，它是指纳税人是否主动、自觉按照税法规定履行纳税义务。近年来，在云南省经济建设过程中，税收信用问题较多，其中纳税信用问题尤为突出，企业故意偷逃、拖欠税款，个人隐瞒收入、不自觉进行纳税申报的失信现象突出。不仅偷逃了国家税收，破坏了税收秩序，而且对社会信用的滑坡也起到了"推波助澜"的作用。由于纳税信用体系不完善，给税务机关的税收征管工作带来了很大不便，大大增加了征税成本，影响了国家财政收入，进而影响了国家宏观调控的能力（梁俊娇、葛淑芸，2005）。而且，这一趋势随着市场经济体制的推进日益明显。产生这种状况的主要原因在于纳税信用体系的层次结构及其作用的吻合度不高。所谓层次结构，是指一个国家在纳税信用建设中形成的信用教育层次、信用法律层次、信用评估层次、信用奖励层次、信用公示层次（含纳税信用信息发布）等结构性层次。云南纳税信用体系的层次结构，反映出云南的纳税信用体系是一个复杂的系统，能够囊括道德、经济、法律、社会活动的诸多方面。云南纳税信用体系的层次结构直接影响云南省纳税信用体系的稳定性、安全性，最终影响云南国民经济的增长与发展，甚至影响社会的安全与稳定。因此，研究如何提高云南纳税人的纳税信用意识，构建以层次结构为基础的云南省纳税信用体系，以树立诚信纳税之风，成为当务之急。

# 二、研究成果的主要内容和重要观点或对策建议

## （一）纳税信用体系运作模式的国际比较研究

### 1. 美国模式

以美国为代表的纳税信用体系运作模式，靠纳税信用中介机构的自我管理形成具体的运作方式，政府仅负责提供立法支持和监管信用管理体系的运转。在这种运作模式中，利益导向是核心。其纳税信用体系框架包括以下几方面内容：（1）相关法律体系的建立是纳税信用健康发展的基础。（2）纳税信用中介服务机构在纳税信用体系中发挥重要作用。（3）市场主体较强的信用意识促进了纳税信用体系的发展。（4）对纳税信用行业有较好的管理。

### 2. 日本模式

以日本为代表的纳税信用体系运作模式，由会员单位出资共同构建纳税信用机构，通过会员制形成具体的运作方式，政府仅负责提供立法支持和监管纳税信用管理体系的运转。在这种运作模式中，会员必须共同遵守纳税信用信息机构的规则，自觉履行"向纳税信用信息机构提供其掌握的准确、全面的个人信用"的义务，并享有"获取纳税信用信息机构其他会员的准确、全面的个人纳税信用信息"的权利。

3. 欧洲大陆模式

先进的纳税服务系统、完善的金融体系及严格的法律约束是法国、德国和英国等一些欧洲国家诚信纳税的最有力保证。纳税系统先进、完善，PAYE（就所得征税）系统是对税源进行源泉控制的一个最有效系统。它掌握着所有雇主的每一笔收入所得，使偷、漏税几乎成为不可能。而雇主的自报、自核系统也在信用交易取代现金交易的金融体制下被税务局所牢牢掌握。

4. 云南纳税信用体系建设过程中值得借鉴的方面

（1）要建立云南纳税信用中介服务机构，实现纳税信用管理的集约化。云南省纳税信用中介服务机构的建立，可以采取多种形式：可以由税务部门以纳税资料为主要纳税信用评估数据建立云南纳税信用中介机构，也可以在商业性的信用公司开辟纳税信用中介服务，还可以由纳税人自发地成立纳税信用信息机构，以会员制的方式进行运作。

（2）要加快云南纳税信用数据库的建立，促进纳税信用的科学运作。

（3）云南纳税信用管理和监督，具体到税务部门而言，就是要确立该行业的监管主体，应该充分发挥云南税务机关和纳税人纳税信用协会的作用，开展纳税信用管理与应用研究，提出立法建议或接受委托研究立法，提出相关的纳税信用管理法律草案；协调行业与政府及各方面的关系；制定云南纳税信用行业规划、从业标准以及其他各种规章制度。

（4）要建立云南纳税信用惩罚机制或与商业信用挂钩机制，发挥纳税信用的效力。

（二）云南纳税信用体系建设的现状考察

（1）近年来，云南省工商企业的纳税信用现状持续看好。

自 2003 年 9 月开始截至 2005 年，全省 16 个州（市）143 个县共评出 A 级纳税人 4 061 户，B 级纳税人 7 337 户，C 级纳税人 2 425 户，D 级纳税人 1 621 户，总计 15 444 户。其中，企业评定比例为 21%。这样，圆满完成了纳税信用等级评定工作阶段性目标。

（2）由于云南省市场经济发育不充分，信用经济发育较晚，市场信用交易不发达，企业偷、逃税现象仍比较严重。从云南省国税稽查系统近几年对偷税案件的查处情况看，纳税人偷税主要有以下手段：账外经营；代开、虚开增值税专用发票；挂靠经营；高、低税率项目混淆；发出货物不计销售收入申报纳税；取得返利资金不计销售收入申报纳税；取得价外费用未申报纳税等。

### （三）云南诚信纳税收益最大化研究

1. 云南诚信纳税成本—效益分析的特点

（1）不以经济收益极大化为目标，其成本的支出，不可能像市场经济活动那样以利润为目标，在注重诚信纳税成本效益时，必然将云南的根本利益放在第一位，其诚信纳税成本支出的原则应是效率优先、兼顾公平；云南要推进依法治税，规范税收执法，营造规范、严谨、诚信、公平的税收环境，促进依法诚信纳税，实现帕累托优化。（2）部分成本不能直接用市场价格来评估。这是因为：一是与云南诚信纳税成本支出项目相联系的市场价格不存在；二是因为存在着市场失灵现象。

2. 云南诚信纳税成本决策中可运用的成本—效益分析方法

（1）效益净值率法。（2）云南国内生产总值比率法。（3）云南成本效果分析法。

### 3. 云南诚信纳税收益最大化的经济学分析

从经济学角度看，纳税人偷、逃税的净收益等于其偷、逃税的收入减去偷、逃税的真实成本。当偷、逃税的边际净收益为零时，纳税人的偷、逃税净收益最大；当偷、逃税的边际收入等于偷、逃税的边际成本时，企业就没有偷、逃税款的必要了。如果云南征纳制度越来越健全，经济越来越发达，信誉越来越成为人们生产、生活必不可少的条件，云南纳税人就会越来越倾向于采取合作博弈的办法、采取诚信的态度，实实在在地按税法纳税。当云南绝大多数人都作出同样的选择时，就会造成一个人人受益的制度环境，即绝大多数人从自己的长远利益出发诚信纳税，形成云南整个社会的诚信纳税，减少了税收成本，提高了税收效率，从而有条件降低综合税率，使云南诚信纳税收益达到最大化。

### 4. 促进云南诚信纳税收益最大化的思路与对策

（1）健全和完善法律体系。云南政府职能部门和金融机构，应该运用法律手段、行政手段和商业手段，对分散的企业和个人信用信息进行收集，建立一个云南省的信用数据库，并和全国的信用数据库接轨。（2）营造良好的诚信纳税环境。一是要推行云南税费改革，规范政府收入机制；二是要规范政府支出行为，强化政府用税信用；三是要提高云南税收执法与纳税服务水平。（3）进一步抓好云南纳税信用等级评价制度。根据前一段时间取得的成功经验，进一步抓好云南纳税信用等级评价制度，把纳税人依法按期申报情况、税款入库情况、欠税情况、稽查补税情况、违法违章情况等作为主要指标，按照规定的范围、标准、程序和方法，抓好云南纳税信用等级评定，并将评定结果录入纳税人纳税信用信息档案，进入社会资信平台，以便能随时查询到纳税人履行纳税义务情况。（4）建立云南诚信纳税激励机制。一方面要设计符合激励机制要求的税制；另一方面要加强云南税收征管，为符合激励机制要求的税制的实施提供保障。（5）建立云南税收失信处罚机制。一是加大执法力度，提高处罚倍数，增强法律的威慑力。二是云南税务机关应加强日常监督检查，提高对偷、漏税行为的发现率，彻底打破纳税人试图蒙混过关的"白日梦"；建立云南执法监督制约机制，杜绝"人情税"、"关系税"的发生，切实做到"有法必依，执法必严，违法必究"，坚持将公平、公正、公开的理念始终贯穿于税收执法行为中，增强执法刚性，维护法律权威。（6）积极培育云南税务代理市场。日本的经验值得借鉴。日本的税理士制度是税务代理比较成功的模式，它集中体现为：有专门约束税理士的《税理士法》；有严格的资格考试制度；有明确的业务范围和使命；有收、免费标准和惩戒税理士规定；有健全的组织和众多的从业人员。

**（四）构建以层次结构为基础的云南纳税信用体系的思路、内容与对策**

1. 构建以信用教育层次为基础的纳税信用新机制

信用教育层次对云南纳税信用体系建立并最终形成一种自我遵从的行为准则和社会自律机制起到了基础性的作用。（1）省税务机关每年应将税收宣传手册免费发放给公民，并附有云南省上一财政年度财政收入和支出的详细说明。每一个纳税人在领到纳税申报表和填写指南的同时，都可以了解到政府上一年度收支的详细情况。这样，政府将对纳税人权利和义务的宣传落实到具体数据上，使纳税人充分意识到自己享受的公共产品和公共服务是由税收提供的，认识到自己作为纳税人所享有的基本权利，进而增强依法履行纳税义务的意识。（2）省政府定期出版纸张精良、编辑排版考究、印刷精美的税收宣传资料，纳税人和税务代理人可在各级税务局、银行、书店及大的公共场所十分容易并且免费得到这些资料。（3）对不同企业人员开展不同的纳税辅导。（4）及时收集辅导的反馈信息，及时调整培训内容，使培训更具有针对性。

2. 构建以信用法律层次为保障的纳税信用体系

云南纳税信用体系的建设是以税法的建立和完善为制度基础的法律，按其本质可以分为"单向度的法"和"双向度的法"。当前，云南税务系统要认真开展好《纳税信用等级评定管理试行办法》的组织实施工作，推进税收诚信机制建设，把纳税信用等级评定真正成为促进纳税人依法诚信纳税的有效激励机制。同时，在全面总结全国税务系统试行纳税信用等级评定管理工作的基础上，云南制定纳税信用等级评定管理正式办法，进一步加强对云南纳税信用等级评定管理工作的指导和规范。通过开展对纳税人的纳税信用等级评定管理活动，逐步建立起纳税信用评价、监管和惩戒机制。

3. 构建以信用评估层次为重点的云南纳税信用指标体系

（1）构建云南企业纳税诚信度指标体系。它包括：企业基本信用认证合格率；企业违章行为发生率。（2）构建云南企业纳税申报质量指标体系。它包括申报率，申报准确率，逾期申报处罚率，未申报率，增值税一般纳税人的零、负申报率和小规模纳税人的零申报率。（3）构建云南企业纳税信誉等级评价指标体系（如下表所示）。

**云南企业纳税信誉等级评价指标体系**

| 税务登记情况(15分) | 纳税申报情况(25分) | 账簿、凭证管理情况(15分) | 税款缴纳情况(25分) | 违反税收法律、行政法规行为处理情况（20分） |
|---|---|---|---|---|
| 其中：<br>1. 开业登记(2分)<br>2. 扣缴税款登记(2分)<br>3. 税务变更登记(2分)<br>4. 登记证件使用(2分)<br>5. 年检和换证(2分)<br>6. 银行账号报告(2分)<br>7. 纳税人认定(包括一般纳税人认定等)(3分) | 其中：<br>1. 按期纳税申报率（8分）<br>2. 按期纳税申报准确率(8分)<br>3. 报送财务会计报表和其他纳税资料(5分)<br>4. 代扣代缴按期申报率(2分)<br>5. 代扣代缴按期申报准确率(2分) | 其中：<br>1. 报送财务会计制度或者财务会计处理办法和会计核算软件(2分)<br>2. 按照规定设置、保管账簿、凭证并合法记账、核算(5分)<br>3. 发票的保管、开具、使用、取得(5分)<br>4. 税控装置及防伪税控系统的安装、保管、使用(3分) | 其中：<br>1. 应纳税款按期入库率(10分)<br>2. 欠缴税款情况(10分)<br>3. 代扣代缴税款按期入库率(5分) | 其中：<br>1. 涉税违法犯罪记录(10分)<br>2. 税务行政处罚记录(5分)<br>3. 其他税收违法行为记录(5分) |

**4. 构建以信用奖惩层次为环节的云南纳税信用效应**

（1）奖励机制包括：根据纳税人的纳税记录情况，对纳税数额较大的纳税人予以大力表彰，制作奖励纳税人的广告；对纳税记录优异的经济组织授予"纳税先进单位"的荣誉称号；对纳税记录良好的纳税人授予相应等级的税务勋章；开设各种民主治税渠道，奖励纳税人积极行使知情权、建议权、监督权等。

（2）失信惩罚机制包括：一旦纳税人在纳税信用上有了不良记录，纳税信用评估机关就降低其信用等级，加强征收管理，加大稽查和监督力度，并规定在一定时期内不得再升级为信用等级高的纳税人，如果在此期间两次发生违反税收法律、法规的行为，则从重处罚；并且公开失信企业信息以供公众随时查询，接受全社会的监督。在处理纳税失信事件时，还应将失信惩罚机制与社会信用挂钩，进行全方位的失信惩罚，与当事人有经济往来的单位可以通过媒介或互联网数据库进行即时查询，选择是否与之继续开展业务；工商、税务、海关、银行、保险、能源等政府管理部门也对其保持高度警惕，随时采取必要的防范措施，加强管理和限制，并进行一定范围的专业调查，以防该当事人继续出现其他失信行为。

5. 构建以信用公示层次为补充的纳税信用体系和制度相关政策

企业信用公示制度就是对各类企业信用状况作出系统、完整的记录，并向社会提供公示及咨询服务。云南省税务系统应该建立企业信用公示制度，通过收集整理其所掌握的涉及企业信用方面的各类信息，以企业合同信用为主要内容，为社会提供资信服务。其主要内容包括：（1）企业合同履行情况；（2）企业动产抵押合同情况；（3）企业获得的县级以上人民政府及其部门、税务机关、工商行政管理机关和有关信用评定机构授予的各种荣誉称号或者证书情况；（4）企业登记、年检情况；（5）企业受到税务机关处罚的情况；（6）税务机关掌握的涉及企业合同信用方面的其他资料。

# 三、成果的学术价值、应用价值以及 社会影响和效益

（1）信用层次结构属于近几年来管理理论中的创新概念，本研究成果重点突破纳税诚信"本位学科"、"单一学科"的研究领域，构建具有社会主义市场经济特色的、符合云南省省情的纳税信用体系，涵盖、运用了经济学、社会学等一级学科，以及其他一系列交叉学科领域的扩展性研究。

（2）提出了云南省纳税信用体系建设中的收益最大化问题，分析了市场经济框架下的纳税信用体系建设，认为如果没有对非诚信纳税行为进行惩罚措施以减少非诚信纳税的好处，没有对诚信纳税行为进行奖励以增加诚信纳税的收益，即非诚信纳税的收益超过了诚信纳税的好处，纳税人必然会选择非诚信纳税。

（3）提出了重要概念：政府强化税收征管力度，严厉打击偷、逃税，从而加大整个社会的税收成本外，在构架税制时，把不诚信纳税和偷、逃税的因素考虑在内而提高综合税率，称为"诚信纳税构建成本"。另外，由于纳税人采取了诚信、合作的态度而足额纳税，相对于非诚信者产生的成本，称为"诚信纳税机会成本"。

（4）认为纳税是一种重复博弈。在多次、重复的纳税行为中，如果云南征、纳制度越来越健全，经济越来越发达，信誉越来越成为人们生产、生活必不可少的条件，云南纳税人就会越来越倾向于采取合作博弈的办法，采取诚信的态度，实实在在地按税法纳税。云南诚信纳税作为一项委托—代理合同并不是一开始就能够被征、纳双方所接受的，而是征、纳双方经过多轮博弈之后达成的委托—代理均衡合同，是征、纳双方多次、重复、动态

博弈的结果。

（5）在分析的基础上，阐述了构建以层次结构为基础的云南纳税信用体系的思路、内容与对策。论证了以层次结构为基础纳税信用体系新机制的内涵、要点和体现形式，并充分论证层次结构在市场经济框架下对推进纳税信用体系建设的积极作用，从而肯定以层次结构为基础的纳税信用体系建设的科学性与逻辑的合理性。

（6）本课题实际应用价值在于，借鉴国际经验，推进云南省纳税信用体系建设，为经济发展提供良好的税收环境，促进云南省市场主体依法纳税、守法经营、公平竞争提供政策咨询。

项目名称：推进云南纳税信用体系建设研究

项目负责人：陈　新

所在单位：云南师范大学

主要参加人：罗　莉　刘富华　沈　卫　杨银波　桂　丽
范流通

结项时间：2006 年 8 月 20 日

# 先进制造模式应用与企业核心能力培育研究

  企业核心能力理论是经济学和管理学交叉融合的理论成果，是战略管理理论、经济学理论、知识经济理论、创新理论发展的共同趋势。而先进制造模式的推广和应用是全球制造业持续创新、赢得竞争优势的根本途径。对此，国内外学术界和有远见卓识的企业家都取得了一致的共识，先进制造模式已成为跨世纪、国际性管理科学和工业工程的研究热点。如果能将企业核心能力理论与先进制造模式的应用有效地结合起来，针对具体企业，如何根据先进制造模式发展趋势，并结合企业自身特点，引进和开发相应的先进制造技术和管理？如何组织实施和推广应用？如何在实施过程中应用核心能力理论来形成自己的核心能力，从而赢得竞争优势？这些问题未能引起足够的重视和深入的研究，这些问题不解决，不仅影响先进制造模式在企业的推广和应用，而且影响我国制造业竞争能力的提高。

  本研究项目运用企业核心能力理论和先进制造模式理论，对实施先进制造模式企业的社会环境和基础条件，对引进的方式，对引进过程及实施的组织管理进行全面、系统的分析，探讨其先进制造模式实施过程中，如何同企业核心能力的培养有机结合，从而探索出一条适合中国国情的先进制造模式应用与企业核心能力培育之路。

  企业核心能力是管理学与经济学交叉融合的理论成果，起源于经济学理论、知识经济理论、创新理论对企业持续竞争优势的来源与逻辑的探索。正是其理论来源的交叉性和多样性，各学者研究的角度也千差万别，虽然研究角度有差异，但研究内容都与企业核心能力问题有关，企业核心能力的界定、测度、建立与提高是它们都涉及的基本问题。在企业核心能力理论的研究过程中，从企业核心能力理论起源、企业核心能力的界定、核心能力的测度及评价、核心能力的建立与管理等方面进行相应的研究。课题组认为，核心能力是组织中的积累性学识，特别是关于如何协调不同的生产技能和有机结合多种技术流派的学识；核心能力是一群技能和科技的组合，能使公司为顾客提供某种特殊的利益；核心能力是组织内部一系列的技能和知识的结合，它具有一项业务达到世界一流水平的能力；核心能力既是组织资本，又是社会资本。从上面的分析我们可以看出，企业的核心能力的表现形式有知识、能力、专长、信息、资源、价值观等，这些不同形式的核心能力，存在于人、组织、环境、资产（设备）等不同的载体中。由于信息、专长、能力等在本质上仍然是企业（组织）内部的知识，而组织独特的价值观和文化，属于组织特有的资源，所以可以认为，企业的核心能力本质上是企业特有的知识和资源。

我国学术界关于企业核心能力的研究还处于发展初期，有关企业核心能力的界定、测度、构建与增长等问题的系统研究还不多、不够深入。因此，如何消化、吸收国际上最新的相关研究，并在此基础上有所突破，如何把企业核心能力的研究与我国企业管理实践相结合，使这一在西方诞生的理论能与我国实践相结合，能够指导我国企业的管理实践，为企业核心能力理论发展作贡献，成为国内相关学者研究的努力的方向。

项目研究对企业核心能力理论的理论渊源、企业核心能力的测度、评价体系及核心能力的管理相关问题进行了研究，根据国内外近年来的相关研究，进行了对比研究，总结了有关研究的成果。

在先进制造模式理论研究方面，通过对国内外近年提出的主要先进制造模式，如新一代 CIMS、精益生产、敏捷制造、下一代制造、大规模定制、绿色制造、高效快速和分散化网络制造的模式、现代集成制造系统，进行了系统分析对比研究，从先进制造技术的发展、先进制造模式的发展演变、先进制造模式的分类及其特点等方面，对主要的先进制造模式进行了理论分析与总结。

通过研究课题组认为，先进制造模式是在对传统制造模式的反思、扬弃的基础上，不断吸收机械、电子、信息、材料、能源以及现代管理等方面最新成果，经过系统和集成创新产生的，是实现优质、高效、低耗、清洁、灵活生产，取得理想的经济效益的制造方式的总称。先进制造模式的推广和应用是全球制造业适应知识经济的发展要求，持续创新、赢得竞争优势的根本途径。

在先进制造模式应用与企业核心能力的培养研究方面，课题组主要从企业战略整合、组织整合及技术整合三个方面，探讨了先进制造模式的应用与企业核心能力的培养问题。

先进制造模式在应用过程中，先进制造模式集成的对象由最初的单一要素的集成，不断放大到人与组织集成、管理集成；集成技术由单一技术不断扩展到综合管理技术；集成手段由以计算机硬件为主逐步趋向计算机与管理结合或以管理为主，通过计划、组织、指挥、协调和控制（管理的五大职能）实现复杂系统的集成。在先进制造模式应用过程中，通过战略的整合构筑企业核心能力。

作为支撑先进制造模式运行的组织结构，新一代 CIMS 强调了分布式组织结构，精益生产以团队（Team Work）组织结构方式为主；LAF 生产系统则以网络组织结构为主；敏捷制造则创造性地提出了虚拟公司和虚拟组织的形式。先进制造模式的组织结构强调了组织单元的质量、连接方式和结构形式，通过集成创新，以此来优化企业的组织结构。

先进制造模式在应用过程中，依据市场需求组建动态联盟，不同地区的成员能够迅速交换包括声音和视像在内的数据和文件，实现异地设计和制造，计划协调和生产控制，成员并行地进行新产品的设计和快速生产，通过制造资源网和因特网快速建立高效的供应链，组织市场销售和用户服务网，联盟成员合理地分担风险、分享收益。

先进制造模式的技术子系统是在传统制造技术的基础上，不断发展和创新，经过了由狭义到广义、由局部到整体、由断续零散到系统集成，形成了以先进制造技术为核心的技术系统。它不断吸收机械、电子、信息、材料、能源及现代管理等方面的成果，并将其应用于制造全过程，从而实现优质、高效、低耗、灵活生产，取得理想的经济效益。其技术子系统整合主要有以下几个方面：

（1）技术与技术的整合：利用各种单元技术（包括传统技术与高新技术），创造性地集成应用到产品、工艺和服务上，从而创造出新的产品、新的市场。

（2）设计技术与过程技术的整合：应用信息技术将先进的设计技术与过程技术加以集成，形成了先进的制造技术。应用信息技术将制造业的两大本质问题"做什么"及"怎么做"加以集成，改变了传统的制造过程的串行工作方式所造成的返工及加工时周期过长等问题。近十年发展起来的并行工程是先进设计技术和过程技术集成创新的成果。而信息技术、虚拟技术和快速原型技术为实施产品设计技术与工艺过程技术的集成创新创造了理想工具。

（3）工艺流程与设备的整合：用户与制造商的结合、先进的工艺流程与先进设备的集成，使制造业取得了极大的经济效益与社会效益。

（4）单元技术与系统技术的整合：大型成套设备就是将众多的单机、配套产品，通过系统设计，集成为实现某一整体目标的大系统。

（5）技术与管理的整合：现代化大生产是技术与管理集成的产物，技术与管理的集成可以产生新的生产方式、形成新的生产力。计算机集成制造就是技术与管理集成创新的产物。

最后，针对先进制造模式在我国企业的应用情况，探讨了先进制造模式在我国企业应用过程中，如何应用集成创新的方法提高我国企业先进制造模式应用与企业核心能力的培养问题，并结合案例，进行了相关研究。

通过研究，课题组成员对先进制造模式理论及企业核心能力理论有了更深入的认识，在国际学术会议及国内期刊发表9篇论文，其中2篇论文被录入ISTP检索系统。在研究过程中，由于经费有限及其他一些因素，课题组对企业先进制造模式应用过程中有关企业核心能力的测度及评价的实证研究还不够深入，这有待日后进一步深入和完善。

项目名称：先进制造模式应用与企业核心能力培育研究

项目负责人：庄永耀

所在单位：昆明理工大学

主要参加人：王建中　田　亮　李　琨　罗　瑾　黄　洁
　　　　　　李　力　赵　敏

结项时间：2005 年 10 月 10 日

# 滇、藏民间商贸交流机制发展研究

## 一、项目研究目的和意义

长期以来，学术界对以"茶马古道"为连接纽带的云南与四川、青海、西藏等中国西部其他民族省份之间的民间贸易联系一直是比较关注的，也产生了诸多高水平的相关研究成果。但是，这些研究更多局限于交通线路的历史考察或是发展内容的一般性介绍，而将它放在长时段的历史视野中，贯通历史与现状，对滇、藏民间商贸深层次的研究、剖析则是比较薄弱的。在国家日益重视西部民族地区经济发展、大力推动西部大开发的发展机遇下，作为中国西南民族地区间促进经济社会发展的一个重要动力和载体，仅仅只满足于对滇、藏民间商贸的一般性描述和评价，显然不能适应时代发展的借鉴需要，也难以让我们从具有深度的学术考察研究中更深入、具体地去认识、把握"茶马古道"所承载的丰富内涵和发展特质。鉴于这个认识，我们于2003年组织申报了"滇、藏民间商贸交流机制发展研究"这个课题，所希望达到的研究目的主要有两个：一是在梳理历史发展线索的基础上，以其发展机制这个深层次动因分析为线索，深度剖析历史上的滇、藏民间商贸，总结其发展影响，进而寻找其发展流动所依凭的内在脉络，梳理出其历史发展经验和启示；二是通过对滇、藏民间商贸现状的实地调查研究，较全面把握其发展现状，将历史研究和当代发展研究有机结合起来，在长时段、多学科视野的研究审视中客观分析滇、藏民间贸易联系和维系的重要性，促进其发展的现实价值和意义，最终围绕交流机制建设这个核心提出发展对策和建议。

## 二、课题研究的主要内容、重要观点和对策建议

在一年半的研究过程中，我们在立足云南的基础上，北上川、藏两省藏区的西藏拉萨市、林芝地区八一镇、昌都地区昌都镇、四川省甘孜州康定县等中心城镇进行了实地调研，基本摸清了滇、藏民间商贸发展的基本脉络，并紧紧抓住目前滇、藏民间商贸交流活动中规模性和集群性较强的鹤庆手工业经营者这个主体，深度展开调研，取得了一些弥足珍贵的调研资料和数据，使得课题在一些具体研究专题上的深入探讨和分析成为可能。在这些深入研究的基础上，我们在历史上滇、藏民间商贸的交流机制、历史发展启示、现状调查及其动态分析、当前的交流机制、围绕促进多渠道交流机制建设的对策与建议等方面，均作出了较有价值和意义的探索性研究。

就具体的研究内容而言，课题的第一部分，首先梳理了历史上滇、藏民间商贸发展的基本线索。在此基础上，对滇、藏民间商贸在历史上特别是在近代发展过程中对整个滇、藏、川交界区域经济、社会的发展、变迁的影响进行了分析和研究总结。在历史的发展长河中，在文化形貌殊异、交通条件恶劣、商贸交流障碍重重的困难条件下，滇、藏民间商贸为什么能够持续发展数千年？是怎样的一些驱动机制和发展动力在起作用？在第一部分的最后，课题对这个问题进行了尝试性探索和研究。

课题的第二部分，主要围绕对滇、藏民间商贸的发展现状调

查和相关分析来展开。在对云南鹤庆、丽江、香格里拉和西藏拉萨等地进行深入调研的基础上，对其发展脉络进行了梳理，介绍、描述了其基本发展状况，再在此基础上相应地分析了其发展特点。课题经研究后认为，目前的滇、藏民间商贸有这样一些发展特点：藏区间贸易的发展特征明显；滇、藏贸易与滇、藏、印（印度）和滇、藏、尼（尼泊尔）跨国贸易有重新结合、贯通的发展趋势；滇、藏民间贸易对现代城市经济的依托性逐渐增强，中心城市的辐射能力和汇聚功能在其中的作用逐渐突出；参与民族单一，对民族区域经济发展的影响和扩散能力有明显局限性，其发展潜力有待进一步发掘和释放等。

课题的第三部分，是课题研究的关键部分，主要内容是滇、藏民间商贸交流机制发展对策研究。在这一部分中，首先就目前的滇、藏民间商贸的发展机制来展开研究，认为其所依凭的发展机制主要有如下一些：以传统地缘区域文化交流互动为依托的民间商贸发展机制；以民族手工艺品制造、输送与信息回馈互动、交流为基础的发展机制；滇、藏贸易与周边国家间跨国民间商贸联系互动发展的交流机制；以跨区际公路交通运输条件建设为保障的发展机制。在这之后，课题通过对滇、藏民间商贸交流机制及其发展现状的评价与分析，认为其发展的主要问题有如下特点：一是商贸交流物资品种相对单一，货源吸纳范围狭小，局限于藏区间贸易的格局之内；二是尚处于民间自发摸索、分散自流的初级发展阶段，缺乏政府职能部门的大力扶持，特别是缺乏跨越省际的沟通和协调；三是商贸交流发展机制单一，以政府帮扶指导为基础的多层次发展机制尚需构建；四是"散、小、弱、乱"成为目前滇、藏民间商贸经营主体面临的主要发展瓶颈。基于以上研究和对滇、藏民间商贸发展前景的分析，我们提出了促进滇、藏民间商贸交流机制发展的一些对策建议。

（1）站在扩大云南对外开放的战略高度，重视并支持以滇、藏民间商贸为载体向北拓展面向广大藏区的地缘经济联系。滇、藏民间商贸不仅是云南与西藏、四川、青海、甘肃等中国西部其他民族省区之间重要的经贸交流纽带，而且还是云南与印度、尼泊尔、缅甸等南亚、东南亚国家间对外经贸交流的重要渠道，是云南对外开放发展不可忽略的重要组成部分。

（2）面向广大藏区，在香格里拉县构建滇、藏、川边民间贸易信息服务中心。

（3）加强与川、青、藏等藏区地方政府的多边磋商，进行定期或不定期的贸易与投资问题协调，相互建立政策信息的及时通报机制，进而在此基础上构建"滇、藏、川边区域经济合作发展论坛"。

（4）以香格里拉县为中心，每年举办"茶马古道"民族贸易交流会，为民间贸易搭建新的交流平台。

（5）加强有基础条件的民族村寨参与滇、藏民间贸易的参与能力和引导机制建设。课题经广泛调研后认为，滇、藏民间商贸不仅是促进云南西北部少数民族村寨经济发展的重要动力，而且也是云南民族传统手工艺技艺创新性传承发展的重要载体；滇、藏民间商贸交流是培育民族村寨参与市场经济竞争能力、培育民族经济自我发展能力的重要驱动力量。借助滇、藏民间商贸这个发展载体，可以为云南民族经济发展打造出又一个发展平台。

（6）构建云南与西藏、四川、青海等西部民族省份之间跨区域民间贸易协作服务机制。对云南而言，应尽快在拉萨等云南工商者较集中的城市设立云南办事处；构建云南民营手工业商户在川、藏等藏区跨省域贷款协调机制。

在课题的附件中，我们将一些比较重要的历史资料、调查表、调查报告等资料加以详细整理。这为日后的深入研究提供了弥足珍贵的第一手资料。

研究的不足与有待改进的地方：在具体研究和野外调研过程中，由于较少有前人的研究成果和资料，特别是民间商贸本身分散自流的这个特性，导致在现状研究上几乎没有现成的统计资料以供参考，诸多问题的研究需要只能通过自己实地调研来弥补，而且更主要的是我们的能力有限，因此在一定程度上影响了现有研究和调查在深度与广度上的拓展。如进一步增强以生产生活物资供应为内容的相关调查力度；历史上滇、藏民间商贸交流机制与当代发展机制之间的差异性比较及其成因和影响分析；滇、藏民间商贸与云南对外开放发展关系间的具体研究等，都是我们今后研究需要进一步努力的方向。

项目名称：滇、藏民间商贸交流机制发展研究
项目负责人：周智生
所在单位：云南师范大学
主要参加人：李晓斌　缪坤和　李灿松　洪菊花
结项时间：2005 年 10 月 23 日

# 三江并流地区人口较少民族社会
# 发展研究

## 一、该项目研究的目的和意义

### （一）该项目研究的目的

云南 7 个人口较少民族，经济上处于同一个梯度结构，是信仰多种宗教的群体，各自所受的传统精神文化影响极深，加之又是直接从原始社会形态跨越性向社会主义转型的民族群体，社会形态发展不完善，经济落后，社会发展缓慢。现在又面临从低水平的社会主义阶段向高一级的社会主义发展阶段的迈进的时期。

对于经济发展不平衡、相对落后的特困少数民族地区，要进行现代化建设，首先必须搞好文化建设。因为每一个国家和民族走向新的社会发展阶段的历程，都是在一定文化背景上的文化选择与文化进步的过程。而云南 7 个人口较少民族地区的文化具有物质文化简朴性和精神文化复杂性的特点，精神文化在整个社会中占据着主导地位。可以说，作为相对物质文化而言的各种有价值的社会观念形态，包括思想、道德、法律、文学艺术的文化创造和文化积累在内的精神文化，其作用在特困少数民族地区尤为明显。强大的精神文化体系不仅对其社会的各个方面作出合理性的解释，阻碍着社会变迁的出现，而且对物质文化也起着塑造作用，制约着物质文化的发展更新。这一特点，使这些地区变迁的障碍主要在于非物质文化而不是物质文化。

所以该项目的目的在于根据长时段、综合性研究的需要，从实证研究的角度出发，收集文献资料与民族学调查资料，一方面依循时期顺向考察精神文化在这些民族地区社会变迁转型历史过程中的作用及所具有的共性；另一方面，根据不同民族地区间的空间、文化差异形成的个体差异来研究不同民族精神文化形成与发展中具有的个性特征及对其社会变迁与转型的不同作用。在此基础上，探讨促进云南人口较少民族的传统精神文化实现现代化的基本途径，促进其社会的发展。

### （二）该项目研究的意义

通过研究，对云南人口较少民族传统精神文化本质特点的形成和发展进行了一次系统的把握，明晰了云南人口较少民族的传统精神文化在社会变迁中的作用，系统阐述了在现代社会中，根据时代要求不断发展其传统精神文化的重要意义。这些宏观的综合性理论分析，进一步为民族政治学、民族社会学、民族文化学的研究提供了多样化、个性化的文化与社会发展相互作用的范例，推动了相关理论研究的深化。

通过对云南人口较少民族的传统精神文化与社会发展的研究，对于进一步丰富和完善民族工作理论，创建了切实可行的民族工作模式，为推动民族地区社会经济快速发展、为党在民族地区进一步做好工作提供了理论依据。同时，深入研究影响他们社会变迁、发展的相关因素及问题，探讨他们的社会变迁与社会稳定发展深层次的文化动因，为处理新形势下的民族关系、促进其社会稳定发展提供了经验和理论借鉴，以促进从根本上巩固边疆，保持社会稳定，实现民族团结。这就是本研究的现实意义。

# 二、研究成果的主要内容和重要观点
## 或对策建议

本课题在对不同时期云南人口较少民族的传统精神文化社会功能进行比较研究的基础上，分析了影响云南弱势民族传统精神文化功能变迁的相关因素，最后对云南人口较少民族的传统文化保持与调适以及社会发展的问题进行了探讨。本课题主要分为四个部分。

第一部分，分析传统精神文化在传统社会中的基本功能。主要体现在：其一，云南人口较少民族的传统精神文化对物质文化的形式、存在起着支配性的作用。正如刀耕火种的生计类型与传统精神文化互为作用的关系一样，与物质文化相对应的道德、精神及经济上的价值体系和观念决定了物质文化的类型。其二，生物需要的文化转变加强了传统精神文化对传统社会的制约作用，传统社会中一切活动的运转，甚至包括出于人类本能的种族延续活动都应该是传统精神文化和相关物质文化的活动结果。

第二部分，对云南人口较少民族的传统精神文化在传统社会中功能得以发挥的相关因素进行分析。传统权力模式与传统精神文化共同存在的血缘特性、传统权力模式社会控制手段与传统精神文化的重合、政教合一的权力模式使传统精神文化与权力模式存在共生关系，这种共生关系是云南人口较少民族的传统精神文化在传统社会中功能得以发挥的基础。云南人口较少民族的家庭形式作为传统精神文化延续和发挥功能的基础和重要场所，对传统精神文化有很大影响：一方面，云南人口较少民族的家庭形式存在的合理性主要是从它所处的社会的精神文化体系中寻找获得；另一方面，传统社会中，云南人口较少民族的传统精神文化

163

实现对社会、村落、每个村民的制约，其主要途径之一也正是通过与之相适应的家庭形式来实现。文化传承作为云南人口较少民族的传统精神文化功能发挥的前提，从传承的内容、途径、特点等方面对其传统精神文化稳定性、连续性、主导性的保持都发挥了重要作用。

第三部分，分析了现代社会中云南人口较少民族的传统精神文化功能弱化的相关因素。主要包括以下几个方面：其一，生产技术科学化、教育正规化对传统精神文化功能的影响。生产技术科学化与产量、收入增加这条因果链的形成，造成了传统精神文化各种原始宗教的农业祭祀活动对农业活动的功能的削弱；作为个体二次社会化的过程，现代教育价值取向的不同、对个体文化选择机制的影响以及现代教育中对传统精神文化传承的缺失削弱了传统精神文化功能的发挥。其二，社会管理法制化对传统精神文化功能的影响。传统权力模式与传统精神文化之间共生关系削弱、现代管理模式的社会控制手段与传统精神文化社会功能的分离和政教分离对传统精神文化功能有直接影响。其三，云南人口较少民族的家庭形式变化削弱了家庭中的血缘性也直接影响着传统精神文化功能的发挥。

第四部分，对云南人口较少民族的传统精神文化保持、调适与社会发展的问题进行了探讨。云南人口较少民族的传统精神文化保持与调适以及社会发展具有两面性：一方面，表现出很强的适应性，并且作为成为其社会中发挥主导作用的重要力量之一，对该民族的价值取向、生活方式、民族凝聚力的形成有重大作用。另一方面，由于其客观存在的不适应性，与现代社会产生了冲突。换言之，虽然其传统精神文化体系中的某些部分已显陈旧、没落，但通过重新组合其有价值的内在精神，可以使其精神文化成为实现现代化的智力支持和精神动力。而传统精神文化存在的封闭性和开放性特点，使其与现代社会既相适应又有冲突，这对矛盾体同时对社会发展起着积极和消极的作用。所以，只有在科学发展观指导下，才能找到与现代社会发展的契合点，真正发挥传统精神文化对社会经济发展的先导和推动作用。

# 三、成果的学术价值、应用价值 以及社会影响和效益

该研究对云南人口较少民族的传统精神文化进行了一次较为系统的把握。通过对历史长时段、综合性的实证分析，探讨传统精神文化在其社会变迁转型中的作用。在此基础上，充分发挥民族学研究的借鉴功能，就如何利用、发挥精神文化在社会变迁转型中的作用进行科学的前瞻性探讨，形成宏观的综合性理论分析和对策研究，为该区域经济社会和谐、健康发展制定适宜的发展战略提供参考、借鉴。

（1）由于所处的地理环境和人文环境不同，云南不同民族不同地区间社会发展与变迁的差异、特色显得非常突出。本选题为民族社会学、民族文化学的研究提供多样化、个性化的少数民族精神文化与社会转型相互作用的范例，推动相关理论研究的深化。

（2）本选题的研究，既能拓展民族学研究的空间，丰富其研究内容，同时我们也能提供对我国边疆跨区际、多民族交错聚居区社会发展进行长时段、综合性研究的范例，并希望在此基础上，在民族学研究理论、具体研究范式等方面也能有所创新，以便为进一步深入研究打下基础。

项目名称：三江并流地区人口较少民族社会发展研究

项目负责人：李晓斌

所在单位：云南大学

主要参加人：洪耀星　吕　俊　杨丽宏　缪坤和

结项时间：2005 年 11 月 7 日

# 云南农村城镇化与农村工业化互动机制及路径研究

## 一、该项目研究的目的和意义

本项目坚持以可持续发展和实现云南农村工业化与农村城镇化协调发展为主题，以推进云南农村经济结构战略性调整和全面建设小康社会为主线，按照理论和实际相结合、从抽象到具体的思路，运用工业化、城镇化的一般原理，结合云南农村"两化"发展的具体实际，从分析云南农村"两化"发展滞后及其动态失衡的程度、性质和原因出发，揭示制约云南农村"两化"互动、协调发展的影响因素和影响机理，明确云南农村"两化"互动、协调发展的路径、机制和发展思路，提出有一定理论高度的研究结论并进一步引申出相应的政策含义和措施建议。

## 二、研究成果的主要内容、重要观点和对策建议

### （一）主要内容和重要观点

1. 形成了对农村工业化、农村城镇化概念的创新性认识

"农村工业化"的概念界定为：在我国二元经济存在的条件下，由农民为主要发动力量，根据区域经济整体发展的需要，按照工业相对集中发展的原则，在区域经济和城镇建设规划的指导

下，通过发展主要以乡镇企业为载体的农村工业和相关服务产业，推动农村经济由落后的农业经济向现代工业经济或工业—农业经济转化的过程，推动农村社会由传统农业社会向现代工业社会转化的过程。

"农村城镇化"的本质含义就是：在一定条件和社会机制作用下，通过促进农村人口向不同层次城镇集中以及城市文明要素向不同层次的农村地域扩散，使传统落后的乡村社会转变为现代先进的城市社会，使越来越多的人口逐步拥有平等机会享受现代城市文明的过程，也就是城乡差别不断缩小以至最终消灭、农民不断走向富裕、文明以至逐步与市民看齐的过程。

2. 对云南农村"两化"发展的失衡程度进行了剖析

云南农村工业化已处于早期向中期跨越的冲刺阶段，而云南城镇化发展尚处于增长速度较为缓慢的初级阶段；通过对城镇人口比重与非农业劳动力比重变动趋势研究发现，云南农村城镇化滞后于非农业劳动力比重呈扩大趋势；通过对农村城镇化率与农村工业化率表征的考察发现，云南农村城镇化滞后于农村工业化的程度在提高。云南农村"两化"不协调发展严重影响了云南全面建设小康社会进程。因此，要加快云南全面建设小康社会的进程。必须认真解决农村"两化"不协调发展的问题。

3. 云南农村"两化"协调发展影响因素众多且作用机理复杂

云南农村"两化"互动协调发展必须以农业和国民经济持续发展为基础或前提。农村工业化对农村城镇化的有效促进表现为有序推动、复合演进的运动过程。初步研究得出的认识是：制度是农村"两化"互动的中介和桥梁，云南农村"两化"实现良性互动并产生可持续发展的整体效果，关键在于科学、合理的制度安排。

### 4. 云南农村人口城镇化流程不畅

云南农村人口城镇化流程效率损失的原因是多重的，从农村劳动力非农化转移环节看，主要是：（1）农业深度开发不足，农业产业化经营发展滞后；（2）农村产业结构不合理，第三产业发展水平滞后；（3）农村劳动力素质偏低，非农转移和城镇化转移的适应能力较差；（4）非农产业发展吸纳能力逐步减弱；（5）农村社会化服务体系不健全。从农村劳动力人口城镇化转移环节看，主要是：（1）城镇数量少、规模小，布点散，容量不足；（2）城镇建设与经济发展脱节，城镇发展缺乏产业支撑；（3）城镇基础设施供给滞后；（4）制度供给不足。

### 5. 云南农村"两化"协调发展关键在于制度创新

要促进云南农村"两化"实现良性互动并产生可持续发展的整体效果，关键在于制度创新，其突破口是激活"人"与"地"的流动。应从新形势、新环境、新视角的高度认真解决农村"两化"协调发展问题，打破固化"人"与"地"要素的"二元"制度。总之，推动制度创新成为农村"两化"走向更高层次的关键。

### （二）政策应用

#### 1. 推动制度创新，为云南农村"两化"协调发展提供政策支持

制度滞后是制约云南农村"两化"协调发展的重要原因。创新制度的主要内容有：一是推进所有制结构的转换与创新；二是政府管理体制由管制转向监控，其核心是推进政府管理体制的改革，关键是要解决政府职能上"越位"、"缺位"和"错位"的问题；三是更新法治理念，其核心是遵循市场经济的法治精神，在政府管理经济的法治原则方面更新观念。从对云南农村

"两化"具有直接影响的中观因素出发，构造云南农村"两化"协调发展的制度、政策支持系统。完善的制度、政策支持系统是云南农村"两化"协调发展最直接、最关键的发展条件。其内容主要包括户籍制度、就业制度、农村土地制度、金融制度、社会保障制度、教育制度等几个方面。

2. 重点发展支柱产业，推动云南农村工业化发展

云南农村工业的发展应以县城所在地为重点，集中力量兴办工业小区，扶持发展支柱产业。在确定支柱产业时，首先要把一个地方的经济发展放在全球经济的大循环中去思考，放在国家产业政策的大环境中去思考，然后在此基础上准确定位。

3. 加快城镇人口规模扩张和基础设施建设，推进云南农村城镇化进程

我国长期控制农村人口进城指标制约了人口的城镇化。城镇化首先表现为人口的增加。为此，扩张城镇人口，其一，打破城、乡分割的户籍管理制度，降低城市门槛。其二，要建好城市、管好城市，创造良好的人居环境，让城市具有强劲的凝聚力，吸引人们到城市来。其三，要加强宣传，搞好服务，引导农民进城。政府要转变工作作风，简化办事程序。其四，要制定优惠政策。特别是中、小城市要有特殊规定。比如，可以在城区规划普通居住区、高标准居住区、科技人才区、高科技园区等，提供各方面的优惠，尽可能吸引更多的人到城市生活。其五，对取得城市户口的居民，在医疗、就业、子女就学等方面制定政策，享受与城市居民同等的待遇，解除他们的后顾之忧，鼓励他们退出承包地，彻底完成农民向市民的转变。其六，超常规发展城市基础设施，推进农村城镇化进程。

4. 以结构调整提升云南农村工业素质

在未来一定时期内，云南乡镇企业必须认真做好结构调整这

170

篇"文章":一是坚持以市场需求、产业政策和资源优势为导向,坚持"高起点、高速度、上规模、上水平、提高经济效益"的指导思想,加快技术创新的速度,提高产品质量、档次和附加值;二是通过制度创新,加快乡镇企业产权改革的步伐,促进乡镇企业的资产重组,改善乡镇企业的金融环境,建立一批介于政府和企业之间的中介组织,为企业的发展提供全方位的服务,并通过中介组织的建设逐步弱化政府对企业的直接调节功能;三是乡镇企业的结构调整要和农村小城镇建设结合在一起,通过乡镇企业的集中发展推动小城镇的建设,通过小城镇的上规模、上档次为乡镇企业大发展提供更好的运作平台。

5. 制定地区产业政策,提高工商业在城镇的集聚度

目前,云南产业同构问题极大地抑制了城乡市场的发育,使区域和城市都形成相对封闭的结构,大大降低了吸纳外来要素的能力。为此,必须把产业政策地区化,促使区际、城际分工体系的发展。

6. 大力发展特色产业,培育城镇经济新的增长点

要注意研究云南农村城镇化的特点,并与云南开发相结合,充分利用当地的资源优势和产品优势,发展以物流、旅游为主的各种类型的小城镇,创造更多的就业机会,带动经济发展。

7. 加快服务业等第三产业的发展,促进农村"两化"协调发展

服务业与劳动密集型产业是吸收农村富余劳动力的蓄水池。城乡"二元"制度造成云南农村工业布局分散、重复建设,小城镇中服务业的滞后严重,制约了农村劳动力的转移。因此,云南产业结构调整中应在发展壮大第二产业的基础上,积极发展餐饮、通信、金融服务业等第三产业。其发展重点:一是就业容量大、预期效果好的产业,如旅游业、住宅业、商贸业、社会服务

业、信息咨询业、文化教育等；二是技术水平较高的产业，如金融保险业、信息服务业、交通运输业、通信业等。

8. 加快农业产业化经营，构建农村"两化"协调发展的桥梁

云南的农业产业化与工业化、城镇化在具体内容上有很大一部分是结合在一起或相互重叠的。农业产业化与工业化的"结合部"主要表现为农业的工业化；农业产业化与城镇化的"结合部"则主要表现为农村的城镇化。把握农业产业化与工业化的这个"结合部"，是我们正确认识和处理农业产业化与工业化关系的关键。推进农业产业化，就是根据新世纪初我国农业和农村经济面临的新形势和新变化，着眼于国际、国内两大市场，立足于农业生产到市场消费的全过程，用产业化的运行机制，发展农产品精深加工，形成农业产业化链条，真正按照市场规律和国际贸易准则组织农业生产和经营，逐步实现生产与市场、农村经济与整个国民经济发展的有效对接与融合。

# 三、成果的学术价值、应用价值及社会影响和效益

## （一）本项目成果的学术价值

（1）任何客观规律都是在一定条件下发挥作用的。本课题通过研究，揭示了农村"两化"互动发展一般规律在云南农村特定条件下的作用形式和传导机理，有助于现有农村"两化"理论研究的进一步深化。

（2）通过对具体过程的实证研究，本课题揭示了农村"两化"发展中的一些新问题和新矛盾，分析了其特殊性，从而提炼形成了一般性的认识，是对现有理论的有益补充。同时，在本

课题中尝试使用了一些新的原理和新方法，是对农村"两化"理论研究的一种促进。

## （二）本项目成果的应用价值

（1）本项目的成果可以作为深化研究云南同类问题的参考依据，可作为云南新型工业化发展战略以及云南省经济结构调整的基础素材。

（2）本项目对有关问题形成的认识以及从中引申出的政策含义，是云南省委、省政府制定政策的重要理论依据，也适用于云南各州（市）政府在决策时借鉴和参考。

## （三）本项目成果的社会影响和效益

有利于加快云南建设和谐社会的进程。

项目名称：云南农村城镇化与农村工业化互动机制及路径研究

项目负责人：杨永生

所在单位：云南师范大学

主要参加人：李英龙　叶育甫　吴　江　于　华　郑　林
　　　　　　李　艳　孔　丽　周子元

结项时间：2006 年 1 月 18 日

# 云南城镇贫困农民工问题调查比较研究

## 一、该项目研究的目的和意义

本项目研究的目的和意义是：农民工大规模进城就业并逐步迁徙定居，是我国城镇化的必然趋势。解决城市贫困农民工的生存权和发展权问题，成为落实科学发展观、实现城乡统筹发展和构建和谐社会的重要环节。城市贫困农民工是边缘化的处于社会最底层的弱势群体，他们既是农民工和流动人口中的特殊群体，又是城市贫困人口中的特殊群体。这个特殊群体的人数在迅速增加，对社会稳定和经济发展的负面效应越来越明显。如何解决进城民工失业、缺乏基本生活保障、受歧视和高犯罪率的困境，避免贫民窟的出现，是中国城市化进程和社区发展必须回答的问题。本课题目的是调查研究他们总体和个体的现状，采用参与式调查法，弄清他们的心理状态和行动特征，提出使这个群体脱贫及发展的对策措施，避免这个群体边缘化、贫困化趋势的进一步强化。

本课题的创新程度体现在：（1）研究视角较新颖。是全国同类课题中首次以城市贫困农民工为对象。（2）研究方法较综合。在全国，像此类综合经济学、人口学、社会学、心理学、行政管理学等多种学科的研究报告尚不多见。这是由于研究对象的复杂性决定的。（3）首次将心理学分析引入城市农民工研究。（4）首次进行中、小城市贫困农民工调研。（5）比较云南城市

174

最低生活保障与城市贫困农民工，得出一系列重要结论。
（6）城市贫困农民工调查的初步结论和对策思考有较多新意。
（7）明确提出"城市贫困农民工"定义并以昆明为例首次提出、
论证了农民工中的绝对贫困面为 20%。

本课题的突出特点是实证性、综合性、比较性和超前性。
（1）实证性既体现在上篇社区调查、入户调查、问卷调查及参
考调查详细的资料和对昆明市流动人口 10 年的跟踪调查上，也
体现在下篇现状分析、理论综述、对策研究和热点、难点问题探
讨的叙述方法上。（2）课题以社会学为主，从多学科视野对城
市贫困农民工问题做了研究。（3）课题对外地城市农民工扶贫
的最新成功做法和经验作了总结比较。（4）课题提出的结论和
对策有相当的超前性。同时，也兼顾了操作性。

# 二、研究成果的主要内容和重要观点
# 或对策建议

本项目成果的主要内容是：本课题共 42 万字，分为上、下
两篇。上篇为云南城市贫困农民工调查研究，主要是云南城市贫
困农民工各方面的调查研究报告，重点是昆明市的调研资料。由
于缺乏资料，我们不得不从以往的流动人口管理资料入手进行研
究。然后总结调查报告，对贫困农民工问题研究作出初步结论并
对城市贫困农民工扶贫工作进行初步思考。

第一章：云南城市贫困农民工。分 4 节，从云南流动人口现
状及城市贫困农民工估计分析出发，对 1996 年、2000 年、2005
年昆明市外来流动人口普查及流动人口管理进行跟踪调查，提出
云南流动人口计划生育管理问题及其与外地的差距。第二章：城
市贫困农民工走访调查与分析。内容分为昆明城市贫困农民工典

型户入户调查、昆明城市贫困农民工典型社区调查、农民工就业现状与城市管理难点问题调查、昆明城市贫困农民工子女教育问题调查、其他相关问题的调查等几个部分。第三章：城市贫困农民工问卷调查与分析。这一章记述了昆明城市贫困农民工 500 份问卷调查及调查反映出的农民工社会心理分析，并以外地农民工的生存现状及特点问卷抽样调查、关于城市居民眼中的农民工问卷调查作补充参考。第四章：中等城市贫困农民工调查报告。介绍了玉溪市红塔区典型贫困农民工走访及问卷调查。第五章：小城镇城市贫困农民工调查报告。介绍了嵩明县嵩阳镇、河口县、峨山县双江镇城市贫困农民工问卷调查。第六章：云南城市贫困农民工问题研究。在已有的研究成果基础上，比较云南城市最低生活保障与城市贫困农民工，分析政府在城市贫困农民工扶贫工作中的主导作用，提出调查报告总结的初步结论和城市贫困农民工扶贫工作的初步对策思考。

下篇为城市农民工贫困问题分析与比较研究，主要是综合国内相关问题的论述，结合深圳、广州、成都、北京、上海等城市的相关资料进行比较，最终对城市贫困农民工问题的出路作了些思考。第七章：城市贫困人口问题。从弱势群体问题分析出发，区分城市贫困人口与城市贫困农民工，提出构建新市民制度。第八章：农民工问题。在农民工流动研究综述之后，提出了构建和谐社会中的农民工问题解决办法。第九章：城市贫困农民工的就业与社会保障。分析了农民工就业及社会保障现状之后，总结了农民工就业社会保障问题理论研究综述，提出了理顺促进农民工进城就业的体制和机制、建立农民工社会保险制度的方案。第十章：城市贫困农民工的子女教育问题。该章分析了农民工子弟学校的有关情况。第十一章：户籍制度与流动人口管理。在进行了现状分析及理论综述后重点探讨了城市人口规模控制与城市人口容量、城市化背景下的贫民窟挑战及对策两个热点问题。第十二章：深圳市外来农民工管理及启示。第十三章：成都市农民工问题的改革及启示。最后，以云南城市贫困农民工扶贫方面的最新进展作为结尾。

本项目研究成果的重要观点是：（1）从生存状况、行为特征、心理状况等方面在全国首次明确提出城市贫困农民工属于弱势群体中处于绝对贫困状态的社会最底层。（2）首次提出城市贫困农民工必将在几年后取代目前的城镇下岗失业人员成为城市贫困人口的主体。（3）"城市贫困农民工"定义为"常住城市但无固定收入来源和居住场所，平均月收入低于所在城市的城市居民最低生活保障线的农村劳动力"（从广义来讲，还应包括跟随他们生活在一起的子女）。主要是指在城市靠打短工（如从事捡垃圾、擦皮鞋、蹬三轮、流动商贩甚至流浪乞讨等）为生并经常处于失业状态的农民工。这是一个由于所处社会地位和获取社会资源较差，因而缺少竞争能力和就业机会，需要借助外在力量的支持摆脱困境的群体。（4）课题以昆明为例首次提出并论证了农民工中的绝对贫困面为20%。

本项目提出的主要对策建议是：（1）政府城市扶贫工作必须转变思路及方式。从人口管理制度创新、促进就业、计划生育、社会救助、农民工培训及促进农民工子女教育、扩大社会保障面、城市社区文化及意识融合等多方面入手，缓解城市贫困农民工的贫困现状，争取早日使他们融入城市社会。（2）将扶贫措施分为近期和中长期，使之具有可操作性。（3）关于昆明城市规模及农民工扶贫的思路。在滇中城市群的范围内规划和调控昆明的人口增长与人口结构。可以依靠政府财力及外地改革经验（如成都），在昆明的官渡、五华、盘龙、西山4区进行城乡一体化试点，或者首先集中财力和倾斜政策在官渡区试点。可操作强的是首先在城市贫困农民工聚居的城乡结合部 10 个派出所参照外地经验建立"城市综合执法实验区"，或者首先在福德社区试点。也可以考虑建立"民工社区"、"民工就业园区"等。

## 三、成果的学术价值、应用价值以及社会影响和效益

本项目成果的学术价值和应用价值：本课题的研究是共同富裕理论的具体化和深化，可以为城市经济学、城市管理学、组织社会学和福利社会学添砖加瓦，为福利社会学发展到社会保障学这一新阶段做一些有益探索。同时，为政府城市扶贫工作及人口管理工作提供决策依据和参考，对城市帮困救助工作有较强的指导作用和应用价值。

本项目成果的社会影响和效益：在课题调研过程中，课题结论引起了省、市扶贫办、计生委、公安局等相关部门及领导的高度兴趣和重视，他们要求呈送课题报告作为参考。

项目名称：云南城镇贫困农民工问题调查比较研究

项目负责人：赵晓彪

所在单位：中共云南省委党校

主要参加人：施小梅　徐理洁　沈艳萍

结项时间：2006 年 1 月 18 日

# 经济全球化与区域经济一体化问题研究

主要内容提示:(1) 项目预期研究计划的执行情况;(2) 成果研究内容及方法的创新程度、突出特色和主要建树;(3) 成果的学术价值和应用价值以及社会影响和效益;(4) 成果存在的不足或欠缺,尚需深入研究的问题等。

课题组成员在过去两年中,开展了广泛深入的调研,大量搜集国内外有关资料,并专程到北京(其中,课题组有一个成员在欧洲)搜集资料及调研,在几次专题研讨会及认真研究的基础上,撰写出研究报告。部分研究成果已发表,其中一篇发表在一级学术期刊《财贸经济》上。现将课题报告内容简单介绍如下:

自20世纪80年代以来,经济全球化的地理范围不断扩大、程度不断加深。东欧剧变、苏联解体、经互会解散,相关国家纷纷向资本主义市场经济过渡;以中国为代表的社会主义国家对内进行改革,对外实行开放,积极发展具有本国特色的社会主义市场经济;拉美国家在进口替代发展战略失败后,告别"失去的十年",于20世纪90年代开始也纷纷开放市场,参与国际竞争。这使世界上绝大多数国家和地区自觉或不自觉地卷入了经济全球化的浪潮中,从此,世界经济真正有了全球化的特征。20世纪80年代开始的经济自由化、金融自由化以及20世纪90年代频繁发生的金融危机在主观或客观上使经济全球化的程度不断加深。现在,经济全球化和区域经济一体化已经成为时代的潮流,影响着各国的生产、流通、技术和组织形式,影响着政府的管理

179

模式，影响着社会的文化、道德与法律基础，影响着人们的工作和思维方式，影响着经济增长和可持续发展以及对经济生活的理论认识。经济全球化和经济一体化给全世界，特别是给包括中国在内的发展中国家带来了新的机遇和挑战。因此，加强对经济全球化和经济一体化的理论、历史、现状、趋势及其影响的研究，加强对发展中国家特别是我国应对经济全球化和经济一体化的战略对策研究，具有非常重要的理论意义和现实意义。

本课题研究通过在对经济全球化的现状、特征及趋势进行理论分析后认为，推动经济全球化的主要因素有：生产力的加速发展、世界市场的进一步扩大、跨国公司在全球范围的活动、国际经济贸易及金融制度的变化以及国际政治的多极化等。

经济全球化主要表现为国际贸易的增长、外国直接投资与资本流动的增多、生产与消费的国际化、全球竞争的加剧、贸易与投资的自由化等。可以说，经济全球化是世界生产力和科技发展的客观要求和必然结果，它是一把"双刃剑"：一方面扩大贸易和投资，促进各国经济发展，加深了各国之间的相互依赖性；另一方面却加剧了各国之间的冲突和摩擦，使世界经济发展的不稳定性因素大为增加。对于发展中国家来说，它们所受到的影响也是双重的，既有积极的也有消极的影响，发展中国家所面对的既有机遇也有挑战。在经济全球化过程中，发达国家由于拥有经济发达、产业结构优化、技术资源丰富等优势而处于"中心"地位，而广大发展中国家处于"外围"地位，因而受到经济全球化的冲击大。其具体表现为：经济全球化在使发展中国家和地区的劳动密集型和资源密集型产业得到较大发展的同时，也使其自然环境受到污染、生态平衡受到破坏，导致生存环境恶化；发展中国家和地区参与经济全球化，尤其是实行金融自由化，国内金融市场受到较大冲击，导致金融危机频繁发生；经济全球化还容易对发展中国家经济主权造成伤害，其中最重要的是其保护民族产业的能力被限制和削弱。经济全球化还为西方发达国家利用其科技、经济、军事等优势"侵蚀"或侵犯发展中国家的经济安全、危害其经济主权提供了方便。西方发达国家利用发展中国家对其经济依赖加深的特点经常向发展中国家施加压力，迫使发展中国家做出不利于其国家根本利益的主权约束承诺，甚至迫使发展中国家放弃部分经济主权。

经济全球化是一个客观的历史发展过程，是当代世界的发展潮流与客观趋势。它不仅改变着世界政治、经济、文化的格局，而且也深刻影响着每一个国家的发展。对于正在实行对外开放政策、正在建立和完善社会主义市场经济体制的中国来说，既面临机遇，也遇到了严峻的挑战。我们必须把握契机，积极应对，采取以下战略对策：

（1）维护国家经济主权，保证经济安全。

（2）积极参与制定经济全球化的国际规则。

（3）积极推进经济的区域联合，提高抗风险的能力。

（4）不断提升国际竞争力。

（5）大力推进经济结构的战略性调整。

（6）强化金融风险的防范、监管和调控能力。

（7）提高对外贸易的质量，积极应对国际贸易争端。

（8）积极培育和扶持我国自己的跨国公司。

（9）在扩大引进外资中加强对外商投资方向的引导。

（10）加快科技发展与人力资源开发。

在经济全球化进程中，经济一体化已经成为当今世界经济发展中重要而普遍的趋势，世界上绝大多数国家和地区或是出于对自身利益和政治、经济安全的维护，或是为避免被边缘化，都参加了一个或多个经济一体化组织。经济一体化已经成为经济全球化的重要组成部分和强有力的推动力量。经济一体化的显著特点是对内自由与对外保护。各一体化组织之间既相互排斥又相互依存，既相互斗争又相互促进。经济一体化大大推进了经济全球化的发展。经济全球化推动各国在全球范围内进行商品贸易活动、进行生产要素流动和资源优化配置。在此过程中，各主权国家为维护自身利益，为增强本国的国际竞争能力，往往把参与经济一体化作为一个重要的途径。因此，选择在特定区域建立经济一体化组织，参与区域经济合作，成为应对全球化竞争的重要手段。而当各国积极参与经济一体化，并通过一体化提高本国及整个一体化组织的竞争力以应对全球化竞争的时候，经济全球化也得到了进一步的发展。

从目前经济一体化组织的发展情况和趋势来看，经济一体化在世界各地的发展进程呈现出以下一些新的特点：（1）自由贸易区协定成为带普遍性的一体化组织形式，一体化组织的发展越来越多地超越了地域的界限。（2）经济一体化组织成员的同质性减弱，异质性或混合型趋势日益明显。（3）经济一体化组织出现多层次性，成员相互交叉，地理空间空前扩大。总之，在经济一体化的发展过程中，尽管存在这样那样的摩擦、矛盾和问题，但经济一体化发展的总体趋势是：参与经济一体化的国家和地区在数量上将不断增多；参与经济一体化的国家和地区在地理范围上将进一步扩大；参与经济一体化的国家和地区的合作将在多种层次和更宽的领域得到深化；经济一体化组织的开放性程度将日益提高；经济一体化组织之间的对话和联合的趋势已经明显；经济一体化在推动经济全球化进程中的作用将更为突出。

理论来自于实践又对实践产生重要的指导作用。任何经济实践都离不开理论的指导，而理论也只有在实践的推动下才会变得更加丰富和完善。经济一体化也是在理论和实践的相互作用下发展的。对经济一体化理论作出重要贡献的有雅克布·维纳等经济学家。维纳在1950年出版的《关税同盟问题》一书中考察了关税同盟对成员国的影响，区分了贸易创造效应和贸易转移效应，考察了经济一体化的静态效应和动态效应。之后，米德、李普西、兰开斯特、廷贝亨等人对经济一体化理论的发展和完善作出了重要的贡献。

自20世纪90年代以来，我国对经济一体化的认识有了进一步的深化，并积极参与地区一体化的构建。1991年，我国加入亚太经济合作组织（APEC）。2000年，我国与日本、韩国和东盟达成标志东亚金融合作开端的"货币合作协议"。2001年，我国和俄罗斯等六国在上海建立了"上海合作组织"；我国与东盟就建立"中国—东盟自由贸易区"达成了协议。2001年10月，APEC第十三次部长级会议和第九次领导人非正式会议在上海成功召开，标志着我国在推进地区经济一体化方面又迈出了新的一步。目前，我国正与韩国、澳大利亚、新西兰、智利、秘鲁、南非等国进行双边的自由贸易协定谈判。

经济一体化的构建在很大程度上是在更广范围内的资源配置和优化，因而在我国积极参与经济一体化的过程中，必须从自身的国情出发，分析自身的优势与劣势，加以权衡和比较，才能更好地参与经济一体化的建设。贯彻实施中央关于"全方位、多层次、宽领域"对外开放的总战略，从我国国情及国内发展与对外开放相协调的需要出发，我国在参与经济一体化过程中，应采取"立足周边，多点推进，积极慎重，内外协调"的战略，以优惠贸易安排和自由贸易区为主要形式，积极参与和大力推动一体化进程。"立足周边，多点推进"，就是要贯彻落实"安邻、睦邻、富邻"的方针，与周边国家建立互惠互利的经济一体化组织。与此同时，与新西兰、智利、南非、韩国等国家展开建立自由贸易协定的谈判，争取在多个点上建立跨地区的双边一体化组织。"积极慎重，内外协调"就是要在积极参与的过程中，注意处理好同有关大国及其他一体化组织的关系，注意创造条件，做好谈判工作，条件成熟一个建立一个协定。同时，注意将国内的发展同参与一体化组织相协调，兼顾各方面的利益。

经济一体化是世界经济发展的趋势和潮流，积极地参与经济一体化，可以为我国的经济建设提供所需的资本、技术、市场以及重要的矿产资源和能源，促进双边、多边的国际分工与合作，有助于资本的积累和产业结构的调整、升级和优化，提高对外贸易的档次和质量，提升我国的经济实力、综合竞争力。但是，也应该清醒地认识到经济一体化建设的艰巨性和长期性，它是各方利益的逐步协调与平衡的过程。因此，在积极寻求、借助外部要素推动我国经济发展的同时，必须积极推动内部市场经济制度的改革和完善，结合自身的实际不断进行技术创新、管理创新和制度创新，这样才能更好地同有关国家和地区开展合作，推进一体化的进程。我国应在取得现有经济一体化建设的成果和经验的基础上，积极借鉴其他国家和组织构建经济一体化组织的成功经验，从实际出发，努力拓宽我国参与经济一体化建设的范围和领域，坚持"务实、灵活、平等、协商"的原则，把建设卓有成效的经济一体化组织作为我国对外开放的一项长期、重大任务，使经济一体化组织真正发挥促进我国全面对外开放的作用，使参与经济一体化的国家和地区真正享受到实实在在的物质利益，从而推动我国经济的快速、健康和协调发展。

研究报告的最后一部分对欧美边境地区的一体化效应进行了研究。其得出的结论是：一体化对促进成员国之间的贸易增长是确定的，但一体化对边境地区发展的促进作用却存在很大的地区差异，即这种促进效应是不确定的。"美—墨自由贸易区"对美、墨边境两侧地区的促进效用都很明显，而欧盟的一体化政策对原东德、原西德边境地区和德国、波兰边境地区的促进作用不如美、墨边境地区明显，也不如中、东欧国家边境地区明显；一体化对同一边境两侧的促进作用也是不确定的。但是从原东德、原西德边境地区和德国、波兰边境地区的不同的发展绩效，以及中、东欧国家边境地区在加入欧盟后的发展情况看，存在着一体化推动发达经济体向相对欠发达经济体边境地区扩散能量的现象。欧洲和北美边境地区的一体化效应对"中国—东盟自由贸易区"建设进程中的我国边境地区的发展有着重要的启示：区域一体化对地方经济的发展既是机遇更是挑战。区域一体化为边境地区的发展创造的独特优势——与外部市场地理空间的高度接近和要素跨国流动障碍的减少的良好结合，是非边境地区所不具备的。这种优势代表了发展潜力和机遇。有效应对一体化的挑战，在于立足地方，加强对当地社会经济系统的改善和地方适应力、动态能力的培养，以消除阻碍经济活动向边境地区集中的障碍。为此，需要国家与地方、政府与企业、政治与经济、贸易部门与非贸易部门的共同配合、共同努力，形成不同层次、不同侧面的系统之间的协同，使边境地区的社会经济系统在一体化进程中得到重新整合，适应边境开放和地区发展的需要。

在经济全球化和经济一体化进程中，还有许多问题需做深入研究。例如，我国在积极参与经济全球化和经济一体化的过程中，如何处理好与大国的关系；如何协调国内发展与对外开放；如何加快"走出去"开展跨国经营的步伐，等等。课题组成员准备在今后就上述问题继续展开研究。

项目名称：经济全球化与区域经济一体化问题研究

项目负责人：张荐华

所在单位：云南大学

主要参加人：胡宏斌　马子虹　秦成汛　蒲文彬　陈铁军

结项时间：2006 年 3 月 2 日

# 把云南农民负担转化为政府支农服务机制的研究

## 一、本项目研究的目的意义

自从我国农村实行联产承包责任制以来，农民税费负担逐渐加重，其增加的速度远远大于农民收入的增长速度。这一问题成了社会不安定的一大隐患。中央提出全面建设小康社会以来，农民负担问题成了必须解决的一个核心问题。许多学者虽然从多角度对此问题进行过研究，但多以现象研究为主，在实践中难以发挥彻底让农民减负的作用。

本项目提出把农民负担转化为政府支农服务，让农民缴纳的税费负担转变成支援农业生产的力量，推动农业由弱变强，为解决"三农"问题打开突破口。

## 二、成果的主要内容、重要观点或对策建议

### （一）对农民负担进行了简要回顾

简述了过去20多年来农民负担不断加重的概况和表现。

**（二）对以减轻农民负担为目的的农村税费改革试点地方的调研**

通过调研发现，在农村税费改革试点过程中，上级对基层的转移支付存在一定的"缺口"，给基层工作造成了一些困难，这对于非农产业不发达、以农业为主要经济来源的西部贫困地区来说，产生的困难远远大于以非农产业为主要经济来源的非贫困地区。这必然给这些地方的农民负担"反弹"埋下了隐患。选点调研的地方，已经发生了农村基础义务教育经费投入普遍减少、利用垄断性资源转嫁负担、克扣下级应得的转移支付、利用职权向下级政府要求让利于上级政府、农村的公益事业受到影响等连锁反应。

**（三）论证了把农民负担转化为政府支农服务的必然性和可行性**

长期以来，农业已经为工业和其他非农产业的发展提供剩余价值和积累资金作出了巨大贡献。现在，我国社会已经从农业发展阶段进入到工业发展阶段的中期，工业和其他非农产业的国民收入已经占全社会国民收入的绝大部分，已经具备了"反哺农业"的条件。

一个国家从原先的农业发展阶段进入到工业发展阶段的中期的时候，应该通过"以工哺农"的方式，巩固和增强本国的农业，以保证国内食品的供应安全，这是关系到国家战略安全的大问题，发达国家已经为我们提供了成功的经验。WTO 成立之后，WTO 的多数发达国家成员国对其国内农业的财政支持和补贴都保持在较高水平上，而多数发展中国家成员国对农业的财政支持水平都很低。我国应该理直气壮地维护自己国家的利益，扩大对

188

农业的直接投资、支持与保护力度，为增强自己的综合国力而奋斗。

鉴于我国的国内政策多变，有必要把减轻农民负担的基本政策通过立法的方式转变为稳定的支农服务机制，让农业这一弱势产业得以强大起来。

**（四）提出了把农民负担转化为政府支农服务的一系列机制与途径**

"以工哺农"是政府支农服务的主要表现形式。因为非农产业的大部分税收都进入了国家财政，"政府支农服务"首先就应该是用以国家财政为代表的"工"，大力支持以西部后进地区为代表的"农"。

1. 贫困省份农民减负所产生的转移支付资金应由中央财政全额承担

中央财政应全额承担西部贫困省份农民减负所产生的转移支付资金，并且与财政收入同幅度增长，直到贫困省份与富裕省份的差距显著缩小、摆脱贫困状态。

这一基本政策以对中央财政收支进行立法的形式，将其稳定下来，以有效地帮助缩小东、西部区域性差距。

2. 贫困省份的农村义务教育经费主要由国家财政承担

义务教育经费主要由国家财政承担，这样才能充分体现义务教育的公共产品性质和义务教育应具备的社会公平性质。让地方主要承担农村义务教育经费是违反义务教育的这两条基本性质的。这一内容应该在《义务教育法》的相关章节中修改、补充进去。

3. 促进后进地区的社会发育程度

社会发育程度较低，是西部后进地区农村贫困及其农民收入增加缓慢的根源之一。促进后进地区社会发育程度的具体对策有：

（1）由地方政府批量组织后进地区的农民轮流外出打工，让他们在实践中"多、快、好、省"地提高整体素质。这样，他们回到家乡以后，对改变家乡的落后面貌才会有新的动力和新的办法。这应该成为地方政府的固定工作制度。

（2）加大对农业技术推广服务和市场信息服务的力度。农业技术推广和市场信息服务，是政府支农服务的重要基础性工作，应该以地方性法规的形式确定下来。

（3）注重对农村精神文明的"软件"建设。在建设社会主义新农村的过程中，要用科学知识和思想反对各种封建传统糟粕，以保证社会的健康发展。

（4）中央电视台全部频道的所有节目免费向西部农村地区播放，让处在贫困并且相对封闭之中的广大农村居民也能"呼吸"到现代文明的"空气"。

4. 发展外向型农业

在全面建设小康社会的过程中，云南省的多数县没有条件走"以工业强县"的道路。多数县只有条件发挥立体气候及其衍生的多样性农产品的相对优势，充分利用建立"中国—东盟自由贸易区"，以及我国加入 WTO 的良好商机，大力发展面向东南亚、南亚和中东地区的外向型农业。因为这些地方的农业环境条件与云南具有很大的差异互补性，而云南多数农村和农民得心应手的事也就是种植和养殖。发挥现有优势和条件，比起去做大家都很生疏的事，成功的把握要大得多。

5. 建立健全与"民主决策、科学决策"相配套的"决策责任追究法律制度"

为提高执政的科学性、提高行政的社会宏观效益，在我国国情条件下，必须建立决策责任追究法律制度，以克服和遏制我国长期存在的长官意志影响决策而无人对重大决策失误承担责任的现象。只有当权力与责任相统一的时候，才是合理而有生命力的权力。一个缺乏相应责任的权力，必定导致权力的腐败与垮台。

"三农"问题是我国现代化建设中的重大问题，涉及"三农"问题的决策属于重要决策，当然需要这一制度并适用于这一制度。

项目名称：把云南农民负担转化为政府支农服务机制的研究
项目负责人：周永华
所在单位：云南省社会科学院经济研究所
结项时间：2006 年 3 月 16 日

# 云南生态资源保护的制度设计与创新

生态环境资源的保护早已引起国际社会的高度关注。因其较强的外部经济性或其公共产品的特点，生态资源的配置出现了较明显的市场失效。西方发达国家立足其完善的市场机制进行了较完善的生态环境资源保护的经济机制创新和运作，而国内的研究还缺乏系统的总结和理论的提炼。

生态环境保护已成为云南省政府的重要职能。本课题主要探讨云南生态资源保护等生态公共产品供给的制度建设。如，建立有效供给的激励相容机制。这也与云南建设绿色经济强省的战略相吻合。现实中，政府的管理和调控方式过多采用效率较低的行政方式，这就需要借鉴国内外的机制设计，并立足越来越完善的市场体制环境来探索有效的制度设计与实践运作。本项目的研究成果对云南建设生态环境友好型社会具有重要的应用价值和现实意义。

本项目研究成果主要包括《云南生态资源保护的制度设计与创新》研究总报告和论文《旅游资源开发的经济学解读》。

研究总报告包括"国外生态环境资源保护的理论与制度设计"、"中国生态保护的法律与政策调整"、"云南生态环境保护的制度设计"三大部分。

本研究通过对基础理论的总结和梳理，对国外生态环境资源保护的理论与制度设计进行了较完整的总结，从最初的外部性理论与庇古税的提出、科斯定理评析、生态环境资源保护的市场失灵到提出政府规制手段，最后探讨了近年来的环保制度创新设计。上述内容形成了研究报告的第一章，即"国外生态环境资源保护的理论与制度设计"。

环境作为人类生存和发展的物质条件的总和，其物质性不容置疑。环境包括经济形态的环境资源和生态形态的环境资源。从制度层面来看，政府在环境保护过程中应发挥作用的领域就是制定有效的制度，并确保制度得到执行，而技术层面的问题则是市场经济主体在既定的制度条件下自主选择的结果，无须政府的干预。因此，环境污染与生态保护问题关键在于制度设计。环境问题就是一个外部性问题，从经济学的角度看，生态破坏和环境污染是一种典型的"市场失灵"的表现，庇古税和庇古补贴方法在外部效应治理中尤其是在环境保护领域的应用非常普遍。对环境污染的治理，可以有直接管制、财政补贴、发售污染权以及征收环境保护税等经济手段。但是，在市场机制下并非每种手段都能发挥作用。相比较而言，政府对造成环境污染的行为者征税，是一种最佳的经济手段。与收税、排污权交易手段相比，管制在消除外部不经济性方面有较大的局限性。环境保护问题的解决从市场失灵到政府干预，再到政府失灵，人们又重新求助于市场力量，但这与单纯依赖自由放任的市场机制解决问题已经有了本质的区别，而是政府与市场的一种结合，政府通过设计制度、保护产权，使环境保护与私人经济主体的利益紧密相连。市场与政府结合，实现环保制度的创新，已成为世界各国的一种共识，也是日益兴起的新资源经济学理论倡导的主要政策主张，将自由市场制度运用到环境保护事业中，运用价格与利益机制给经济主体提供充分的激励，将环境保护与企业或消费者的利润最大化与效用最大化目标联系起来。环保制度的创新涉及污染权交易制度、循环经济模式的采用、泡泡政策、环境使用权交易制度，以及相关政策的建立与完善。

在对国外生态环境资源保护的理论与制度设计进行了较完整

的总结和梳理的基础上，借鉴国外的成功经验与实践教训，探索我国的生态保护的法律与政策调整，提出变革我国自然资源的法律制度，创新我国的环境法，法律要推动资源产权制度创新；提出污染权交易立法构想，实行生态环境资源的产权交易与制度创新，尝试建立环境使用权交易制度；建立有利于生态环境保护的绿色税收制度，开征环境与资源补偿税，完善我国现行环境保护税收制度；建立生态资源补偿的法律制度化设计，推动循环经济模式的实现，以环境 NGO 促进环境保护，等等。当然，这些制度设计同样适用于云南的有关实践。上述内容形成了研究报告的第二章，即"中国生态保护的法律与政策调整"。

报告的第三章是该成果的重要部分。在总报告中，基于较好的前期研究成果，即论文《生态资源保护的制度创新》对西部退耕还林等生态工程的各利益主体行为的博弈分析，立足西部探讨生态资源保护的制度设计，课题对在西部进行的退耕还林、天然林保护等生态工程进行了更广泛、更深入的研究，提出生态补偿制度设计应用在退耕还林等生态工程的建设中。报告指出，包括云南在内的西部生态建设作为一项全国性公共产品的提供，采用经济手段、市场交易规则来建立良好生态环境的供给制度，将生态工程作为扶贫工程、经济工程来举办。西部较大部分地区是我国的生态保护区，这些地区有着提供全国性生态公共产品的经济责任，必须建立长远的激励相容的供给制度，只有对生态保护的责任、资金筹措等做好制度化的长远安排，才能可持续保护和生产良好的生态公共产品。应在各级政府、生态保护的受益者与生态保护的提供者之间建立进行生态利益补偿的可持续的制度机制或市场机制。在报告中，第三章第一节围绕生态资源保护需要生态补偿的制度设计、退耕还林中的产权冲突、引入混合产权机制优化我国退耕还林政策的构想、云南实施退耕还林和天保工程的问题及对策等四个方面展开。

探讨生态旅游作为生态资源保护的制度设计可行性的有关内容形成了研究报告的第三章第三节，即"生态旅游的发展与云南的生态保护"。在报告中，围绕西部大开发中云南的角色定位、云南发展生态旅游的效益分析、云南生态旅游的可持续发展与生态保护等三个方面展开论述。对云南发展旅游、促进生态环境保护的实践进行经济分析和理论总结。指出，理论分析和实践表明，生态旅游和民族风情旅游可为不发达地区拓展一条旅游脱贫的资源开发新路，通过有效的生态旅游机制设计，建立生态保护的各主体间激励相容的制度。

另外，在第三章的其他部分，还提出了发展云南的循环经济、鼓励公众和 NGO 参与环境决策、创建昆明生态城市等建议，并展开了有关内容的研究。

本课题研究报告围绕生态环境资源保护的各种机制特别是市场机制设计和现实实践，系统总结了现实的生态资源的旅游开发、退耕还林与天然林保护等生态工程存在的深层次问题以及城市环境保护，如发展循环经济的制度探索和实践经验，并加以完善和深化，提出了有较强针对性的政策建议和理论指导。

最后，成果之一的论文《旅游资源开发的经济学解读》，研究了云南发展生态旅游作为生态保护制度设计之一的理论可行性，探讨了生态资源的隐性与显性价值，认为生态资源之所以被破坏或难以有效保护的根源在于其产权界定困难或其外部经济性。同时，针对当前的社会经济发展形势，探讨东、西部经济增长模式的特色，以及世界旅游业发展特点，指出旅游业特别是生态旅游的蓬勃发展为传统经济落后但旅游资源丰富的地区挖掘出了一条重要的后发优势，提出了重要观点，即"现代社会物质财富的激增促进了作为精神消费的旅游消费不断增长。同时，市场机制的完善和深化也使得旅游资源的社会存量呈现出不断扩张性和动态变化性。理论分析和实践表明，生态旅游和民族风情旅游可为不发达地区拓展一条旅游脱贫的资源开发新路"。

本项目的开展，已既产生了一定的学术影响，也产生了一定的社会效益。如论文《生态资源保护的制度创新》发表在《北京科技大学学报》（社科版）2001 年第 4 期，后被《中国社会科学文摘》2002 年第 2 期转载了其中的 4 000 余字，并且于 2004 年 2 月获云南省社会科学优秀成果三等奖。其中的重要观点如"只有让生态保护的外部收益部分内部化为当地农民的经济利益，当地农民在维持生存有余并有外界援助的情况下，退耕还林政策才能引导农民走上自我积累、自我发展之路，他们才会主动参与对生态林业资源保护的建设活动"被国家级课题研究采纳与引用①。论文《旅游资源开发的经济学解读》（论文约 1 万字）发表在《思想战线》2003 年第 6 期，后被《中国高等学校文科学术文摘》摘录其中的重要观点。课题研究的部分内容形成论文《云南生态保护的实践与制度探索》并提交全国"长江上游经济发展与长江流域经济合作"学术研讨会，将收入该研讨会论文集予以公开出版。

项目名称：云南生态资源保护的制度设计与创新
项目负责人：叶文辉
所在单位：云南财经大学
主要参加人：孟庆红　张　伟　陈　志　张　秣　张苗苗
　　　　　　姚永秀
结项时间：2006 年 3 月 24 日

---

①　见《中国农村经济》2002 年第 12 期王万山、廖卫东论文《退耕还林政策的产权经济学分析与优化构想》。

# 云南沧源佤族自治县县域经济及旅游资源开发与全面建设小康社会研究

## 一、本课题研究的目的

随着云南省委、省政府关于与全国同步进入小康社会战略目标的提出，少数民族贫困地区如何全面建设小康社会，已凸显为一个亟待研究、解决的问题。佤族贫困地区地处我国的西南边陲，与老挝、缅甸为邻，处在我国通向东南亚与南亚的前沿、"中国—东盟自由贸易区"陆上建设的前沿。进行佤族地区县域旅游经济等的研究，对于如何建设小康社会，深入落实我国扶贫开发政策、实现全面建设小康社会战略目标具有较强的理论价值和现实意义。

佤族是我国 55 个少数民族之一，佤族地区是典型的少数民族贫困地区，沧源县属于 2001 年全省列入的未来 10 年扶贫攻关计划内的 73 个贫困县之一，但由于所处的地理位置和发展历史特殊，其丰富的自然旅游资源和人文旅游资源得以较好地保存下来。怎样利用这些资源的经济优势，加快其脱贫致富、实现"小康社会"与县域旅游经济发展的步伐，是一个值得研究的重要课题。

## 二、本课题研究的学术价值、应用价值 及社会影响

### （一）与云南省加快县域经济发展的战略相适应

2004 年 4 月，云南省召开了关于加快县域经济发展的会议。会议要求全省上下充分认识加快县域经济发展的重大意义，切实把加快县域经济发展作为富民强省的大事来抓，进一步增强紧迫感和责任感，集全省之力，真抓实干，形成百舸争流、竞相发展的态势，努力开创云南省县域经济发展的新局面。本课题选择沧源县域旅游经济发展进行研究分析，符合全省发展县域经济的趋势。沧源佤族自治县发展县域经济可以突出沧源县极有价值的旅游资源的开发，通过这些旅游资源的开发实现其经济价值，从而加快沧源县旅游经济的发展，为全县发展县域经济找到一种实用的"模式"，为"旅游开发的经济作用"找到更多的理由，为少数民族地方经济的发展作贡献。

### （二）为加快沧源县脱贫致富步伐提供理论依据

随着党的"十六大"全面建设小康社会的战略目标和云南省委、省政府关于与全国同步进入小康社会战略目标的提出，少数民族贫困地区如何全面建设小康社会已凸显为一个亟待研究、解决的问题。佤族贫困地区地处我国的西南边陲，与老挝、缅甸为邻，处在我国通向东南亚与南亚的前沿、"中国—东盟自由贸易区"陆上建设的前沿。进行佤族地区县域旅游经济等的研究，对于如何建设小康社会，深入落实我国扶贫开发政策、实现全面建设小康社会战略目标具有较强的理论价值和现实意义。

### （三）对促进各民族共同发展有积极作用

现阶段的沧源县，经济发展滞后，发展沧源县域旅游经济，可以让贫困的少数民族找到正当的致富路径，减少犯罪，与周边地区、国家的民族和平共处。本课题的研究，应该说对于以平等态度对待少数民族，以及开发利用云南较边远的山地佤民族的历史文化与旅游资源，正确处理新时期各民族间的关系，弘扬佤族历史文化，使其自觉适应现代化的发展，对于云南民族文化大省的建设，无疑是必要的和有意义的。

### （四）能使沧源丰富的旅游资源得到有利的开发

沧源县通过申报并颁布的列级旅游资源共有 6 个。其中，重点文物保护单位 4 个，自然保护区 1 个，风景名胜区 1 个；属于国家级的有 3 个，属于省级的有 3 个。在临沧的各县（区）排位中居于第 1 位。这与其不发达的旅游业是不对称的，发展沧源县域旅游经济，能让沧源崖画谷景区、南滚河景区、佤山湖景区、十里白花景区、广允缅寺、档帕河峡谷、糯良小石林、"万丈董棕洞"等大量旅游资源得到较好的保护和开发。

### （五）能让"佤文化"有选择地加以保护

"佤文化"十分渊博并且极具特色（如，佤族特色传统服饰、建筑、节庆、舞蹈、歌曲等），同时也存在一些不良习俗（如"猎头"，已经禁止）。随着经济全球化浪潮席卷各地，许多文化面临着消失的威胁，如何加强民族文化的建设和发展，在现阶段是一个急需解决的问题。本课题立足于佤族悠久的传统文化，探讨了民族文化保护和延承的相关对策。

## 三、本课题的主要研究内容

本课题将视角放在云南沧源佤族自治县，对我国西部边疆佤族特有的旅游经济资源进行研究。本课题的研究将尝试设计出保持云南佤族地区山村文化与生态整体统一的特色旅游项目，以旅游促进文化资源的保护，以文化资源带动旅游经济的发展，让沧源县丰富的自然旅游资源、独特的民族风情、独有的人文景观等在沧源县域经济及其小康社会的建设中发挥积极的作用。在不脱离阿佤山的原生土壤、原生社会环境、原生文化氛围的前提下，将先进文化注入旅游，使当地佤族群众能够意识到，依靠自己的力量，开发、利用、保护"阿佤山的资源"优势和价值，利用建设小康社会过程中政府的扶持政策，在改善佤族自己生活质量的同时，保持自己的文化传统，避免旅游业发展在带来经济效益的同时，对纯真的佤山文化、纯美的生态造成破坏性的负面影响。在合理开发利用"佤山"旅游资源的同时，真正实现一种文化多样性的保护和继承，形成一种"阿佤山式的高品位旅游"，即追求人与自然的和谐统一，在大自然中尽情享受返璞归真的乐趣，探索旅游目的地民族文化奥秘与奇异的民风民俗，将"佤山式"的自然淳朴的民族风情加入文化色彩的旅游方式，将独具佤民族文化底蕴的旅游资源保持其淳朴自然而呈现给世人。

## 四、本课题的重要观点

本课题选择沧源县域旅游经济发展进行研究分析，符合全省发展县域经济的趋势。沧源佤族自治县发展县域经济可以突出沧源县极有价值的旅游资源的开发，通过这些旅游资源的开发实现其经济价值，从而加快沧源县域旅游经济的发展。本课题在研究该地旅游经济的同时主要提出以下几个要点：

### （一）沧源县发展县域旅游经济的途径——开发体验旅游

沧源县拥有数量多、品位高的旅游资源，在此开发体验旅游无疑是一个很好的选择。在当今社会，旅游越来越多地走进了老百姓的生活，无论它是一种时尚，一种休闲，一种探险，一种身心调节，还是一种社会知识的获得渠道，一种修养，一种消费，一种节奏转换，一种健康需求，一种实现自我价值的方法等，它都构成了社会价值系统中的有机部分。人们对自身旅游质量要求的提高必然导致投身"体验旅游"的行为。一些地方性的"小传统"已经越来越超越以往的界定而成为一种"共有文化"的资源，越来越引起学术界的注意。正如丽江泸沽湖摩梭人虽处于祖国边疆，但也掩盖不住其优秀文化的光辉，深受国内外众多游客的关注。沧源县也处于祖国边陲，也有着深厚的文化传统。据预测，佤山沧源的旅游者到 2010 年将达到 34.73 万人次，旅游总收入可达 13 711 万元；至 2020 年，佤山沧源旅游者将达到67.83 万人次，旅游总收入可达到 26 331 万元。因而，佤山沧源开发体验旅游将大有可为。

### （二）沧源县体验旅游的功能与特色

沧源县发展旅游必须打响的是"佤文化"品牌。"佤文化"有悠久的历史，在原始社会形态中形成，因而沧源县"佤文化"处处流露出来的都是原始型、朴实性的特征。在沧源开发体验旅游，就能体验到以下这些既原始、朴实又让人耳目一新的旅游方式。如，在佤山体验"狩猎"之乐；在沧源体验佤族"采集"之趣；在沧源体验佤族特色手工技艺的精妙；在沧源体验佤族饮食文化的博大；在沧源体验佤族节庆的狂欢等。

# 五、本课题的相关对策分析

本课题在系统研究沧源县的资源优势、客源市场现状、发展前景等条件之后，也提出了促进沧源县旅游经济快速发展的几点建议。

## （一）深化认识，明确"旅游兴县"的重要性和紧迫性

沧源县由于历史、地理等方面的原因，与其他地区相比，经济基础薄弱，目前尚为国家级贫困县，急需通过培育有地方特色和强劲市场竞争力的新兴产业，以改变落后的社会经济面貌。从市场需求和沧源县实际出发，大力发展旅游经济，不仅有着极为丰厚的旅游资源基础为支撑，而且还有着良好的市场前景为依托，只要充分发挥旅游业的综合带动作用，将会有力地促进沧源县的社会发展、经济进步。因而，要深化对沧源县旅游业的认识，牢固树立"旅游兴县"的思想，集中力量发展旅游产业。

1. 从战略高度看待沧源县旅游业的作用

沧源县旅游经济不仅要发展，而且要大力发展，这是沧源社会经济现实的必然选择，这直接影响到沧源县进一步加快脱贫致富步伐和整体经济发展的大局。而且沧源县又是少数民族自治县，地处边疆，经济发展了才可能促进社会稳定、民族团结和边境安宁。所以，沧源县旅游经济发展的意义已远远超过了旅游业本身，具有十分突出的重要性和紧迫性。

2. 发展旅游业，促进全县产业结构的调整

沧源县改革开放以来，全县经济面貌已有很大的改善，但由于原有经济基础较弱和多方原因所致，沧源县尚未完全摆脱贫困

状态，急需通过产业结构调整，建立符合社会主义市场经济要求、充满着活力和体现发展后劲的经济结构。

### 3. 加强领导，切实抓好旅游业的发展

沧源县切实加强对旅游业的领导，建议成立和完善以县委、县政府领导挂帅的"沧源县旅游产业建设领导小组"，该领导小组办公室设在县旅游局，领导小组成员为与旅游业发展有关的县属建设、环保、文化、卫生、民族、宗教、教育、公安、宣传、财政、计划、林业等部门的领导，每年定期、不定期地集中，专门讨论、研究和决定全县旅游业发展中的规划、重大建设项目等问题，以便更好地统一认识，为旅游业发展减少不必要的部门间扯皮、推诿、办事效率不高等弊端。另外，该领导小组还应加强与驻沧源县的边防武警、商检等单位的协作，必要时可请这些单位的领导列席参加领导小组会议，形成良好的协调、沟通机制，加快边境旅游的发展。

### （二）加强宣传，提高知名度

采取多形式、多渠道，系统宣传沧源县旅游景区景点、人文景观、民族风情、自然风光及其特点和观赏价值。积极引导干部、职工、群众，利用节假日开展旅游和接待活动，陶冶文明高尚情操。沧源县旅游业发展滞后于旅游发达地区，市场知名度尚待提高，丰富的旅游资源尚不为众多旅游者知晓，因而沧源县旅游业从一开始起步就面临着与市场中开发较早地区的竞争，客观上丧失了许多先发优势。为此，沧源县要牢固树立市场营销观念，不断开发市场、巩固市场，从自身实际出发，抓好以下几个方面的工作：

### 1. 在本县树立"全员营销"意识

旅游市场营销，不仅应视为旅游部门的事情，而且应由县党

政负责人带头，各级领导干部都充分利用不同的机会，尽可能多介绍、宣传沧源县的旅游资源和旅游经济发展的情况，形成广大干部群众自觉地充当沧源县旅游宣传、促销义务员的良好局面，人人关心旅游，人人宣传旅游，人人热爱旅游，在全县范围内掀起发展旅游、宣传旅游的热潮，沧源县旅游市场营销工作就会有坚实的群众基础。

**2. 设计科学的节庆活动**

进行科学论证，设计科学的节庆活动，以这一特殊产品和促销方式增强沧源县的吸引力。鉴于沧源县资源众多的实际，借鉴国内外旅游节庆举办对招徕游客、组合旅游产品等方面的经验，建议沧源县在春节期间或"十一"国庆节期间，举办有沧源特色的旅游节庆活动，利用"司岗里"佤文化节，更好地进行市场促销。同时，还可将旅游与边贸等经贸活动结合起来，体现出旅游与文化、经济等方面的有机联系，增强旅游业发展的综合效益。

**3. 旅游市场营销制度化、方式多样化**

从国内外旅游发达地区的成功经验来看，旅游市场营销工作必须有专门机构和富有经验的专人常年负责，持之以恒地对旅游市场进行开发，旅游市场营销才能成功。况且开展旅游市场营销活动是旅游行业管理的重要职能。因而沧源县应将旅游市场营销经费纳入政府财政预算，并在相应的旅游管理部门中设置专门的市场营销机构，配备必要的人员，将市场营销工作置于突出的地位。同时，要根据目标市场和竞争对手的不同情况，灵活运用多种营销手段、方法和策略，谋求旅游营销的积极效果。

**（三）加强对旅游景区、景点的建设和保护**

从旅游资源的聚集程度和沧源县社会经济发展的要求来看，

日益发展壮大的旅游产业将会在今后长时期内对沧源县的社会经济整体发展起着十分重要的作用。因而，沧源县旅游景区、景点必须加强保护，旅游业必须坚持走可持续发展的道路，体现可持续发展的价值取向和要求。针对沧源县旅游业实际，要注意以下几个方面的问题：

### 1. 做好旅游资源的保护工作

沧源县内任何景区、景点的开发一定要进行充分的科学论证，坚持保护性开发的原则，强调保护措施的落实。同时，还要加强旅游景区内外的生态环境建设，对旅游开发中的生态环境建设实行责任制，努力提高生态环境质量，尤其对生态脆弱地区，如南滚河国家级自然保护区、翁丁佤族传统村寨、崖画谷景区等，一定要十分注重生态环境的保护和建设工作。

### 2. 积极开发旅游人力资源

旅游业发展水平的高低，旅游人才起着关键性、根本性的作用。面对沧源县旅游业急剧上升的良好发展势头，要把旅游人力资源开发作为战略性的问题予以考虑，使沧源县旅游业发展有着坚实的人力资源基础。

### 3. 对景区、景点加强管理

强调旅游景区、景点管理、建设和培植，改善投资环境，提高文化品位和观赏度。规划一定的保护范围，制定必要的措施和制度，防止人为破坏和浪费。对遭到破坏的景区和自然景观要尽力予以恢复。景区开发要与生态环境建设和保护相结合，做到可持续发展和旅游资源的永续利用。

## （四）要加大市场运作力度

就是要采取市场化运作的办法，从更新观念入手，改变财政单一投资的机制，拓宽筹资渠道，建立政府导向投资、企业主体投资、社会参与支持的多元化资金投入机制，多渠道筹措旅游发展资金。

1. 抓好政府导向性投入

按照旅游开发规划，地方政府确定每年的重点项目，并重中选重，拿出一定数目的资金进行投入，并以资金投入作为政府在旅游产业发展方面进行宏观调控、导向示范的一个重要手段。政府导向性投入资金，要围绕扶贫资金和景区门票收入等多个方面。政府每年的投入项目必须是对全局发展具有关键作用，市场调控不了、投资巨大、社会效益大于经济效益的重中之重项目。

2. 建立以企业为投资主体的产业开发机制

要从明确所有权、经营权、管理权入手，理顺旅游经营管理体制，逐步确定企业投资开发旅游的主体地位。

3. 转变政府职能，改进工作作风，营造旅游发展环境

要积极探索市场经济条件下政府发挥职能的路子，从转变职能入手，加强对这项工作的调控和指导。

4. 全民动员，大力发展旅游事业

要充分发挥各界群众发展旅游的积极性，在以市场机制为主配置资源的基础上，充分发挥政府的宏观调控作用，运用政治动员、行政激励、经济导向等多种办法，实施全民共建，形成政府主导、企业主体投资、社会各界参与的旅游发展市场化运作模式。

### （五）对接待游客的农户进行培训

发展沧源县域旅游经济，必须从每一个生产单位抓起，农户要有一定的经济意识和自身发展的能力，掌握一定的技术技巧，

才能让贫困的佤族地区早日进入小康社会。

1. 农户的培训是一条以农户能力建设为中心的反贫困措施

外部的帮助、扶持（如资金、技术投入等）可能会在近期内解决一些问题，但如果不解决人的问题，在外部帮助撤走之后，很难保证新的问题不再产生，旧的问题不再复发。因此，要加大沧源县的农户培训力度，提高该地农户自身的科技素质能力，适应旅游经济的发展。

2. 重视对农户进行旅游经营管理方面的"软"技术培训

对农户的培训，目前应主要集中于技术方面。技术掌握得如何是反映农户发展能力的一个重要方面，但还不是唯一的方面。应该在对农户进行实用技术培训的同时，教他们怎样分析自己的优势、怎样最好地利用自己的资源、怎样看待市场变化与市场风险、怎样制定自己的发展计划。实用技术培训只是解决了一双手的问题，还要教他们怎样拥有一个好的农业项目经营头脑。

3. 加强对农户发展意识、创业意识的培训

沧源县与旅游经济的建设不能造成群众对外援的依赖，否则就会造成农户自我生存能力、自我发展能力的削弱，要通过对他们的旅游开发培训，激发农户的自信心、上进心、奋斗精神、创业荣誉感。

4. 把培训贯穿于旅游项目实施的整个过程

任何一项农村发展项目都离不开培训，沧源县域旅游经济的发展更是要以培训为基础。要增强农户经营管理能力、自我发展意识，最好应有意识地把整个沧源县域旅游经济建设的实施过程当成一个大的、系统的农村发展培训教程。

5. 加强培训效果、效率和效益的综合研究

对沧源县农民的技术培训，实质上是一种投资，是对人力资

源开发的一种长期性的投入。除了沧源县域旅游经济建设时在资金、教材、教员准备方面要进行投入外，农民自己也要投入一定量的劳动时间，对培训进行反馈监测、评估等。根据反馈结果及时进行计划调整，以便确保目标的实现。

### 6. 注意因人施教

根据沧源县农民不同的性别、不同年龄、不同的文化层次进行不同的培训。因为如果对受训人的文化素质要求较高，这样就必然使一些文化程度较低的农户不能有相同的受训机会。对于年龄方面的因素也应该有所考虑，因为年轻人与老年人在对新知识的接受速度、接受方式上都不尽相同。对性别差异也要考虑。培训时尽量指导女性做一些需要耐心、细致的工作，如做佤山导游；男性则宜做需要体力和勇气的工作，如当民族体育项目教练、从事佤山旅游安全保卫工作等。

项目名称：云南沧源佤族自治县县域经济及旅游资源开发与全面建设小康社会研究

项目负责人：李　洁

所在单位：云南大学

主要参加人：温益群　田耀明　李　倩　万　虹　师现伟

王　静　张　丽

结项时间：2006 年 4 月 14 日

# 云南非公有制经济发展问题研究

## 一、成果的意义

当前，云南省在发展非公有制经济过程中，虽然非公有制经济在促进城市就业、推动云南新农村建设步伐和提升县乡经济发展速度、缓解县乡财政困难等方面发挥着越来越重要的作用，但由于存在体制性、制度性以及市场经济发育不良等主、客观原因，云南省非公有制经济的发展与其他省、市比较，发展差距较大，省内受地区差异性影响，其发展存在较大的非平衡性。在云南省非公有制经济有了长足发展的前提下，如何进一步提升非公有制经济发展的质量水平问题，如何克服各种主客观障碍，依照市场规则培育、鼓励、引导非公有制经济的发展，无论在我国的经济学界、政治学界还是政府决策部门，都是一个全新的课题。因此，从理论层面对这一课题进行经济学、政治学、法学的探讨，充分论证发展非公有制经济的历史必要性；通过对相关党政部门和部分非公有制经济的调查与研究，在借鉴西方国家先进经验的基础上，借鉴国内成熟发展省区的发展经验，探讨云南省非公有制经济的发展策略等，这无论在理论上还是在实践上，都具有十分重大的意义。

# 二、成果的主要内容、观点和政策建议

**（一）本项目对我国非公有制经济的历史地位与发展趋势进行了较深入、系统的研究**

研究是在吸纳了中外学术界已取得的成果和结合中央与云南省政府现已出台的有关发展非公有制经济的办法及政策措施的基础上，采用经济学、法学、政治学的方法论而开展的。特别是系统总结了非公有制经济的发展历程及历史地位，认为我国非公有制经济发展的理论及思想基础是分阶段性的，从不成熟到成熟、从中央政府到地方政府，发展非公有制经济的实践是"摸着石头过河"，一步一步"试探性"逐步开展的。因此，我国发展非公有制经济所走过的道路，值得理论与实践部门深思，也是执政党必须认真总结的"科学发展观问题"。我国非公有制经济的发展经历了如下几个阶段：一是非公有制经济是社会主义经济必要的和有益的补充。我国个体工商业户的出现至今只有27年时间，非公有制经济是由"个体工商业"逐步发展起家的，其间走过了一条曲折发展之路。二是非公有制经济是社会主义市场经济补充的大胆尝试。"补充论"已难以完全解释实践中提出的问题，更难以指导实践。改革和建设实践的发展，客观上要求理论也要相应发展。随着私营经济的迅速发展，特别是社会主义市场经济体制目标的确立，人们对私营经济历史地位和历史作用的认识有了发展：私营经济不仅是公有制经济的补充，而且是社会主义市场经济的重要组成部分。三是非公有制经济是社会主义市场经济的重要组成部分认识的高度统一。课题认为，首先，从近20多年来非公有制经济发展的实践来看，个体、私营等非公有制经济虽然不是主体经济，不是主导经济，但也不是一般的补充经济，而是社会主义市场经济的重要组成部分。其次，对非公有制经济的发展趋势所作的基本估计是：非公有制经济是在社会主义大背景下运行的，它受社会主义公有制经济的制约、影响和国家行政管理以及宏观调控，不同程度地带有社会主义因素，对建设社会主义初级阶段社会基本经济制度发挥着巨大的积极作用。非公有制经济在社会主义初级阶段不是落后的、正处于迅速消亡中的一种经济形式，也不是旧社会遗留下来的一种自然经济，而是一种商品经济，特别是私营经济和外商投资经济还是一种大商品经济，因而存在着巨大的发展潜力，将成为我国市场经济的重要组成部分。社会主义初级阶段的根本特征是生产力发展水平低，呈现出多层次不平衡的状况。生产力的这种状况决定了在坚持公有制经济为主体的条件下，必须发展个体、私营等多种所有制经济，以加快社会生产力的发展。以上将为培育、发展云南省非公有制经济奠定政治、法律及制度建设的基础条件。

**（二）云南省发展非公有制经济必须从多视角去审视，从"科学发展观"高度评价云南省大力发展非公有制经济的作用**

本课题经实证分析后得出的基本判断是：第一，多视角看云南省非公有制经济的发展。一是非公有制经济提升了国民经济总体发展水平与速度。例如，2005 年，云南省非公有制经济实现增加值 1 286 亿元，占全省 GDP 比重突破 37.0%，2000 年至 2005 年，全省 GDP 年平均增长达 2.87 个百分点。二是从地区、城乡分布及对地方财政的贡献情况看，非公有制经济发展日趋合理。例如，从地区和城乡分布看，云南省个体私营企业主要集中在昆明、曲靖、玉溪、楚雄、红河、大理、文山等州市，这七个地州市个体私营的户数和人数分别占全省的 71.26% 和 74.1%，个体经济增加值占 GDP 的比重达到了近 80%。城镇个体私营企业户数和就业人数分别比乡村多21%和17.2%。从非公有制经济对地方财政的贡献情况看，自1994年以来，云南省除国有企业上缴税收总额保持一定增长外，非公有制企业（包括私营非公有制经济、个体工商户和其他企业）上缴税收总额增长较快。其中，私营非公有制经济1994年上缴税收为8.14亿元，1997年以来上缴税收开始逐年上升，到2004年纳税总额已经达到30.47亿元，税收增长了近28%。第二，云南省大力发展非公有制经济的作用。体现在：非公有制经济促进了城市就业；非公有制经济加快了云南新农村建设步伐；非公有制经济推动了县、乡经济发展，在一定程度上缓解了县、乡财政困难。

**（三）较系统地揭示出云南省非公有制经济发展中存在的主要问题，并就其形成原因进行了深入分析**

存在的主要问题表现在：一是非公有制经济结构比重小、地区间发展不平衡、行业分布和产业结构不够合理；非公有制经济布局主要集中在中心城市及经济发展较快的昆明市、玉溪市等7个地、州市。二是非公有制经济自身发展中存在诸多问题。例如，管理粗放；管理人才不足、技改投入严重不足；资本更新换代缓慢，守业渐进；不求大发展和缺乏必要的市场经济知识，市场经济观念较差等。三是非公有制经济发展中受外部环境因素制约存在的问题。例如，保护和发展非公有制经济的政策、法规落实不到位；融资渠道不畅通；发展中资金链常常中断；非公有制经济发展环境不够宽松；舆论宣传没有经常化、长期化；非公有制经济发展需要的服务体系不健全和非公有制经济内部党建工作有待加强等。这些主要问题的形成原因为：发展非公有制经济过程中暴露出来的问题具有主、客观方面的原因，既有体制性原因，也有制度性原因，还有市场经济发育过程中的原因，归结起来：

第一，未理顺的许多体制性障碍制约着非公有制经济的发展。这表现在：一是产权领域的体制障碍，包括宪法保护私有产权的规定没有可诉性，相对于整个产权制度，并未建立一个相应的保护产权的完善法律框架，没有一些技术性的制度来界定不同的产权和解决产权纠纷。二是投资领域的体制障碍：在投资领域，当前非公有制经济的发展仍然面临瓶颈障碍，现行法律框架中非公有制经济没有公平参与市场竞争的机会和资格。表现在：一是尽管有些产业领域国家没有明文规定不准非公有制投资经营，但由于部门或地区垄断经营的存在，非公有制资本往往难以进入或难以充分进入；许多行业允许国有企业和外资企业进入，但却限制或禁止非公有制经济进入。二是在非公有制经济参与处置国有资产问题上同样存在着体制性障碍。三是金融领域的体制障碍：非公有制经济发展中遇到的较大的障碍还是现行金融体制问题，融资难以成为非公有制经济发展迈不过的最大一道门槛，缺少有效的融资渠道，是非公有制经济发展所面临的普遍性问题。四是经营领域的体制障碍：首先，在法律地位上，非公有制经济与其他市场主体在市场竞争中的地位不平等；其次，在立法和相关法律法规的执行中对非公有制经济也不重视；最后，在政府依法行政方面，非公有制经济面临的经营环境也较差。

第二，与中心城市相比，农村市场经济体制发育不成熟。突出表现在：一是商品流通不畅，农民"买难"和"卖难"问题仍然存在；二是农民增收缓慢，制约了农村消费市场的发展；三是物价水平持续走低影响了农产品流通企业经济效应；四是市场秩序较为混乱。

第三，农村产业结构、产品结构发展矛盾突出，农村公共产品供给不足。表现在：农业生产布局存在无序性、农产品结构供需矛盾突出、农村产业结构仍维系单一化模式。第四，城市现代企业制度改革形成的下岗职工和农村富余劳动力的相互作用，使得城市就业压力越来越大。

**（四）对云南省发展非公有制经济提出了发展思路和政策建议**

为了大力支持云南非公有制企业不断发展壮大，进一步增强城乡经济发展活力，努力提高非公有制经济对国民经济的贡献水平，本课题提出如下建议。

第一，加大公共财政对非公有制经济的支持力度：一是梳理与改变制度环境，选择非公有制经济中公共财政应支持的范围，发挥公共财政资源配置作用，二是现行公共财政政策中的定向补助、财政贴息、税收优惠政策应积极扶持非公有制经济发展国家鼓励发展的产业，同时也要鼓励发展虽然有些产业不在《国家鼓励发展的产业目录》范围内，但不属于国家限制发展的产业，又适合非公有制经济小规模生产经营之特点的项目，特别是符合县、乡经济发展需要的产业，应放低优惠政策门槛，简化审批程序，提高政府服务的到位率。三是克服或消除财政部门、税务部门、工商部门、人事部门、司法部门等职权机关长期以来形成的对非公有制经济的疏远甚至歧视的观念和行为，发挥上述职权机关对非公有制经济的保驾护航作用。

第二，运用制度创新、体制创新手段促进非公有制经济发展：一是放宽市场准入条件，使非公有制企业享有与其他企业同等的投资机会；二是我国正处在经济社会转型的关键时期，为适应市场化改革的基本需求，政府应当成为经济性公共服务的主体和制度性公共产品提供的主体；三是大力调整产业结构。产业结构调整是经济结构调整的核心。四是建立功能完善、服务优良、信誉好、效率高的服务体系，发挥第三产业的后发优势；五是推进小城镇化建设，改善城乡结构和就业结构；六是推进制度、组织和技术创新，不断加大对工业结构的调整力度，加快工业化进程；七是统筹解决农民、农村、农业问题，从根本上提升农业基础地位。

第三，加快市场化改革步伐，为非公有制经济拓展发展空间。这要抓好两个侧重点：一是市场是资源配置的最有效的方式，如何建立农村的市场经济机制，加快农村经济发展的步伐，提高农民的收入水平，是当前解决云南省"三农"问题的关键。具体是：培育市场主体，促进县域经济持续发展，奠定农村市场经济微观基础；改革城、乡户籍制度，建立城、乡统一的劳动力市场；改革农村土地制度，建立健全土地流转机制；深化粮食流通体制改革，完善农产品市场体系；构建多元金融体系，培育农村金融市场。二是积极鼓励农村乡镇企业发展，发挥乡镇企业吸纳富余劳动力的特殊专长。重点是：靠农业产业化推进工业化；靠发展乡镇企业推进工业化发展；走农村工业发展与小城镇建设相结合的道路。

第四，优化组合内外部因素，引导非公有制经济练好内功，调动一切可利用资源，瞄准发展非公有制经济目标，求创新、求发展。一是大力引进技术、人才、项目，优化非公有制企业运作质量；二是善于总结和借鉴，着力促进非公有制企业生产经营水平；三是优化发展环境，要制定更加有利于非公有制经济发展的政策和制度，坚决做到非公有制经济同其他所有制企业一视同仁，特别是对自愿投资创办的非公有制经济组织要一视同仁；四是创新管理方式，对现有非公有制企业的经营管理者，要通过各种途径选送到大专院校或选派出国进行培训和深造，不断提高他们的经营管理能力；五是提高服务水平，各级政府职能部门应始终坚持服务效能的宗旨，积极为非公有制经济多办实事，大开绿灯，促进发展；六是加强组织领导，市（县）组织、人事部门和工会、团委、妇联等单位，要按照《党章》、《工会章程》、《团章》的要求，在非公有制企业逐步建立党、团、工会等组织，加强思想政治工作，发展企业先进文化，搞好精神文明建设。七是正确处理好经济增长方式、产业政策和发展非公有制经济的关系；八是调整农产品加工销售的税收政策，对非公有制经济"放水养鱼"。

第五，省委、省政府应组织人力物力，研究影响非公有制经济发展的环境因素，梳理现行政策或制度缺陷，着力解决非公有制经济发展中存在的问题。具体是梳理与落实产权法律制度、建立良好的产权治理环境；梳理与落实投资法制环境，实现平等竞争；梳理与落实金融法制环境，解决非公有制经济融资"瓶颈"问题；梳理与落实非公有制经济的生产经营法制环境，为非公有制经济发展创造良好的市场环境；梳理与落实针对非公有制经济的执法、司法保障环境。

总之，云南发展非公有制经济必须加大对非公有制经济的财税和金融支持；放宽对非公有制经济的市场准入条件，平等对待；完善服务体系，加强对非公有制经济的指导和政策协调；依法规范、维护好非公有制经济的合法权益；加强引导、提高非公有制经济的自身素质；发展社会中介组织、提升对非公有制经济的中介服务。即把坚持公有制为主体与促进非公有制经济发展相统一，形成各种所有制经济在市场竞争中发挥各自优势，相互促进、共同发展的局面；平等对待市场主体，树立为弱势群体提供公共服务的现代政府政治理念；在市场竞争的条件下，任何企业都必须不断提高自身素质。当然，全面提升非公有制企业的素质还必须通过市场竞争、优胜劣汰来解决。然而，各级政府、社会中介组织积极引导、帮助非公有制企业提高整体素质、找准发展方向与目标也是十分关键和必要的。

# 三、成果的学术价值和应用价值以及
# 社会影响和效益

## （一）本课题成果的学术价值和应用价值

（1）本课题从理论和实践上，为云南省委、省政府及有关决策部门制定或调整发展云南省非公有制经济的政策、办法提供了极具参考价值的理论依据。

（2）本课题为鼓励、支持和引导云南省发展非公有制经济的短期、中长期发展战略提供了极具参考价值和指导意义的理论依据。

（3）本课题认为，云南省发展非公有制经济必须从多视角去审视，从"科学发展观"高度评估云南省大力发展非公有制经济的作用机制问题；寻找发展中存在的理论与实践的深层次原因，确定制度经济学理论分析框架，并对政府今后鼓励、发展非公有制经济提供理论分析与改革模式，从而为各级政府战略决策提供制度创新、体制创新方面的理论范式和实际运作模式。

（4）本课题为加快云南省非公有制经济发展步伐，提升非公有制经济适应市场经济及全球经济变化的能力、加快发展速度、增强抗风险能力以及提高政府执政能力提供了政策选择思路和操作建议。

## （二）本课题的社会影响和效益情况

本课题的问世，将为地方各级政府培育、鼓励与引导非公有制经济发展的体制环境、制度环境建设提供了极具参考价值和理论指导意义的最新成果；为加快发展云南省非公有制经济发展提供了方法论。本课题的意见与建议若能为有关部门所采纳，将大大提高改革的效率，将为广大非公有制企业的健康发展注入新的活力、增加发展的动力，将为建立和谐、健康发展的小康社会以及社会主义新农村建设作出较大贡献。

## 四、成果的不足和存在的问题

本成果仅从经济学、政治学、法学等角度探讨了云南省非公有制经济发展中存在的问题，采用定性分析的方法研究了云南省非公有制经济发展的历史、问题及问题成因，缺乏必要的数量经济研究与分析，致使成果的理论深度有所欠缺，也使所提供的理论范式和实际运作模式及政策思路不够完善，我们准备在专著中进行全面补充，以力求成果更完善、更科学。

项目名称：云南非公有制经济发展问题研究

项目负责人：姚大金

所在单位：云南财经大学

主要参加人：张丽华　杨树琪　姚建峰　张文华　刘启佳
　　　　　　刘　鹏

结项时间：2006 年 11 月 5 日

# 云南省高技术企业在国际技术交流中
# 知识产权保护的对策研究

## 一、研究的目的和意义

在国际技术交流中，我国高技术企业所面临的挑战主要是外国企业。它们一般结成产业同盟，对我国整个行业或主导企业提起专利诉讼，这对我国相关产业的发展造成了越来越大的影响，甚至对某些产业的经济安全构成了威胁。因此，加强知识产权保护，建立知识产权法律制度，逐步缩小同知识产权保护国际标准的差距，已成为发达国家和发展中国家的共识，成为国际贸易中的一条基本规则。对于云南省高技术企业而言，不仅要知道知识产权是什么，而且要知道知识产权能做什么。为了加快云南省高技术企业国际技术交流的步伐，提升国际竞争地位，扩大技术产品出口，提高技术创新能力，本课题组对云南省高技术企业在国际技术交流中知识产权保护的对策加以研究。

# 二、云南省高技术领域技术创新与知识产权保护存在的问题

## （一）缺乏完善的知识产权工作机制

（1）企业内部缺乏有利于知识产权工作的环境。（2）企业缺乏有利于技术创新的知识产权管理机制。（3）尚未完全建立技术创新知识产权的激励机制。（4）企业内部未实现知识产权资源的共享机制。

## （二）对知识产权保护和管理不到位

（1）云南省高技术企业拥有的自主知识产权或核心技术较少，技术瓶颈已成为高新技术产业发展的重要制约因素。（2）不同领域的高技术企业知识产权工作发展极不平衡。（3）在对外技术合作中知识产权政策措施不到位。（4）政府有关知识产权的立法、执法体系还不完备，知识产权人才队伍总量不足、结构分布不合理，专利权执法队伍力量薄弱。

## （三）云南省高新技术产品出口隐藏知识产权风险

2005年至2006年上半年，云南省高技术产品、机电产品成为拉动本省出口增长的主要力量，使长期以来以资源性产品为主的出口商品结构得到进一步优化。但是，云南省高技术产品出口却隐藏着知识产权风险。2005年，在云南高新技术产品出口中，49%的产品拥有自主知识产权，51%的产品采用外国知识产权，这意味着云南省的高技术产品出口同样会遭受外国企业的技术垄断和技术壁垒。

### （四）云南省专利申请的技术含量不高

从云南省技术创新档次提升的角度看，发明专利申请量已由 2002 年所占专利申请量的 25.17% 提高到 2004 年的 34.7%，实用新型专利和外观专利所占申请量已由 2002 年的 40.50% 和 34.21% 下降到 37.20% 和 28.20%。尽管云南省专利申请量逐年增加，但高水平、高档次的发明专利所占比例还是较低。从 2002—2003 年专利申请量与授权量的比重看，发明专利授权量只占申请量的 7.3%，2003 年占 14.17%，2004 年也只达到 18.6%。这说明，专利申请的技术含量不高，有待于高水平的专利技术产生。

### （五）云南省核心专利技术较少

专利是企业知识产权的主要表现形式，发明专利则是具有自主知识产权的最重要特征。从云南省专利授权量与三项专利的比例看，2002—2005 年发明专利分别占 7.3%、14.2%、18.6% 和 22.6%，与实用新型平均占到 40% 以上形成鲜明对照。当然，不排除 2005 年发明专利授权比例的增加和外观设计专利比例的下降，但总体来看，306 件发明意味着云南省的核心专利技术还是较少。

### （六）团队创新精神不强

从 2002—2005 年授权专利的归属权看，职务专利少于非职务专利，明显反映了核心专利技术较少。职务发明更能体现企业的技术实力，因此多数情况下，国内外著名的公司企业都非常重视职务发明专利。但云南的职务发明专利比例，无论在申请专利中还是在授权专利中都一直比较低。

**（七）云南省高技术企业需要增强对商标的保护意识**

在商标注册方面，除了"盘龙云海"、"康王"、"云丰牌云南白药"等高技术企业的商标外，食品、饮料、酒、烟等行业的商标占据了主要位置，申请量占总数的 45%，被认定量占总数的 48.8%。这表明，云南高技术企业在国际技术交流中尽管拥有创新技术，却没有知名品牌，很难与国外进行技术交易。

**（八）生物技术知识产权保护存在的问题**

（1）云南省还没有组建生物技术工程知识产权中心。（2）光、机、电企业对外来技术的依赖性较强，开展自主创新技术研发较少。（3）信息系统集成企业规模较小且过于分散，软件业还没有产业化。（4）还没有建立起一套研究新材料产业技术领域国内外知识产权状况的动态研究系统。（5）高技术领域的企业还没有从经济和市场的角度理解和掌握知识产权保护的深刻内涵，到国外申请专利的数量较少，严重阻碍着高技术企业参与国际竞争。

# 三、云南省高技术企业在国际技术交流中知识产权保护的对策

为了使云南省高技术企业在国际技术交流中充分了解和掌握知识产权保护的深刻内涵，并建立具有创新性的知识产权保护体系，课题组提出了以下几个方面的知识产权保护对策。

**（一）云南省政府在国际技术交流中保护知识产权的对策**

（1）省政府相关职能部门应建立相应的知识产权国际交流

预警信息平台。（2）建立、健全国际知识产权保护咨询服务机制。（3）充分发挥行业协会的职能作用。（4）建立世贸组织知识产权问题研究的人才培养机制。（5）加强对高新技术企业国际技术交流中的知识产权服务体系的建设；加快培育技术交易的中介服务机构；做好技术产品的产权界定与保护工作；加大政府对基础研究的投入力度；加强在技术引进中的桥梁作用。

**（二）云南省高技术企业应在国际技术交流中创新自主知识产权制度**

（1）应正确认识和利用知识产权制度。（2）提高原始创新能力是建立自主知识产权制度的先决条件。（3）应加强知识产权制度建设与管理工作。（4）应为建立和完善自主知识产权制度创造良好的社会环境。（5）云南省高技术企业和科研院、所等机构应利用自主知识产权进行竞争。

**（三）评估知识产权或引进技术的对策**

（1）专利的评估。云南省的高新技术企业应查清未决专利与批准专利，并了解批准专利的异议程序。查阅专利年费的可靠记录与审查专利保护的有效期限。（2）商标评估。应了解许可或转让的商标批准注册的情况，调查许可或转让的注册商标的"无争议期"，关注许可或转让注册商标的保护期，重视转让或许可的驰名商标。（3）计算机软件版权的评估。应了解计算机软件版权性质，关注有关计算机软件作品的版本，了解掌握软件盗版侵权行为，明确计算机软件版权人及权利范围。

**（四）签订知识产权许可或技术转让合同的对策**

（1）加强对知识产权许可或技术转让当事人资格和资信的

审查。（2）建立合同会审制度。（3）规范合同内容。（4）利用禁止、限制性条款的国际惯例防止许可合同的隐患。（5）充分利用专利文献。

**（五）云南省高技术企业产品出口的对策**

（1）制定应对"贴牌"贸易的对策，注重时间限制、地域限制、卖方主观过错限制和买方客观过错限制，避免发生贸易摩擦。（2）增强对高技术产品的商标保护。（3）重视对专有技术的保护。

**（六）应对发达国家知识产权壁垒与摩擦**

（1）应针对美国的"301 条款"和"337 条款"以知识产权保护制造的技术壁垒和隐性贸易摩擦，高技术企业应加强对实体法和程序法的学习与研究，在一些程序和细节方面保护自己的权利，防范风险。（2）企业应对出口国的知识产权进行调查，避免侵权。尤其是以 OEM、ODM 方式出口的外贸企业，应了解签约的外商是否拥有该产品的商标、专利、版权等权利的证明文件。（3）一旦涉案，要积极、及时应诉，积极寻求达成和解。（4）应建立隐性贸易摩擦预警机制。通过预警信息平台、质量认证体系数据库、咨询服务机制、行业协会以及世贸组织人才培养机制等组成的，预防或减少与技术贸易有关的隐性贸易摩擦的快速反应机制。

**（七）高技术企业加强知识产权管理与保护工作的对策**

（1）制定高技术企业知识产权管理和保护制度。（2）建立知识产权参与收益分配的机制。（3）重视知识产权工作的团队精神。（4）增强知识产权与标准化竞争意识。（5）积极开展创新技术的国际营销活动。（6）重视海外专利权的获取。

# 四、结　论

经过研究，课题组认为，云南省高技术企业知识产权保护意识不断增强，近几年来做了大量工作，尽管还存在不少问题，但正在逐步解决。希望在今后的国际技术交流中，从以下三个方面加强知识产权保护：一是建立、健全高技术企业知识产权保护制度。二是运用营销手段对知识产权进行保护，以提高知识产权商业性，增加经济效益。三是在国际技术交流中，知识产权保护还应重视侵权与反侵权、顺贸易与反贸易、国际贸易摩擦较量方面的问题。

项目名称：云南省高技术企业在国际技术交流中知识产权保护的对策研究

项目负责人：蔡四青

所在单位：云南大学

主要参加人：郑冬渝　张　晋　何积国　邓　铭　胡　婷

结项时间：2007 年 4 月 6 日

政治学・法学

# 城镇社区建设中的政府职能阶段性
# 配置与输出方式研究

该课题从城市社区建设中政府职能配置的视角出发，以云南省城市社区建设的实践为主要研究对象，通过过程分析、比较研究和实地调研，对云南省城市社区建设的实际进展和存在的问题进行了较深入地研究，提出了城市社区建设中应阶段性地配置政府职能的重要观点以及推进城市社区建设的对策建议。

## 一、研究的目的和意义

本研究从城市社区建设中的政府职能配置的角度，以云南省城市社区建设实践为主要对象，通过过程分析、比较分析和实地调研等方法，掌握了云南省城市社区建设的实际进展与主要问题；经过细致深入地分析，提出了阶段性地配置政府职能的重要观点，以及若干针对性的政策建议。

本研究具有重要的理论意义与实践价值。由于我国的城市社区建设是政府主导型的变革，同时又是政府与基层社会权限的再次调整，因而涉及政府管理体制的再次改革。因此，如何定位政府在社区建设中的职能具有重要的学理意义。另外，云南省的城市社区建设起步晚，在学习先进地区社区建设做法的同时，也暴露出一些突出的问题，并突出地体现在社区建设中的政府作用定位不明、发挥不当上。因此，急需进行理论研究以推动云南省社区建设的深入开展。

## 二、研究成果的重要观点及对策建议

### （一）本研究所取得的重要观点

第一，明确当代中国城市社区建设两个方面的基本内容和两个有机结合的建设目标，理清政府与城市社区建设的基本关系。

第二，认为当前中国的城市社区建设实验是政府主导型的社区自治建设，包括云南省在内的西部地区政府在城市社区建设中承担重要作用。本研究从深化政府社会管理的角度对城市社区建设进行探讨，并结合现实指出当前建设中的问题症结所在。

第三，提出必须以城市社区建设的最终目标即社区完全自治为依据，将社区建设作为一个发展的动态过程，以过程来确定政府与社区关系的不同模式，即阶段性的职能配置及输出方式。

### （二）本研究提出的具体政策建议

1. 尽快制定地方性的关于社区建设的法律、法规，使社区建设的相关法律、法规增加可操作性

除了要结合本地情况对社区建设的基本问题做出更为细致的可操作的规定外，还要出台一系列配套的、具有可操作性的政策和规章制度（如社区资源共享的规定），以明确社区工作的职责、范围，理顺与社区工作有关的各政府业务部门之间的关系，使社区建设工作有法可依，"四自"工作有法可循，落到实处。

2. 在深化政府机构改革中，从当地社区建设的具体需求出发，完善政府社区建设领导及机构

实地调查和研究已显示，在度过了城市社区建设的启动阶段后，目前的云南省城市社区建设缺乏有力的组织领导和基于长期

建设的统筹规划，从而使得民政部门在落实社区建设的具体政策时，往往因不能得到其他有关政府职能部门的协调配合而感到力不从心，这样就制约了社区建设的继续深入。因此我们建议，云南省各州（市）、县（区）两级政府可考虑配合地方政府的调整改革，在条件允许的情况下，尽快筹建由当地党委和政府主要领导干部参加的、具有权威性的、专门的社区建设领导机构，并承担两项主要任务：一是根据党中央、国务院和民政部有关方针政策，因地制宜地制定或调整社区建设和发展的规划、政策和措施，引导社区建设工作健康发展；二是在当地党委和政府的领导下，组织、协调、督促各有关政府职能部门，与民政部门分工合作、相互配合，形成合力，共同推动社区建设和发展工作。

3. 改革现有的街居体系，逐步推进"街道体制"向"社区体制"转换

现阶段云南省城市社区建设难以深入的一个症结，就是基层管理中既有的街居体系滞后于社区建设的要求。实际上，在已进行的城市管理改革中，"面向社区，工作重心下移，权随责走，费随事转，责、权、利配套"的工作思路、街道办事处和政府职能部门与社区居民委员会的关系是"指导与协调、服务与监督"的关系已经很明确。因此，如何结合云南省的实际并借鉴国内其他省、区的先进经验进行改革，从根本上转变"权力在上，责任在下"的不合理状况，逐步推进街道体系向社区体系转换，最终建立起与社会主义市场经济体制的基本要求相一致的、符合云南省特点的新型的基层管理体制，是当前必须马上着手开展的一项工作。

从社区的长远发展来看，街道办事处作为政府的派出机构直接参与所辖社区的管理工作只是一种过渡性措施，最终应将社区管理的权力归还居民自治组织，退出必须退出的领域，通过建立

社区管理委员会、社区事务协商制度及居民互助、志愿者、选举社区领导人等活动，培养居民的自治能力，提高居民的参与意识，逐步实现"街道体制"向"社区体制"的过渡。

4. 从国家关于社区建设的基本要求出发并结合本地社区建设的具体目标，改革和完善启动阶段所构建的社区管理体制

从城市基层社会的管理来看，现有的街居体系真正向社区体系转换，除了街道办事处的职能逐步转换外，另一个关键就是确立起真正的新型社区管理体制。调查和研究表明，经过社区建设的启动阶段，云南省已形成构建了城市社区管理体制，但由于多方面的原因，这一管理体制与社区建设的要求相比，更多的是形似而不是神似。这既是导致政府职能错位的一个重要原因，更是社区建设的缺憾。因此，在继续推进社区建设过程中，如何结合国家关于社区建设的基本要求，在探索本地社区建设目标和基层民主基本形式取得结果的基础上，改革和完善已构建的社区管理体制，使其成为形神兼备的新型社区管理体制，就是当前政府推进社区建设的一项重要任务。我们认为，要完成这一任务，在进行配套改革完善社区建设环境、政府在出台相关政策扶持民间组织的基础上，可重点考虑开展以下工作：

（1）明确所形成的新型社区管理体制应该是多中心的管理体制。当前，从参与城市社区管理的政府以外的组织来说，主要是自治组织。城市社区中的自治组织。根据社区建设章程，社区自治组织主要包括社区居民大会、社区居民代表大会、社区居民委员会、社区议事协商委员会、业主委员会等群众性自治组织。但无论是从当前城市社区建设的基本要求来看，还是从当代公共管理的一般趋势来看，社区自治不应该是单中心的，即不应只有承担一定管理职能的自治组织，它应该是社区内各类组织和居民按自己的意愿作出有利社区公共利益的选择。也就是说，社区自

治的参与主体还应有社区中介组织。社区中介组织在我国是一种新兴的社区组织，如社区事务服务站（所）、社区慈善协会、社区老年协会、社区发展基金会、社区志愿者服务协会，等等。社区中介组织的根本特征在于它为社区公益事业服务的非营利性。因此，社区中介组织的出现、存在和发展是社区组织发展的十分重要的方面，是社区兴旺发达的重要标志。

（2）培育社区公共财务体制。逐步形成社区公共财务体制，使社区建设资金充裕是社区建设继续深入一个关键性条件。社区建设启动阶段，政府的投入极大地推动了社区建设快速而顺利的展开。但是，目前却普遍缺乏有计划的财力进行后续投入。由于当前社区自我筹措资金的能力有限，因而我们认为在接下来的一段时期中，政府投入将是形成社区公共财务的一个主要支撑。当然，在这一过程中，除了在有条件的地方可考虑通过政策的优惠扶持社区经济发展，增加社区自主投入从而促进公共财务体制发展外，一方面可考虑逐步引入公共管理社会化的理念，逐步采用政府基层管理即提供必须的公共产品的委托、合同、授权等方式，真正使"费随事转"落到实处，而且，这同时也是培育和扶持社区中介组织或民间组织的一个重要内容；另一方面，可考虑通过相关政策的制定，培育一个良好的社会环境，使驻区单位的资源与社区共享，并促进社会公益意识和公益捐赠等，扩大社区公共财务的资金来源。

（3）完善社区管理的运行机制。一是指导社区自治组织制定社区自治章程。自治组织的自治章程，是自治体活动的规范。其章程应该由全体社区居民或社区居民会议协商制定。但目前，由于社区居民委员会的建立完全是在政府的运作下成立的，因此自治章程是在社区居委会成立后才制定。并且，各社区的自治章程是在由职能部门或街道办事处给出的范本基础上稍加修改形成的，这样的范本集中体现了基层政府对居民自治的范围界定和控制程度。甚至社区居民会议、社区居委会的有关制度、规定也是按以上方法产生的，无法真正体现本社区的特点以及居民的意愿。因此，必须指导自治组织重新制定符合自己社区情况和要求的自治章程。

二是完善社区民主选举。《中华人民共和国城市居民委员会组织法》（以下简称《居民委员会组织法》）规定居民委员会由居民会议选举产生。但在现实中，社区干部的产生一般采用面向社会公开招聘的方法，应聘者通过笔试、面试、政审和体检后，由街道推荐社区，再通过居民代表会议等额或差额选举产生。这种俗称"街聘民选"的做法的好处在于拓宽了居委会干部的来源渠道，使一批有能力的人进入社区居委会，改善了原居委会干部年龄大、文化水平低和工作能力低的状况，被认为是社区建设对社区居委会选举的一种创新。但这种"街聘民选"实际上为街道选派自己满意的人到社区留下了极大空间，同时，也违背了选举权与被选举权对等的选举原则，剥夺了绝大多数社区居民的被选举权，民主选举基本流于形式。因此，必须积极探索，形成既能保证社区干部质量又能体现社区民意的社区民主选举方法。

三是调整政府职能，落实社区自治组织的日常决策权。依据《居民委员会组织法》，"对涉及全体居民利益的重要问题，居民委员会必须提请居民会议讨论决定"，"居民委员会向居民会议负责并报告工作"。这就是说，居民会议是社区公共事务的决策机构，是社区自治的权力中心。但现实中，社区居民会议对社区公共事务的决策权受到来自政府行政机构和社区党组织的强烈冲击，政府组织和社区党组织越过社区居民会议随意对社区居民委员会发号施令，随意摊派工作，社区决策机构——社区居民会议完全被架空，成了摆设。现实中，居民会议一年也召开不了几次，即使能正常召开，也基本上形成不了决议。因此，必须采取措施，落实社区自治组织的日常决策权。

四是探索社区组织的考核激励机制。自治组织的动力包括有形的物质激励和无形的精神激励。目前的社区居民委员会的物质激励和精神激励完全来自于街道办事处和政府各有关部门。政府激励的基础是依靠对社区居民委员会工作的全方位考核，以考核、评比为指挥棒左右居民委员会的工作精力及其投向。当法定的指导与被指导的关系异化为领导与被领导关系后，政府的考核与评价就远比社会的考核与评价重要得多。因此，随着社区建设进入新的阶段后，必须由政府引导和推动，探索面向社区成员、责任机制向下的社区组织的激励考核机制。

## 三、研究成果的价值与影响

本研究取得的成果具有较高的学术价值。关于社区建设过程中阶段性配置政府职能的重要观点已经在课题组成员所发表的13篇学术论文和一部专著中得到很好的阐释，并引起了学界的广泛重视，其中的部分论文被多次引用和转载。

另外，本研究成果也具有较高的政策影响价值。本研究专门提出针对云南省城市社区建设的操作性较强的政策建议，并及时地提交云南省民政厅和昆明市民政局，得到了他们极高的评价，一些建议已经转化为具体的政策和决议。

项目名称：城镇社区建设中的政府职能阶段性配置与输出方
　　　　　式研究
项目负责人：崔运武
所在单位：云南大学

主要参加人：陈家喜　左小麟　方盛举　杨道田　赵春盛
　　　　　　马国平　王　珏　马琼丽　马　桑
结项时间：2006 年 6 月 26 日

# 民族地区家族势力及其政治影响研究

## 一、项目研究的目的、意义

以民族地区家族势力的政治影响作为项目选题，是基于对民族地区村落文化转型和民族政治发展的关注。项目负责人及项目组成员长期从事政治学理论与民族政治研究，已积累了一定的研究基础，希望通过这一项目的研究，初步探索出民族地区家族力量与现代政治冲突与整合的一般规律，进一步深化对民族地区社会转型与政治文明建设关系的认识。同时，借助理论分析与实证探讨，把握民族地区村落家族的现实动态，形成有一定操作性的政策建议，以利于国家及地方政府搞好民族地区的社会控制和政治稳定，建构有利于民族地区经济发展的政治、文化环境。

## 二、成果的主要内容、观点 及对策建议

该项目成果共 18.3 万字，分九个部分，其主要内容如下：

导论部分，首先对家族的概念作了辨析，指出它是一种血缘型组织，一般以父系家长制为特征。家族有一套严格的家族制度，家族文化源远流长。在我国政治制度史上，家族组织从一开始就与政治联系在一起，与乡里制度互为表里。我国基层社会的治理离不开家族精英，乡里家族治理机制是封建国家基层治理的

重要依托。村落家族在当代中国农村政治发展过程中依然是一个重要的变量，研究家族问题具有重要的现实意义。其次，我们就中外学者对我国农村宗族问题的研究作了述评。我国的家族问题不仅是近代以来我国学者关注的重要领域，也激起了欧美人类学学者的浓厚兴趣。特别是近一个世纪以来，中外学者从人类学、社会学、历史学和政治学等多学科视角对我国华北和东南的家族问题进行了探讨，发表了大量有益的学术成果，使本项目研究有了一个良好的学理基础。本课题指出了已有成果存在的一个遗憾，即很少关注西南民族地区的村落家族现象，没有关于这方面的专题研究，而这正是本项目研究的必要性所在。该课题将民族地区家族势力的研究分解为八个相互联系的部分。拟定了每个部分的研究纲要和重点应关注的问题。采用了以实证分析为基础、以政治学分析方法为经纬，汲取相关学科研究方法和经验的综合研究路径。

第一章："民族地区家族制度形成的文化生态分析"。课题组从少数民族文化的多样性与政治文化的特殊性、少数民族地区政治制度的特殊性两个维度分析了形成少数民族家族制度的政治文化背景和制度基础。同时，运用比较方法，将汉族地区家族势力与乡里制度的关系同民族地区家族型政治权威进行比较，以此反衬民族地区村落家族制度形成的特殊政治生态。

第二章："民族地区村落家族的特征分析"。本章由两部分构成，课题组运用当代政治学制度分析法和文化分析法探究了在"民族——宗教——地缘乡土社会"三位一体复合背景下村落家族的文化、制度和行为特征。指出民族地区村落家族在结构上、体制上和文化表征上与汉族家族相似的一面和别异的特性。课题组认为，少数民族家族制度形成于特殊的政治生态下，其制度构造和家族文化具有一定的民族性。正是由于这两方面的原因，加上经济发展的不平衡，村落家族的政治影响和政治能量才表现出一定的族际差异。

第三章："新中国成立以来村落家族的嬗变"。本章以实证分析为主，主要对新中国成立后至改革开放以前新的人民政权对家族势力的遏制和消解进行历史考察。课题将1949年以后新的人民政权对家族制度和家族文化的态度分为三个时期。土地改革时期的政策主要是动摇了村落家族的经济基础；农业合作化时期则通过新的农业生产组织形式来冲击传统的家族组织；人民公社时期（含"文化大革命"时期）则以准军事化的公社体制和所谓"文化革命"的极端形式实施全方位的社会改造，试图以此来铲除家族文化、家族势力等"封建遗毒"的影响。但后来的历史证明，这种高压政治手段的效果是有限的，家族活动虽然在表面上一度沉寂，但其下面依然是暗流涌动。

第四章："改革时期民族地区村落家族的复兴"。成果从两个方面对改革开放以来民族地区村落家族局部复兴的状况及原因进行了透视。首先指出，民族地区村落家族的复兴既有与汉族地区相似的表现，又有相异的一面，具体表现在浓厚的血缘性、形式和内容的多样性、家族关系的复杂性等方面。其次，对民族地区村落家族复兴的一般原因及特殊的经济社会背景作了较深入的探讨。实证性经验解释与规范性逻辑分析的有机结合是本章的一个特点。

第五章："民族地区村落家族的政治影响机制分析"。这部分内容侧重于实证分析。首先指出，家族势力是我国乡村的传统政治调节机制；其次，从当代中国内地汉族地区与边疆民族地区的实证调查材料出发，得出家族势力是当代乡村政治格局中的一个重要变量的基本结论；再次，就家族势力与农村法制建设的关系作了探究，指出家族势力与法制之间的二重关系——既有相互分离的一面，又有相适应的一面，并强调家族势力的消极影响是阻碍当前农村政治建设和法制建设的一个重要因素。

第六章："民族地区与汉族地区家族政治影响比较分析"。成果从以下三个维度对这一问题做了研究：一是经济文化发展差距对家族政治参与的影响；二是政治文化禀赋的族际差异对家族政治参与的影响；三是民族群体政治心理素质差异对家族政治行为的影响。本部分以前面的实证材料为基础，试图从比较政治分析的角度考察家族势力政治影响的族际差异。本部分的特点在于，我们不是单纯地考察家族政治行为族际差别，而是结合可能影响家族势力政治参与的诸多因素进行比较研究。

第七章："家族群体参政对民族地区现代民主法制建设的挑战"。这一章可以说是在逻辑上对前面两章的一个总结，其特点是从理论分析的视角就民族地区家族势力的政治影响作宏观分析。成果首先对家族作用问题上的各种理论分歧作了梳理。其次就民族地区家族与社会政治运行关系进行总体评估。接下来又对家族力量与民族地区村庄政治的互动关系作了理论分析。最后，顺理成章地得出家族势力的非制度性政治参与对于民族地区民主法制建设具有一定的挑战性和破坏性的逻辑结论。本章所使用的一些关键性资料均来自于课题组的第一手调查材料，这使我们的理论分析有了坚实的现实支撑。

第八章："民族地区村落家族的治理对策"。本章是课题研究报告的结论部分。课题组在总结前面各部分的实证分析和理论分析的基础上，进一步探讨了如何在新的历史时期变革传统家族文化和家族组织的问题。我们首先总结了自20世纪以来变革家族势力的得失，从战略上提出了促进家族文化消解的总体性思路。其次，提出了改造与整合家族力量的若干对策，如增加社会资源总量、加快农村城镇化步伐、鼓励农民的社会流动、加强乡村政治体制对村落家族共同体的调控、加强村民自治制度建设、积极推进乡村的文化教育、发展农村社会中介组织等，这些对策既有对学界同仁理论洞见的认可，也有课题组自己的思考。变革村落家族的目标是将"家族人"改造为"社会人"、使家族文化与现代政治文化相融合、家族组织融入现代公民社会。最后，课题组还对民族地区村落家族的未来走势作了前瞻性预测。民族地区的村落家族将逐步趋于消解，家族的功能会逐渐弱化，家族文化最终将变为只有象征意义的符号，但在遏制其消极功能的同时，应当辩证地认识并合理地利用家族的一些积极功能。

## 三、成果的理论价值、应用价值及社会影响

该项目以民族地区的村落家族为主要分析对象，探索不同民族文化、民族性格、宗教信仰支配下的家族政治行为的差异。在分析路径上试图打破过去单一的实证分析或纯粹的人类学分析模式，将政治文化和政治发展作为新的分析构架纳入其中，统领整个研究过程，努力在政治学、社会学和人类学多学科交叉下寻找新的视角，并将整个分析重点置于西部大开发和民族地区社会经济转型的大背景下。这种探索具有重要的理论价值和实践价值。首先，在理论上，它可以拓展和深化政治学对于民族问题和政治发展问题的理论视阈，丰富政治学的研究方法，并有益于正在兴起的民族政治学学科内容的深化和学术视野的展开。其次，将这一成果运用于民族地区的管理实践将有助于国家和民族地区政府正确看待家族组织的社会政治影响；有助于推动民族地区的民主化、法制化和现代化进程，促进民族地区的社会转型、政治发展和社会稳定。课题前期成果的发表已得到学术界和社会一定程度

的认可，成果出版面世后，可望成为中央和地方政府制定民族政策的有应用价值的成果，对推动民族地区的进一步改革开放和现代化建设，构建和谐的民族关系，实施新农村建设战略具有积极意义。

项目名称：民族地区家族势力及其政治影响研究

项目负责人：陈德顺

所在单位：云南民族大学

主要参加人：普永贵　毕跃光　李朝开　周琴芳

结项时间：2006 年 6 月 9 日

# 云南民族自治地方政府依法行政与行政管理体制改革研究

## 一、研究的目的和意义

民族区域自治是中国共产党运用马克思主义民族理论解决我国民族问题的基本政策，是我国的一项基本政治制度。《中华人民共和国宪法》（以下简称《宪法》）和《中华人民共和国民族区域自治法》（以下简称《民族区域自治法》）均对其作出了明确规定。新中国成立以来，民族区域自治制度的施行对提高各族人民当家做主的积极性，发展平等、团结、互助的社会主义民族关系，巩固国家统一，促进民族自治地方社会主义建设事业的发展都发挥了巨大作用。

民族自治地方政府是本地经济、政治、文化建设事业的领导者、组织者和管理者，是《民族区域自治法》及本级人大制定的自治条例和单行条例的实施主体，负有依法、高效管理经济、政治、文化事务的重大责任，因而也是依法行政的主体，在贯彻施行《民族区域自治法》和其他有关法律、法规，以及本民族自治地方人大制定的自治条例和单行条例，对经济社会公共事务实施高效管理，坚持和完善民族区域自治制度的实践中有着不可替代的地位和作用。《民族区域自治法》颁布实施以来，云南全省各民族自治地方政府依据《民族区域自治法》及本民族自治地方的自治条例和单行条例，在对经济、社会事务进行管理的实践中行使职权、履行职责作出了贡献，但是政府的行为离切实依法行政的要求尚有相当大的差距。因此，本课题遵循理论联系实际的原则，采用实证研究的方法，紧密结合各民族自治地方的实际，从贯彻落实《民族区域自治法》的需要出发，深入探讨民族自治地方政府依法行政及其行政管理体制改革，寻求科学的理论用以指导建立运转协调、行为规范、廉洁高效的政府运行机制，促进《民族区域自治法》的全面贯彻落实，最终使全省民族自治地方各级政府在建设中国特色社会主义，加速发展市场经济、民主政治、民族文化，维护民族团结的实践中发挥应有的作用，因而本课题具有较高的学术价值和较大的现实意义。

## 二、成果的主要内容和重要观点或对策建议

课题组由长期在民族自治地方工作的领导干部和长期从事民族自治地方行政管理研究和教学的理论工作者组成，因而成员之间可以优势互补。承担实地调查任务的实际工作者中有的就是少数民族，作为推行民族区域自治制度的组织领导者、宣传者、实践者或参与者，自己与少数民族朝夕相处，对本民族自治地方的实际情况比较熟悉，且有深刻的亲身体验，调查、了解情况及收集资料极为方便。因此，撰写的调研报告内容全面、观点正确，材料翔实、可靠、鲜活，为深入进行研究，取得高质量、高水平的研究成果打下了坚实的基础。而从事民族自治地方行政管理研究和教学的理论工作者都是副高级职称以上的专业技术人员，有着较为深厚的学术积累。

在深入实际调查、收集资料的基础上，课题组坚持以邓小平理论和"三个代表"重要思想为指导，以《宪法》、《民族区域

自治法》赋予民族自治地方自治机关的自治权为核心，主要以民族自治地方人大依据《民族区域自治法》制定自治条例、单行条例的现状和政府依法行政的丰富的实践为重点内容，从跨学科的角度综合运用马克思主义民族理论、《宪法学》、《民族区域自治法学》和《民族自治地方行政管理学》等学科的基本原理和基础理论，采用实证研究的方法着重对政府如何切实依法行政进行了深入研究，最终取得了由《西双版纳傣族自治州依法行政的调研报告》、《楚雄彝族自治州依法行政的调研报告》、《怒江傈僳族自治州行政法治体制改革的调研报告》、《石林彝族自治县行政法治体制改革的调研报告》、《景东彝族自治县依法行政的调研报告》、《镇沅彝族哈尼族拉祜族自治县依法行政的调研报告》、《新平彝族傣族自治县依法行政的调研报告》、《深化民族自治地方行政管理体制改革的调研报告》等14个专题调研报告和《民族自治地方政府依法行政与行政管理体制改革综合研究报告》组成的研究成果。

专题调研报告采用点面结合的方法进行调查，真实反映了全省民族自治地方政府依法行政的客观情况。在实事求是地肯定政府依法行政取得成绩的同时，揭示了尚存的突出问题，并有针对性地提出了解决问题、消除弊端的对策及建议。

《民族自治地方政府依法行政与行政管理体制改革综合研究报告》通过采用定性和定量研究的方法，在对14个专题调研报告和其他民族自治地方有关情况的综合、分析、研究、归纳后，从贯彻落实《民族区域自治法》和其他有关法律、法规、自治条例、单行条例赋予民族自治地方政府的特殊行政管理职权的需要出发，对民族自治地方政府依法行政的现状作出了实事求是的评价。从理论和实践的结合上一分为二地既肯定成绩、总结经验，又找出了各民族自治地方人大作为地方立法机关，修订自治条例缓慢，尤其是制定的单行条例数量太少、质量偏低以及云南尚处在社会主义初级阶段的低层次上，因受行政主体、客体和环境的制约，尤其是受主体素质的制约，各民族自治地方政府离切实依法行政的要求尚有相当大的差距等问题和产生这些问题的原因。同时，进一步探讨了各民族自治地方人大修改自治条例和修改、制定单行条例的重要性和优化行政管理环境的必要性、深化行政管理体制改革的紧迫性以及建设高素质公务员队伍的关键性。并阐明只有通过深化行政管理体制改革，消除体制性弊端形成的障碍，转变政府职能，使政府行为真正实现科学化、法制化、现代化，《民族区域自治法》和其他有关法律、法规、自治条例、单行条例赋予民族自治地方政府的特殊行政管理职权才能得以切实行使，“依法治国，建设社会主义法治国家”的治国方略也才能得以落实。否则，民族自治地方政府依法行政必将成为空话。在此基础上，进而提出了修改、完善自治条例、单行条例体系，提高各族公务员素质，深化行政管理体制改革，完善依法行政方式，健全行政监督机制等科学性、操作性、创新性较强的提高依法行政水平的对策及建议。另外，还针对行政执法直接涉及各族群众的具体权益、直观地决定着政府在各族群众中的形象，提出了规范行政执法行为，加强行政执法队伍建设，进一步推进民族自治地方政府依法行政等措施。

## 三、成果的学术价值、应用价值及社会影响和效益

长期以来，国内法学界和众多实际工作者对《民族区域自治法》的贯彻施行，大多是运用法学理论结合实际进行研究。而本课题则综合运用多种相关学科的基本原理和基础理论，采用

实证研究的方法点、面结合地研究政府依法行政必须做到的几个方面：（1）有法可依——尽快修改自治条例和修改、制定单行条例；（2）有法必依——深化民族自治地方行政管理体制改革，转变政府职能，提高依法行政的水平和效率；（3）优化依法行政环境——深入、广泛、持久地学习宣传《宪法》、《民族区域自治法》和其他有关法律、法规、自治条例、单行条例及规章，使各族群众，尤其是使公务员都知法、懂法、用法。这样综合运用多种相关学科知识从多角度进行研究自然生成了学科杂交优势，从而具有较高的学术理论价值，能够为促进《民族区域自治法学》和《民族自治地方行政管理学》进一步发展、完善发挥一定的作用。另外，因云南是全国所有省、自治区、直辖市中少数民族和民族自治地方数量、类型最多的省份，民族自治地方在全国具有相当强的典型性和代表性，如果为切实推进依法行政而提出的一系列对策、措施、建议能得到有关部门的重视和应用，那么对云南乃至其他省、自治区、直辖市的民族自治地方人大加大地方立法力度并提高立法质量，政府进一步深化行政管理体制全面推进依法行政，促进民族自治地方各族人民和全国人民一道改革，全面推进依法行政，加速全面建设小康社会的步伐，都具有较高的参考价值。

项目名称：云南民族自治地方政府依法行政与行政管理体制
　　　　　改革研究
项目负责人：段尔煜
所在单位：中共云南省委党校
主要参加人：刘文光　何根源　何云葵　毕廷村　周保能
　　　　　　马忠华　田　华　张和映
结项时间：2006年3月4日

# 云南少数民族地区农村政治文明建设研究

## 一、云南少数民族地区农村政治文明建设研究的目的和意义

党的"十六大"提出全面建设小康社会以来，云南少数民族地区农村的物质文明建设、政治文明建设和精神文明建设得到了很大的发展和进步。三年来，云南少数民族地区农村社会的政治文明建设成果累累，村务公开、政务公开基本形成了制度，顺利地完成了村委会的换届选举，极大地推动了农村经济社会的发展，奠定了农村构建和谐社会的基础。"推进社会主义民主的制度化、规范化和程序化，保证人民当家做主。健全民主制度，丰富民主形式，扩大公民有序的政治参与，保证人民依法实现民主选举、民主决策、民主管理、民主监督"[1]，是少数民族地区农村全面建设小康社会政治文明建设的重要目标。完善少数民族地区的村民自治制度，调动广大村民民主参与农村社会的经济发展和社会事务，"发展农村基层民主，促进农村社会主义物质文明和精神文明建设"[2]，是云南少数民族地区农村政治文明建设的集中体现。村民自治制度的建设，有力地促进了农村的政治文明发展。从宏观层面研究村民自治制度，对于贯彻落实党的十六届

---

[1] 《中共中央关于加强党的执政能力建设的决定》，人民出版社 2004 年版。
[2] 《中华人民共和国村民委员会组织法》，人民出版社 1998 年版。

四中全会精神，探索少数民族地区农村政治文明建设的新实践、新举措，全面提升党的执政能力，促进云南农村构建和谐社会具有重要的意义。

## 二、研究成果的主要内容和重要观点或对策建议

### （一）主要内容

"云南少数民族地区农村政治文明建设研究"把完善村民自治制度视为少数民族地区农村政治文明建设的主要内容，按照我国全面建设小康社会的要求，从宏观层次上考察了云南少数民族地区农村实行村民自治、进行政治文明建设的历史进程。主要以政治学视角考察了少数民族地区实行村民自治制度的国家法律、法规与政策的依据以及实行村民自治的社会实践。通过大量的材料数据分析，提炼出了完善村民自治制度的经验，找出了其制约因素和存在的不足。

### （二）重要观点或对策建议

研究项目把完善村民自治制度、少数民族地区农村进行政治文明建设放在国际局势发生新变化、世界科技进步日新月异和经济全球化的发展背景下及国内深化改革、各种社会的利益矛盾突出的环境中进行考察，提出了少数民族地区村民自治将面临城市化、经济结构调整、教育普及和社会稳定发展的挑战，村民面临可持续发展、迅速致富和民主参与能力提高的挑战等问题，有一定的独到见解。研究项目针对少数民族地区农村政治文明建设的实际，提出了完善村民自治、加强政治文明建设的具体措施和建议。

1. 贯彻、落实发展经济是执政兴国第一要务的方针，壮大农村集体经济，为村民自治制度提供强大的经济支撑

在少数民族地区农村贯彻、落实大力发展经济的方针，需要各级政府根据各地经济发展的具体特点和情况，制定特殊的政策，进行分类指导，发展壮大农村集体经济。根据少数民族地区农村社会的经济资源特点与经济发展优势形成的各自特色，对那些社会经济发展落后的地方，国家要给予帮助，各级政府要加大对农村社会基础设施建设的投入，改善少数民族的生存、生活条件，帮助他们树立商品经济观念，帮助他们发展商品经济，解决温饱问题；对那些有一定社会经济基础的后进型发展的地方，各级政府要指导村民建立村级经济合作组织，大力发展少数民族特色经济，壮大集体的经济实力；对那些经济和社会发展基础比较好的地方，政府要提供市场信息服务，促进经济创新，增强经济实力，为完善村民自治制度提供相应的经济支撑。

建议云南省委、省政府建立少数民族地区特色经济发展专项基金，争取国家帮助政策和资金项目的投入支持，加大、加快对少数民族地区特色经济发展的扶持力度。建立、健全专项基金使用的监督检查机制，提高专项基金的使用效益。

建议云南省委、省政府建立少数民族地区特色经济发展指导委员会，促进和加快少数民族和少数民族地区发展。办公室设在云南省民族事务委员会，积极争取国家帮助和对口支援的专项资金，统一领导、贯彻落实云南少数民族地区发展经济、脱贫致富的"一族一策、一山一策和一族几策"等分类指导的特殊政策，促进农村集体经济的发展。

2. 提高认识，加强领导，确保政治文明建设的任务落到实处

深入学习党的"十六大"精神，特别是学习十六届四中全

会精神，加强对农村发展社会主义民主、进行政治文明建设的领导，提高县、乡政府领导干部的素质，解决对村民自治制度认识不足、工作力度不够、工作方法不适应的问题。落实农村发展社会主义民主政治、建设社会主义政治文明的任务。实行村民自治制度是少数民族地区农村全面建设小康社会的重要目标之一，县、乡党委和政府要以"三个代表"重要思想为指导，紧紧围绕农村基层民主政治建设这一目标，坚持与时俱进，开拓创新，改进思想方法和工作作风，深入乡村基层进行调查研究，以改革的精神研究新情况、解决新问题，不断进行新探索、总结新经验，把握村委会选举规律，推动村民自治的理论创新、制度创新、机制创新，把农村政治文明建设的任务落到实处。

建议云南省委、省政府建立农村政治文明建设专项基金，成立村民自治指导委员会、村务公开民主管理工作领导机构，办公室设在云南省民政厅基层政权建设处，统一指导村民自治和促进农村政治文明建设。

3. 加强少数民族地区农村的基础教育，开发人才资源，为政治文明建设提供智力支持

制定、贯彻、落实少数民族地区农村《2003—2007年教育振兴行动计划》，保证2007年少数民族地区农村普及九年制义务教育人口的覆盖率达到85%以上，提高少数民族地区农村人口的科学文化素质，大力开发少数民族人才资源，为政治文明建设提供智力支持。在少数民族地区农村大力宣传终身教育的观念、意识。在少数民族地区农村发展教育的问题上，同样也要采取"一族一策、一山一策和一族几策"等分类指导的特殊政策，建立和完善少数民族地区农村的教育机制，对不同的地区采取不同的教育发展政策。在云南边境地区不断完善"三免费"普及九年制义务教育的制度，采取相应措施，保证初中生的高中升学率

达到50%以上的水平；在云南内地少数民族地区采取政策扶持和法律强制的手段普及九年制义务教育，扩大高中、中专学校和大学的规模；在少数民族山区实行免费寄宿制六年义务教育制度，保证边远山区的农村适龄儿童有书读；在少数民族坝区保证实行九年制义务教育的制度，增加高中、中专学校和大学对少数民族学生招收的数量。

建议云南省委、省政府建立少数民族地区农村教育发展专项基金，争取国家的投入支持，加大对少数民族地区农村教育发展的扶持力度，建立、健全监督机制，保证教育基金的专款专用。建议云南省委、省政府设立人才战略管理委员会，办公室设在云南省委组织部，统一领导少数民族地区农村的人才资源开发工作。

4. 深化县、乡政府政治体制改革，建立良好的农村社会民主发展的政治环境

深化县、乡政府政治体制改革，建立相关的法律措施，建设良好的农村社会民主发展的政治环境。第一，保证少数民族地区各级政府对《中华人民共和国村民委员会组织法》的贯彻执行，保障村民依法行使自治权利。第二，各级党委政府要把促进农村社会基层民主政治发展，保障村民自治权利纳入纪律检查部门和行政监察部门的工作职责范围内。第三，建立村民自治的司法救助途径，把村民自治权利纳入行政诉讼的范围之内。第四，建立、健全社会舆论监督机制，揭露和曝光那些压制民主、侵犯村民自治权的典型案例。

建议建立一支成熟的村民自治工作者队伍和社会各界人士自愿参加的观察者队伍，关心、支持少数民族地区农村的村民自治制度建设，从理论和学术上、政策和法律上、舆论和道义上为保障村民的自治权行使提供援助，促进农村的政治文明建设。

# 三、成果的学术价值、应用价值以及
# 社会影响和效益

云南少数民族地区农村政治文明建设研究项目的中期成果公开发表论文 9 篇：

（1）《中国西南民族地区的家族势力与家族政治》发表于《云南民族大学学报》2003 年第 2 期。

（2）《论中国少数民族社会的跨越发展》发表于《云南民族大学学报》2003 年第 4 期。

（3）《"三个代表"重要思想是政治文明建设的思想基础》发表于《云南民族大学学报》2003 年第 6 期。

（4）《完善村民自治的思考》发表于《社会主义研究》2003 年第 12 期。

（5）《少数民族女性在村民自治中的参与和角色分析》发表于《全国村民自治学术研讨会论文集》（2005 年 5 月）。

（6）《邓小平与全面建设小康社会》发表于《学术探索》2004 年 10 月增刊。

（7）《农村基层民主政治建设的对策与思考》发表于《学术探索》2004 年第 5 期。

（8）《少数民族地方经济持续发展新途径探索》发表于《社会主义论坛》2005 年第 1 期。

（9）《论我国少数民族社会结构的转型》发表于《云南民族大学学报》2005 年第 1 期。

不仅如此，其中有的论文还被国内知名刊物转载，有的还获了奖：

（1）《论中国少数民族社会的跨越发展》被中国人民大学报

刊复印资料全文转载，有的章节被中国人民大学报刊复印资料相关学科存目。

（2）《邓小平与全面建设小康社会》于 2004 年 8 月获得云南省社会科学联合会优秀论文奖。

（3）《少数民族女性在村民自治中的参与和角色分析》于 2005 年 5 月荣获国家民政部"全国村民自治学术研讨会"优秀论文奖。

项目名称：云南少数民族地区农村政治文明建设研究

项目负责人：赵丽珍

所在单位：云南民族大学

主要参加人：杨　泥　李普者　陈德顺　姜　莉　王珊珊

结项时间：2006 年 3 月 16 日

# 云南构建社会主义和谐社会的对策研究

## 一、该项目研究的目的和意义

构建社会主义和谐社会，是党中央根据国际、国内形势的深刻变化，从中国特色社会主义事业的总体布局和全面建设小康社会的全局出发而提出的一项重大战略任务，是在新形势下提高党的执政能力、全面贯彻落实科学发展观、更好地推进我国经济社会发展的战略举措。党中央对此高度关注，对构建和谐社会作了重要部署。2006 年 5 月 15 日，胡锦涛总书记在云南考察时的重要讲话明确提出了"扎实推进社会主义和谐社会建设"的具体要求。云南省委把云南省构建和谐社会的任务提到了重要议事日程，并要求做好调查研究工作。通过本课题的系统研究，把中央关于构建和谐社会的总体部署同云南的实际结合起来，力求用创新的理念、开放的思维、前瞻性的视野和预见性的眼光，提出构建平安、和谐云南的新思路和新办法，拿出全新的调研成果，贯彻党的十六届四中、五中全会和云南省委七届七次全会精神，全面贯彻落实科学发展观，紧紧围绕云南与全国同步实现全面建设小康社会的宏伟目标，突出又快又好发展这个主题，坚持以经济建设为中心，改革开放促发展、统筹兼顾谋协调、齐心协力建和谐，推动经济社会发展切实转入以人为本，全面、协调、可持续发展的轨道，以实现人的全面发展为目标，不断满足人民群众日益增长的物质文化需要，切实保障人民群众的经济、政治和文化权益，坚持发展为了人民、发展依靠人民、发展成果由全省人民共享，开创平安、和谐云南建设的新局面。

## 二、课题研究的主要内容及对策建议

本课题坚持理论联系实际的原则，把胡锦涛总书记在云南考察时所作的"扎实推进社会主义和谐社会建设"重要讲话精神同云南的实际结合起来，从党执政理念的新发展、巩固党的执政地位、全面建设小康社会的战略高度，论述了构建平安、和谐云南的重大意义。

课题实事求是地、客观地分析了构建平安、和谐云南的有利条件。改革开放以来，云南的经济持续、快速增长，经济实力明显增强；各项改革不断取得重大突破，社会事业不断取得新进步；全方位对外开放和区域合作进入新的发展阶段；全省各族人民生活水平不断实现新跨越，全省保持了一个经济发展、社会进步、民族团结、边疆安宁、人民生活水平不断提高的大好局面，为构建社会主义和谐社会奠定了坚实的基础。

课题在深入调查研究、综合分析的基础上，较为全面、系统地阐述了云南改革开放以来在社会结构、经济成分、就业方式、分配形式上发生的深刻变化。即：经济体制从计划经济向市场经济转变；所有制结构从单一的公有制向以公有制为主体、多种所有制经济共同发展的基本经济制度转变；收入分配形式从单一的按劳分配制度向以按劳分配为主体、按劳分配和按生产要素分配相结合的多种分配方式转变；产业结构调整从以农业为主导的经济向以工业和服务业为主导的经济转变；社会阶层结构和利益主体向多元化转变。这些变化，带来了社会利益关系、利益格局的大调整。本课题从云南的实际出发，以大量翔实的数据，客观、科学地分析了云南经济社会发展的形势。即：在当前和今后一个时期，云南省正处于改革和发展的关键时期，这既是云南经济、社会发展的"黄金期"，也是各种社会矛盾的"凸显期"。全省"十五"经济社会发展成就显著，"十一五"开局良好，经济持续健康发展、民族团结，社会总体和谐稳定。同时，必须清醒地看到，云南处于社会主义初级阶段的低层次，改革发展的任务艰巨，各种社会利益矛盾日益复杂，影响社会和谐稳定的问题和深层次矛盾日益突出。即：社会收入差距、贫富差距呈扩大趋势，云南与全国及东部地区的差距、城乡差距、地区差距、行业差距进一步扩大，恩格尔系数高于全国平均水平。社会利益主体日趋多元化，不同的社会利益主体之间，存在着不同的政治、经济利益诉求，有效协调社会各方面利益诉求与关系正是社会主义和谐社会所要解决的一大课题。社会利益矛盾问题突出；就业、再就业面临压力较大；城乡困难群众"看病难、上学难"等问题依然严重；扶贫攻坚的形势严峻，一些地方生态环境恶化、自然灾害频繁；社会治安形势依然严峻，境外敌对势力和"法轮功"等邪教组织的渗透破坏活动猖獗；干部作风问题、腐败等10个影响社会和谐、稳定的问题没有得到根本解决。这些矛盾分别在经济、政治、意识形态等领域表现出来，如果处理不好，就会影响、制约改革发展和社会稳定。因此，为适应云南省经济社会的深刻变化，巩固党执政的社会基础，提高党的执政能力，实现与全国同步建设小康社会的宏伟目标，我们必须扎实推进平安、和谐云南建设。

课题按照胡锦涛总书记在云南考察时关于"扎实推进社会主义和谐社会建设"的重要讲话精神，提出了构建平安、和谐云南的总体思路及原则。即：必须牢固树立和全面贯彻落实科学发展观，以科学发展观统领云南经济社会发展的全局；必须坚持发展党的执政兴国这个第一要务，推动经济社会发展转入科学发展的轨道；必须坚持以人为本，始终把全省各族人民的根本利益作为一切工作的根本出发点和落脚点；必须注重维护社会公平和正义，正确反映和兼顾不同方面群众的利益；必须正确处理改革、发展、稳定的关系。

课题提出了构建平安、和谐云南的 10 个方面的对策建议。即：一是坚持用科学发展观统领全局，保持经济社会又快又好地发展。二是坚持以人为本、执政为民，着力解决好关系群众切身利益的突出问题。抓住"民生之本"，千方百计扩大就业；着力抓好社会保障，使之发挥社会"安全网"和"减震器"的作用；千方百计加大扶贫开发力度，加强社会主义新农村建设。三是积极推进民主政治建设，切实增强人民群众的主人翁意识和创造活力。四是加强社会主义荣辱观教育，为构建和谐社会提供思想保证和精神动力。五是加强社会建设和社会管理体制创新，形成安定有序的社会环境。六是坚持"稳定压倒一切"的方针，切实做好维护社会稳定的工作。七是切实加强生态环境建设，提高抗灾救灾和应对公共危机的能力。八是高度重视党风廉政建设和反腐败工作，巩固构建和谐社会的群众基础。九是高度重视做好群众工作及和谐文化建设，充分发挥宣传思想教育的社会和谐功能。十是进一步提高认识、健全机制，努力把云南省构建和谐社会的各项工作落到实处。

## 三、研究成果的价值及社会效益

该课题较好地发挥了省委政研室在宏观政策综合研究方面的优势，调研力量较强，与省直有关部门和州（市）、县（区）党委政研系统密切合作。调查深入广泛，掌握省内大量的第一手材料，学习、借鉴了外省的新鲜经验，较好地形成了大调研的格局。

课题研究坚持实事求是、注重实效的原则，努力在吃透中央精神、把握云南实际上下工夫，从纷繁复杂的现象中揭示构建和谐社会的本质及其所蕴涵的理论意义，努力把影响和谐社会建设的问题找准，把原因研究透，积极探索符合云南实际的新思路和新办法，增强了课题研究的针对性、实效性和宏观指导性。

该课题思路清晰、论证充分，分析问题透彻、重点突出，对策建议具有超前性和可操作性。课题中提出的"当前影响云南社会和谐稳定的 10 大问题"，引起了云南省委、省政府、省政协领导及有关部门的关注。课题的部分研究成果，直接为起草云南省委七届六次、七次全会报告和省委领导的文稿工作服务，较好地发挥了政策咨询、决策服务的作用。

项目名称：云南构建社会主义和谐社会的对策研究
项目负责人：张翔林
所在单位：中共云南省委政策研究室
主要参加人：杨廷美　祝炳水
结项时间：2006 年 9 月 12 日

# 地方政府机构改革与培育行业协会、中介服务业的理论与政策研究

## 一、成果的意义

在向市场经济转轨过程中，地方政府如何进行改革，如何按市场经济的运作方式恰当而有效地发挥地方政府职能，适时地退出本不该由政府直接经营或管理的领域与行业，依照市场规则培育各种行业协会、中介服务业，无论在我国的经济学界、政治学界还是伦理学界，都是一个全新的课题。因此，从理论层面对这一课题进行经济学、政治学、伦理学、法理学的探讨，充分论证政府职能转变、政府机构改革和发展"第三部门"的必要性，通过政策调研、相关政府部门和社会行业状况的调查与研究，在借鉴西方国家先进经验的基础上，探讨建立我国现代政府管理模式和各种协会、中介服务业发展模式等，无论在理论上还是在实践上，都具有十分重大的意义。

## 二、成果的主要内容、观点和政策建议

### （一）主要内容、观点

1. 本项目对地方政府机构改革及协会、中介服务业的理论进行了较深入、系统的研究

研究是在吸纳了中外学术界已取得的成果的基础上结合我国

260

地方政府机构改革及各种社会组织发展的实际，从经济学、政治学、伦理学、法理学等不同的角度展开的。

（1）在经济学方面，运用公共经济学、公共选择理论、公共财政学、公共管理学等理论对我国政府失效现象即政府行政机构存在的寻租、非经济性导致的政府成本与收益不匹配而造成资源使用在公共领域的低效率、政府决策缺乏科学的判断标准、政府官员缺乏公共管理理念和技能等问题进行了较深入的分析，充分论证了政府机构改革的必要性。政府机构改革的前提是政府职能的转变，为此，该项目从交易成本角度对政府职能转变进行了分析，从市场经济要求廉价政府、人类可持续发展要求廉价政府、社会公众的利益要求廉价政府出发，对政府直接管理企业与企业自主经营、政府管制和市场配置、政府管理与社会管理进行了交易成本的比较分析，得出了政府交易成本高低是政府职能转变和确定政府职能边界的最本质因素的结论。正是因为政府直接管理经营企业所付出的交易成本高于企业自主经营所付出的交易成本；政府在微观经济领域实行的全面管制所付出的交易成本高于由市场配置资源所付出的交易成本；政府对社会的全面管理所付出的交易成本高于由政府和各种社会中介组织共同管理社会所付出的交易成本，这就从经济本质上确定了我国现行政府在职能上的政企分开、政市分开、政社分开的客观必然性。

（2）在政治学方面，任何一种类型的国家政府的行政过程，都希望寻求一种高效、公正的政府治理模式，特别是在现代社会所崇尚的公民社会时代，政府的作用范围也越来越广泛，如维持国家的正常运转，社会的安定团结，人民的安居乐业，推动国民经济的健康、持续发展。政府治理模式将不再是政府单方面的行使权力、提供产品、维护管制、解决社会问题等，而将发展为政府与市场、政府与社会、政府与企业、政府与公民之间的互动过程。一个国家政府与社会各种力量产生的互动能力愈强，愈能产生巨大的推动国家发展的力量。现代国家政府治理，必须融入公民社会制度、结社自由、参政议政制度；政府组织必须提高行政效率，努力降低行政成本，这就要求政府必须不失时机地改革与完善其职能越位或缺位问题及机构重叠与人浮于事问题；不断强化财政预算，精简行政机构，压缩不必要的行政支出，节约政府成本，必须进行政治体制改革与政府行政体制改革。

（3）在伦理学方面，公共行政伦理学认为，快乐与幸福既是个人的人生目的，也是社会全体成员追求的目标，尤其是选择与评价政府的最终标准。好政府必定能够增进"最大多数人的最大幸福"，不仅增进幸福的量，而且提高幸福的质。公众选择好政府的条件是：人民必须愿意接受它；人民必须愿意为保存它而有所作为；人民必须愿意履行由政府要求的义务和职责。这是政府产生的条件，也是政府运行的保证，体现了"最大多数人的最大幸福"。好政府应该有两种职能，一是能够保证公民充分发挥美德与智慧。二是能够使政府机器本身具有良好的构造，以便最好地利用社会资源，实现正当的政府目标。在当今社会，政府行政体系与市场体系是控制社会、影响社会的最大两股力量，政府公共行政与公共管理体系在创造和提升国家竞争优势方面具有不可替代的作用。一个民主的、负责任的、有能力的、高效率的、透明的、受公众拥护的政府行政管理体系，无论是对经济的发展还是对整个社会的可持续发展都是不可缺少的。一旦地方政府机构臃肿、政企不分、官僚主义严重，直接阻碍改革的深入或社会经济的发展时，必须加大改革力度，加快政府职能的转变，还权于市场，还权于社会，大力培育行业协会，发展社会中介服务行业，以充分发挥不吃"皇粮"的经济警察的作用。

（4）从法理学角度看，承认人民天赋权利的不可侵犯性，确立人民权利，通过法律形式加以保障；政府的权力是有限的，必须遵守节制原则；其权力的行使应以维护公民权利为目的，以不侵犯公民权利为界限；人民主权、人民的意愿是政府合法性的唯一来源，政府的一切均需建立在公民的同意之上：人民的权利是通过订立契约才让渡给政府的，政府即因契约而产生，因而必须信守承诺，唯有在授权的范围内方能执行权力，如有逾越，政府将可能遭到有权之人民的推翻；人民服从政府就是服从自己，故人民地位是主动的而非被动的；人民支配政府而不受制于政府；人民支配政府的形式是多样的，例如直接民主、精英民主等，但实质均是参与，只是参与的方式与程度不同；人民应在民主政府下享有充分的自由与权利，达到高度的自治。任何国家、政府及社会均存适时调整的问题，包括政府机构调整、职能调整、政治经济制度调整和法律调整等，这是因为随着社会生产力的发展和社会生产关系的变革，国家政府的调整，将有利于消除对生产力的束缚。

2. 对1999年以来的云南省地方政府机构改革及各种协会、中介服务业发展进行了实证分析

地方政府机构改革已取得了显著成绩：

（1）精简了机构。按照精简计划，省属机构部门精简为40个，昆明市政府机构设置不超过40个，曲靖市、玉溪市、保山市、昭通市政府机构设置不超过30个，县级市、市辖区政府机构设置不超过24个，自治州政府机构设置不超过27个。在人员精简方面，以2000年底云南省委、省政府和省编委下达各地的行政编制为基数，各级精简比例为：地州（市）党、政、群机关行政编制总体精简20%；县和县级市党、政、群机关行政编制总体精简14%；乡镇党、政、群机关行政编制总体精简10%；省级机关行政编制由现有的4 745名减少到2 491名，减少了2 254

名，精简47.5%。市、县、乡机关行政编制由现有的191 145名减少为152 916名，精简20%。

（2）采用数量分析方法，通过对云南省财政支出占GDP的比重及增长、行政管理支出占GDP的比重及增长、行政管理支出占财政收入、财政支出的比重等指标与全国的比较研究，得出了云南省政府机构膨胀的程度低于全国、机构改革初见成效的结论。同时，本课题还采用《昆明市万人民主评议政风行风工作测评》案例，对云南省政府改革进行了定性分析。云南省"第三部门"有了一定的发展：自1982年成立第一家社会中介机构以来，行业协会及社会中介机构的发展已呈现出门类较为齐全、从业人数不断上升的趋势。例如，各类行业协会（学会），经济鉴证类有云南省注册会计师协会、云南省资产评估协会、云南省注册税务师协会和云南省律师协会等；企业类协会有云南省钢铁工业协会、云南省机械工业协会、云南省橡胶协会、云南省医药协会、云南省市场学会、云南省经济技术协会、云南省石油化工协会、云南省交通安全协会等；其他类型的协会有云南省环境保护协会、云南省税务学会、云南省财政学会等。截止到2004年底，社会中介服务机构发展也较快。例如，经济鉴证类社会中介机构：会计师事务所109家、资产评估机构65家、律师机构212家、注册税务师机构22家。从业的执业注册会计师达到了1 478人，注册评估师404人，律师从业人员达到了2 700人，注册税务师从业人员达到了170人。从事科技、人才中介服务的机构，包括各类经济技术协会、云南省生产力促进中心、云南省科技市场、云南省人才交流中心、云南省人才市场等，机构数量也接近30多家，从业人员接近2 000人。

3. 系统和全面地设计了我国现代政府管理模式和行业协会、中介机构的发展模式

在否定我国传统的大政府管理模式的基础上，提出了建立"小政府、大社会"的现代政府管理模式，并从其含义和特征、衡量的指标、模式目标、政府职能的定位等方面，全面论证了"小政府、大社会"模式的基本内容，提出了小政府是一个职能有限的政府、权力有限的政府、低成本高效率的政府、服务型的政府；大社会是一个多元利益集团的社会、社会主体拥有广泛的自治领域的社会、人民拥有充分的政治民主权利的社会。在设定行业协会、中介机构的发展模式上，提出了社团组织与中介机构的主要目标：一是向会员提供最大化的收益，二是为政府履行好一定的社会职能任务。社团组织和中介机构的生成模式在我国有"政府选择"和"市场选择"两种，无论哪一种，政府需逐步放权给社团组织和社会中介组织，保证其组织的独立性、客观性和公正性，从而对社会社团组织、中介行业实行了自律管理模式。社团、行业自律管理的中心是将各类行业协会、学会与政府部门彻底脱钩，各类行业自律组织独立承担起本行业内执业机构的审批、执业人员的考试与资格认定、确定执业范围、监督执业行为、进行组织协调和信息共享以及根据国家法律和法规惩处违法违规行为；充分保障社会中介组织生成的市场性，并扶持该行业的健康成长。

（二）政策建议

对未来我国政府机构的深化改革，发展壮大各种社团组织、中介机构提出了政策思路与建议

1. 提出了政府未来的改革不能再是人员、机构的简单增减，而是政府定位、政府性质、政府职能、政府权限等的全面改革

政府机构改革有一个全新的目标，即"建立公共行政管理体制"。也就是说，政府要成为公共利益的代表，政府要管理的是公共事务，政府提供的是公共的服务，政府要维持的是公共的秩序；改革后的政府，能够受到公众监督。未来的政府应是由无限型转向有限型、由管制型转向服务型、由部门型转向公共型，实现政府决策、执行与监督相分离的公共管理模式。未来的政府改革需实现"四个转变"，即从政府主导型经济向市场主导型经济转变；从优先经济目标向优先社会目标转变；从审批型经济向服务型经济转变；从行政控制型体制向依法行政型体制转变。为此，作为云南省，须与全国改革同步，积极做好政府机构改革向政府改革职能转变的准备工作，从以往的人员、机构的增减的改革中脱离出来，向政府定位、政府性质、政府职能、政府权限的全面改革推进。

2. 在发展壮大社团组织和中介机构方面，应转变政府职能，规范政府与社会中介组织之间的关系，确保中介组织的健康成长

社会中介组织从投资关系、机构设置到执业环境和财务分配，必须与政府部门彻底脱钩，割断与政府和其他企事业单位的"脐带"关系。社会中介组织内部应实行自我管理、自我约束的组织制度，政府有关部门通过制定政府职能转变后形成的业务范围、服务收费标准，以保证社会中介机构的独立经济来源。各行业协会应根据国家有关法律和规章制度制定相应的自律性的制度和办法，并监督实施。

# 三、成果的学术价值和应用价值以及社会影响和效益

## （一）学术价值和应用价值

（1）本课题从理论和实践上，为云南省委、省政府及有关决策部门制定由"政府机构改革"过渡到"政府职能、法制及制度创新改革"提供极具参考价值的理论依据。

（2）本课题为鼓励、支持和引导各种行业协会、社团组织、社会中介服务机构的短期、中长期发展战略提供极具参考价值和指导意义的理论依据。

（3）本课题提出了地方政府、行业协会和社会中介组织的改革模式，并对政府改革模式、行业协会和社会中介组织的目标、内容、方法作出了具体界定，从而为寻求"政府——市场——社会"的最佳结合点提供了制度创新、体制创新方面的理论范式和实际运作模式。

（4）本课题为加快云南省政府机构及其职能改革步伐、提高政府执政能力及加快云南省"第三部门"的发展提供了政策选择思路和操作建议。

## （二）社会影响和效益情况

本课题的完成，将为地方政府已进入关键阶段或攻坚阶段的政治体制、职能机构改革，提供了极具参考价值和理论指导意义的最新成果；为鼓励、支持和引导各种行业协会、社团组织、社会中介服务机构的发展提供了方法论；本课题的意见与建议如能为有关部门所采纳，将大大提高改革的效率，并大大降低政府改革的成本，为建立和谐、健康发展的小康社会作出较大贡献。

# 四、成果的不足和存在的问题

本成果仅从经济学、政治学、伦理学、法理学的角度探讨了政府管理存在的弊端，从而论证了政府改革和"第三部门"发展的必要性，但缺乏对政府管理存在的弊端的历史和文化根源的研究与分析，致使成果的理论深度有所欠缺，也使所提供的理论范式和实际运作模式及政策思路不够完善。因此，我们准备在专著中进行全面补充，以力求成果更完善、更科学。同时，对云南省的实证分析，由于调研资料不全，在一定程度上影响了实证的效果和准确性。

项目名称：地方政府机构改革与培育行业协会、中介服务业
　　　　　的理论与政策研究
项目负责人：张丽华
所在单位：云南财经大学
主要参加人：杨树琪　余　可　汪　冲
结项时间：2005 年 7 月 21 日

# 虚假广告侵权研究

## 一、项目研究的目的和意义

　　虚假广告已经成为我国构建和谐社会过程中的一个极不和谐的音符，已成为社会的一大公害；虚假广告侵权问题也成为一个社会问题。生活中因虚假广告侵权的案件屡见不鲜，这种现象应该引起社会的重视。关于虚假广告侵权问题，学术界尚缺乏系统的研究，许多研究仍然局限于一些表面问题，并没有真正揭示虚假广告侵权的本质，理论上和实践中都倾向于将其作为一般侵权行为来对待。实际上，虚假广告侵权在许多方面都不同于一般侵权行为。虚假广告侵权在许多时候均属恶意侵权，容易造成社会性权益侵害现象。现实生活中虚假广告的泛滥也在某种程度上检讨着我国目前规制虚假广告方面的立法、司法、执法以及监管体制。对虚假广告侵权问题进行系统研究，能够揭示虚假广告侵权的本质，为完善我们的广告立法、司法以及执法工作提供理论依据。同时，对于保护消费者和经营者的合法权益、维护社会公共利益以及遏制虚假广告等都具有重要的现实指导意义。因此，本课题的研究具有一定的理论价值和实践价值。

## 二、研究成果的主要内容和重要观点

　　作为传播信息的一种有效的市场竞争手段，广告越来越为我们所熟知，其巨大的经济效益毋庸置疑。然而，随着市场经济的飞速发展以及竞争的日益激烈，大量"虚假广告"也"乘虚而入"，它们不仅损害了消费者的合法权益，也给正常的市场经济秩序造成了严重冲击。虚假广告侵权的问题越来越受到社会的关注。课题组对虚假广告侵权的相关问题进行了系统研究，研究的主要内容包括：

### （一）虚假广告的基本知识

#### 1. 虚假广告的含义

虚假广告有广、狭两层含义。广义的虚假广告不仅包括商业性的，还包括非商业性的，如公益广告、科普广告，等等。狭义的虚假广告则仅指商业性的。本课题采用狭义一说。所谓"虚假广告"，是指广告主、广告经营者、广告发布者以及广告推荐者为牟取非法利益而在广告中采用欺诈性的手段，对商品或服务的主要内容作不真实的或引人误解的表示，导致或足以导致消费者对其产生高期望值从而做出错误判断的广告。

#### 2. 虚假广告的分类

以虚假广告内容的真实性为标准，虚假广告可以分为两类：第一类是欺骗性虚假广告，也称为"欺诈性虚假广告"。欺骗性虚假广告是一种典型的欺诈行为，因其经常利用媒体面向不特定的社会大众公开发布，因此，此类广告的欺诈具有一定的"公开性"。第二类是误导性虚假广告。误导性虚假广告属于一种有瑕疵的意思表示。我国目前的虚假广告仍然以欺骗性虚假广告为主，说明我国的虚假广告仍然处于"低级"状态。

#### 3. 虚假广告的认定

对虚假广告的认定，可以从"虚假"与"引人误解"两个标准上来把握。即如果广告内容虚假具有欺骗性，无论其是否引人误解，都应当认定为虚假广告，或者是广告只要引人误解，无论其内容是虚假的还是真实的，都应当认定为虚假广告。当然，引人误解的广告其内容往往虚假，而内容虚假的广告也往往引人误解。这个时候，"虚假"与"引人误解"则具有统一性。

4. 虚假广告产生与泛滥的原因

作为一种历史现象，虚假广告的产生与泛滥必然有历史、文化、经济等诸多方面的因素。可以说，利益驱动是虚假广告产生的经济根源，违法成本低是虚假广告泛滥的法律根源，监管体制不够完善、行政监管不力是虚假广告泛滥的体制原因，此外，消费者维权意识薄弱也是虚假广告泛滥的一个重要原因。

5. 虚假广告与虚假宣传以及违法广告的关系

虚假广告与虚假宣传既有联系又有区别。从总体上说，二者属于种属关系。我们既不能把它们合二为一，也不能人为地割裂它们的内在联系。这种关系同样适用于虚假广告与违法广告之间的关系。违法广告包含虚假广告，但又不限于虚假广告。只要广告违反国家相关法律、法规的强制性规定的，均可认定为违法广告。

6. 中外规制虚假广告立法简介

主要介绍了我国、中国台湾、英国、美国、法国、日本等国家和地区规制虚假广告的立法概况，从中可以比较出中外之间的差异，对完善我国相关立法有一定的借鉴意义。

## （二）虚假广告侵权基本问题

1. 虚假广告侵权的含义

虚假广告侵权，即广告主、广告经营者、广告发布者以及广告推荐者由于过错，违反法律规定的义务，为牟取非法利益而发布虚假广告，侵害他人人身权益或财产权益，依法应当承担民事责任的行为。虚假广告侵权有广、狭两层含义。狭义的虚假广告侵权是指虚假广告行为本身构成侵权。例如，虚假广告中广告主假冒他人专利、商标直接构成侵犯他人专利权、商标权的侵权行为。广义的虚假广告侵权不仅包括狭义的虚假广告侵权，而且包括虚假广告结果侵权。虚假广告结果侵权是指虚假广告本身并没有造成消费者人身或财产的损害，但其结果却造成消费者人身或财产的损害。例如，发布虚假医疗广告致使消费者的健康权受损。

2. 名人虚假广告责任研究

我国目前的广告法律、法规尚未明确规定名人虚假广告责任问题，但这并不意味着名人做虚假广告不需要承担法律责任。有行为必有责任，这是名人承担虚假广告责任的法理基础。具体而言，名人承担虚假广告责任有以下依据。首先，名人参与虚假广告违反了民法的诚实信用、公序良俗、禁止权利滥用等基本原则；其次，名人参与虚假广告违反了权利、义务统一性要求；再次，名人虚假广告具有严重的社会危害性；最后，名人从事虚假广告的行为构成侵权。同时，我们从名人与广告主之间的委托合同关系与雇佣关系的角度也可以找到名人承担虚假广告责任的法律依据。当然，考虑到名人在广告法律关系中的特殊地位，名人承担虚假广告责任应限定于其主观上有明显过错，即明知或应知广告虚假仍然代言或推荐的情形。

### （三）虚假广告侵权归责原则

虚假广告侵权一直被视为一般侵权行为，适用过错责任原则。然而，传统的过错责任适用于各类虚假广告侵权案件有许多弊端。实际上，虚假广告侵权在许多方面不同于一般侵权行为，其特殊性催生了过错推定责任。由于虚假广告容易导致严重的社会性权益侵害现象，这就使得其侵权救济不再仅仅是个别加害人与受害人之间的私人性损害赔偿，社会化的责任原理应成为其归责的理论基础。由此，课题组主张对虚假广告侵权在适用过错责任原则的基础上区分不同的主体实行二元归责，即对广告经营者、发布者以及推荐者适用传统的过错责任，对广告主适用过错推定责任。

### （四）虚假广告侵权的损害赔偿原则

同质补偿是民事赔偿责任制度中的一项基本原则。然而，对于许多虚假广告恶意侵权案件，同质补偿原则显现出诸多局限，不能有效发挥法律责任的教育、预防以及制裁功能，将惩罚性赔偿有限度地引入虚假广告侵权领域已具备相应的理论和现实基础。同时，由于虚假广告容易导致个人和社会权益的双重侵害，社会化的责任原理应成为确定虚假广告侵权救济损害赔偿原则时的理论基础。当然，将惩罚性赔偿引入虚假广告侵权领域并非否认同质补偿原则的价值，对于一般的虚假广告侵权行为，仍然适用同质补偿原则，只有对那些恶意侵权行为，才适用惩罚性赔偿。对虚假广告侵权损害赔偿原则进行二元博弈，对于制止日益泛滥的虚假广告行为、保护弱者的合法权益、实现法律的实质正义大有裨益。

### （五）虚假广告侵权的行政救济——基于受害人的角度

虚假广告的泛滥是以损害或牺牲消费者合法权益为代价的。在虚假广告侵权案件中，对于受害人而言，当前的救济模式存在诸多不足，并不能完全救济受害人所受的损害。为真正弥补受害人的损失，应建立一种可行的虚假广告侵权救济框架，赋予受害人有效的权利救济能力。新救济框架就是从法律上确立虚假广告侵权受害人的行政相对人地位、受害人因虚假广告侵权得向行政管理机关提出请求救济的投诉—裁决制度，具体包括投诉—调查—裁决—执行在内的完整的行政管理制度。此种模式以行政裁决理论作为其理论基础。

### （六）虚假广告与欺诈

虚假广告与欺诈的关系的核心在于虚假广告本身是否构成欺诈。依据欺诈理论"四要件说"，首先，虚假广告侵权的相关责任主体主观上存在欺骗或误导消费者的故意。其次，相关责任主体实施了虚假广告行为。再次，消费者因受虚假广告的欺骗或误导而陷于错误判断。最后，消费者基于错误判断而购买或接受了虚假广告所宣传的产品或服务。可见，主观上存在故意的虚假广告行为构成"欺诈"，虚假广告侵权的过程亦即虚假广告构成欺诈的过程。我国《民法通则》、《合同法》以及《消费者权益保护法》（以下简称《消法》）规定了欺诈行为的法律效力或责任，根据欺诈发生的领域，消费者得依《民法通则》或《合同法》的相关规定主张无效、变更或撤销，或依《消法》第 49 条之规定主张双倍赔偿。

### （七）虚假广告领域里的"知假买假"探讨

消费者基于虚假广告的宣传而"知假买假"是否有权利要求双倍赔偿，这与颇具争议的"王海现象"本质相同。学术界关于"知假买假"的争论至今没有定论。争议的焦点在于"知假买假"者是不是消费者以及"知假买假"行为是否符合《消法》第 49 条规定的受欺诈要件。笔者从《消法》的立法目的以及相关规定、法益之保护及违法行为之遏制、民法与经济法之区别、欺诈行为与受欺诈行为之差异的角度进行探讨，主张虚假广告领域里的"知假买假"行为应受《消法》保护，即消费者基于虚假广告的宣传而"知假买假"有权利要求双倍赔偿。

### （八）虚假广告侵权民事责任竞合问题

虚假广告侵权的一个基本特征是容易发生责任竞合。实践中，虚假广告侵权民事责任竞合主要表现为侵权责任与违约责任的竞合、侵权责任与不正当竞争行为民事责任竞合、侵权责任与不当得利返还责任竞合等情形。在侵权责任与违约责任的竞合中，课题组重点研究了违约责任与产品责任或医疗责任竞合问题。侵权责任与不正当竞争行为民事责任竞合的实质为侵权责任与侵权责任的竞合。关于虚假广告侵权民事责任竞合问题，笔者主张实行一种有限制的请求权选择制度，受害人一旦行使其中之一请求权，另一请求权也就当然消灭。具体而言，法律有明文规定的，依法律规定确定责任性质；合同有约定且该约定又不违背现行法律的，依约定处理；法律、合同均无规定或约定的，可依权利人的选择；权利人不选择的，法院可以依对权利人有利的方面决定适用的法律。

### （九）规制虚假广告侵权的法律思考

治理虚假广告是一项系统的社会工程，我们可以从诚信教育、行业自律、社会监督、法律制约等多个方面进行。在众多的治理手段中，法律制约无疑是最直接的一种方式。在虚假广告泛滥的今天，对虚假广告进行"依法治虚"的探讨具有重要的现实意义。

## 1. 美国对虚假广告的规制

美国是世界上对虚假广告规制最为成功的国家之一。美国反不正当竞争和保护消费者权益的权威机构——美国联邦贸易委员会是对虚假广告进行规制的最具影响力的政府机构，其对虚假广告的规制值得我国借鉴。美国法律对虚假广告在严格广告责任制度的同时，还规定了集团诉讼制度和更正广告制度。此外，美国的广告行业自律对虚假广告的规制也产生了积极的社会效果。

## 2. 完善广告立法工作、健全虚假广告法律责任制度

现行的广告法律、法规已不适应广告监管形势的需要，其对于虚假广告的法律责任明显畸轻，《广告法》的严重滞后性与虚假广告的泛滥形成鲜明对比。"依法治虚"，当务之急是要求执法主体有法可依。目前，对有关消费者生活、身体健康的产品或服务的广告监管亟待具体可行的法律支持，对现行《广告法》进行修订已是保证广告业健康发展的当务之急。《广告法》不应只是规范广告市场秩序的法律，规制虚假广告、保护消费者合法权益应该是《广告法》的重要内容。从保护消费者权益的角度来对广告业进行规制，这应该是未来《广告法》修订的基本立足点。

## 3. 完善虚假广告的司法工作

解决虚假广告侵权纠纷的完善的司法体制至少应包含以下内容：第一，有利于保护消费者的合法权益，鼓励消费者积极维权。第二，有利于保护整个社会的公序良俗与公共利益。第三，倡导诚实信用与守法经营，有利于市场经济秩序的良性运行。第四，提高虚假广告行为的违法成本，有效遏制虚假广告。完善虚假广告的司法工作，当前主要应解决以下几方面的问题：首先，完善虚假广告侵权的归责原则；其次，完善虚假广告侵权损害赔

偿责任；再次，对虚假广告侵权实行特殊民事诉讼主体制度，即将虚假广告侵权案件主体资格要件扩大到与本案有间接利害关系的公民、法人和其他组织。还有，对虚假广告侵权的集团诉讼问题进行探讨。最后，对虚假广告侵权的公益诉讼问题进行探讨。虚假广告侵权符合集团诉讼与公益诉讼的条件，对虚假广告侵权行为适用集团诉讼与公益诉讼既有利于保护消费者的合法权益与社会公共利益，也有利于遏制虚假广告，对促进广告业乃至整个市场经济的健康发展大有裨益。

### 4. 加强虚假广告的执法与监管工作

虚假广告的泛滥由多种因素造成，其中执法不严和监管不力是很重要的一个因素。"依法治虚"，当务之急是要求执法主体"有法必依、执法必严、违法必究"，切实加强虚假广告的执法与监管工作。对此，首先要完善行政执法不严或不力的责任追究制度，其次要完善我国的广告审查与监管模式，最后要完善广告行业自律与社会监督工作。

从社会层面上看，消费者权利是一种社会权利，虚假广告侵权不仅是对个别消费者私人利益的侵犯，也是对全体消费者共同利益的侵犯。虚假广告侵权映射着消费者与经营者之间丰富、复杂的法律关系。对虚假广告侵权理论的构建过程，实际上就是对消费者与经营者之间利益博弈的过程。本课题的立论点建立在对弱势群体的易损权益进行充分保护与救济的社会化责任的基础上。虚假广告侵权领域争议的问题很多，因此，有关虚假广告侵权方面的研究也远远不会结束。

# 三、成果的学术价值、应用价值以及
## 社会影响和效益

实践中，有关虚假广告侵权方面的理论争议性问题很多。例如，虚假广告侵权归责时能否适用严格责任原则、虚假广告侵权能否引入惩罚性赔偿、名人做虚假广告是否应承担责任、"知假买假"能否适用双倍赔偿、虚假广告侵权能否采用集团诉讼或公益诉讼，等等，这些争议也是未来司法实务中亟待解决的问题，对上述问题进行系统的研究具有重要的学术价值和应用价值。课题组就相关问题所作的阶段性探讨成果被许多有影响力的期刊或杂志刊载，包括《中国律师》、《中国公正》、《云南财经大学学报》、《扬州大学税务学院学报》、《经济问题探索》、《山西高校社会科学学报》、《社会主义论坛》等。其中，《虚假广告侵权应二元归责》一文被《中国社会科学院研究生院学报》2006 年第 3 期部分转载；《关于"虚假广告"与"虚假宣传"关系的法律思考》一文被北大法律信息网、中国法学会经济法网等网站全文转载。

项目名称：虚假广告侵权研究

项目负责人：于林洋

所在单位：玉溪师范学院

主要参加人：孙学华　马惠娟　孙秀华　朱艳英　郭素华
　　　　　　庚文焰　年　森

结项时间：2006 年 6 月 26 日

社会学

# 全面构建云南城乡社会救助体系研究

社会救助是在政府主导下，动员社会力量参与，对困难人群的生产、生活实施救济和帮助的一项制度，是我国社会保障体系的重要组成部分。它主要包括最低生活保障制度、灾民紧急救助制度、救助性社会福利制度、社会互助制度和服务网络等。进一步完善云南省城乡社会救助制度，对于建立覆盖城乡的社会保障体系、构建社会主义和谐社会，具有重要意义。本课题研究旨在联系云南省实际，分析云南省城乡社会救助体系建设的现状，按照中央关于"逐步建立社会保险、社会救助、社会福利、慈善事业相衔接的覆盖城乡居民的社会保障体系"的目标要求，有针对性地提出建设城乡社会救助体系的对策、措施，以切实推动全省城乡社会救助工作的进程。

课题研究分为三个部分。

第一部分，阐述了全面构建云南城乡社会救助体系的重要意义。构建城乡社会救助体系，是坚持以人为本的科学发展观的必然要求，是全面实现云南小康社会战略目标的需要，是维护困难群众利益的现实需要，是规范各项救助管理、提高救助效益的需要，是加强社会主义精神文明建设的需要。

第二部分，介绍了云南城乡社会救助工作的基本情况。"十五"以来，云南省的各项社会救助制度基本建立，城乡社会救助体系框架初步形成。建立了灾害紧急救援、应急响应和救灾捐助社会动员机制，提升了全省防灾、减灾、救灾工作整体水平；建立和完善了城镇居民最低生活保障制度，将所有符合条件的城镇困难居民纳入了保障范围，实现了应保尽保，制定了低保在医疗、教育、住房、就业方面的优惠政策和配套措施，开展了城市医疗救助试点，提高了保障水平和质量；积极开展农村特困家庭定期、定量救助，探索建立农村最低生活保障制度，加强了农村五保供养工作，实施了农村医疗救助制度，进一步发展和规范了农村社会救济工作；改革传统的收容遣送工作，建立了城市流浪、乞讨人员救助制度，加强了对城市流浪乞讨人员的救助管理。

同时，云南省社会救助工作还存在着一些问题：社会救助没有能够实现城乡统筹，对农村贫困人群的救助需求解决不够；社会救助的项目比较单一，以最低生活需求为主，医疗、教育、住房救助的范围和成效有限；社会救助理念落后；基本生活保障标准的科学性和合理性有待提高；应急救助工作亟待规范，整体水平需要提高；救助项目之间的整体性、协调性不强，救助资源缺乏有效整合等。

第三部分，提出了加快云南城乡社会救助体系建设的指导思想、目标任务、基本原则、工作重点和对策措施。

一、指导思想：坚持以"三个代表"重要思想为指导，按照深化改革、促进发展、保持稳定的要求，以"以民为本，为民解困"为宗旨，进一步完善"政府主导、归口管理、部门协作、社会参与、责任明确"的工作机制，建立以城乡居民最低生活保障、农村五保供养和灾民救助为基础，以医疗、教育、住房、司法等专项救助为辅助，以优惠政策相配套，以社会互助为补充，与经济社会发展水平相适应、覆盖城乡的社会救助体系，更好地维护困难群众的基本生活权益，促进社会稳定和协调发展。

二、总体目标：用三年时间在全省农村建立以最低生活标准、五保供养、医疗救助和教育救助为重点的社会救助制度，在城市建立较完善的最低社会保障、流浪乞讨人员救助等机制。实现社会救助由分散、单一的模式向统一、综合的模式转变。到2010年，在全省初步建立起覆盖城乡、科学规范、运转协调、保障有效的新型社会救助体系。

三、基本原则：城乡统筹，协调发展；衔接配合，形成合力；因地制宜，分类指导；由点到面，稳妥推进。

四、重点工作：当前和今后一段时期，云南省需要在以下几个方面加大工作力度。

——进一步深化和完善城市居民最低生活保障制度，充分发挥低保制度在社会救助体系建设中的基础和核心作用。规范家庭收入核算办法，完善家庭支出调查方法，确保纳入低保的家庭准确无误，应保尽保；完善和规范分类施保；规范低保标准，科学、合理地确定保障水平；完善工作机制，实行规范管理。

——进一步健全灾害应急体系建设，确保灾民得到及时、有效的救助。健全灾害管理应急机制、协调机制、社会动员机制、信息共享机制和监督督察机制；健全和完善自然灾害应急预案体系；加强灾情信息系统建设；进一步提高重大灾害的响应能力；建立、健全灾害管理工作法律、法规体系。

——进一步落实农村五保供养政策，切实做到应保尽保。

——建立、健全农村特困户救助制度，切实保障农村贫困群众的基本生活。

——加快实施城乡医疗救助，帮助困难群众缓解"医疗难"问题。

——进一步完善其他专项救助制度，包括流浪、乞讨人员救助制度和孤儿救助制度、优抚救助制度、教育救助制度、特困群众住房救助制度、法律援助制度、就业援助制度、社会福利救助制度等。

五、政策措施：为加快城乡社会救助体系建设的步伐，需要采取以下政策措施：

——切实转变观念，明确社会救助事业对于保障基本人权、维护社会稳定、促进和谐发展的重要意义。

——加强领导，建立、健全统一的社会救助管理体制和运行机制。建立政府主导、民政主管、部门协作、社会参与的社会救助管理体制；构建起"一个口子上下"的运行机制；加强社会救助队伍建设和硬件建设。

——加快社会救助法制化进程，不断提高救助工作的规范化程度。

——拓宽资金渠道，加大社会救助的资金投入和管理的力度。

——坚持公开、公平、公正的原则，依法对社会救助进行行政和社会监督，切实加强社会救助的监督机制建设。

——弘扬社会互助风气，建立社会帮扶体系。

建立、健全覆盖城乡的社会救助体系，是摆在我们面前的一项重要任务。对于缩小收入差距，扶助弱势群体，维护社会稳定，使全体人民共享改革发展成果，具有非常重要的意义。在认真研究云南省城乡社会救助现状的基础上，提出相应的建议，以切实推动云南加快建设覆盖城乡的社会救助体系，是本课题研究的目的。

项目名称：全面构建云南城乡社会救助体系研究
项目负责人：梁宁源
所在单位：中共云南省委政策研究室
主要参加人：李　军　杨国度　肖创勇
结项时间：2007年3月28日

# 新型农村合作医疗制度中的
# 农民参与机制研究

## 一、项目研究的目的和意义

2003 年启动的新型农村合作医疗制度既是我国农村地区正在施行的一项重要社会政策，也是我国农村社会保障体系的有机组成部分。公民参与是社会政策的基石，新型农村合作医疗制度的健康发展离不开广大农民的积极支持和参与，农民参与机制是新型农村合作医疗制度可持续发展机制不可或缺的组成部分。因此，研究新型农村合作医疗制度中的农民参与机制，不仅可以深化和丰富新型农村合作医疗制度的研究内容，特别是深化可持续发展机制的研究，而且还可以为政府和卫生行政主管部门调整和完善新型农村合作医疗制度的政策提供实证依据，为建立新型农村合作医疗制度中的农民参与机制提供针对性和操作性均较强的政策建议。

## 二、研究成果的主要内容和观点

### （一）农民在新型农村合作医疗制度中的地位和作用

从社会政策学的角度看，新型农村合作医疗制度是一项社会政策，在新型农村合作医疗制度中，农民具有双重身份，他们既是政策主体又是政策客体。总体而言，农民在新型农村合作医疗制度中的地位具体表现为五种社会角色：（1）农民是新型农村合作医疗制度制定的参与者；（2）农民是新型农村合作医疗制度的执行者；（3）农民是新型农村合作医疗制度的评估者；（4）农民是新型农村合作医疗制度的监督者；（5）农民是新型农村合作医疗制度的接受者。正是农民在新型农村合作医疗制度中的重要地位和作用，决定了建立农民参与机制是新型农村合作医疗制度的内在要求。

**（二）新型农村合作医疗试点中农民参与状况的实证分析**

通过对 288 份有效调查问卷的统计分析，关于农民对新型农村合作医疗制度的评价和参与情况，比较重要的研究结论有如下几点：

（1）有 64.58% 的农民在自愿的情况下愿意参加新型农村合作医疗，这说明大多数农民还是支持该项制度的，实施新型农村合作医疗制度具有相当好的民众基础。

（2）有 56.60% 的人认为参加新型农村合作医疗没有得到明显好处，有 50.35% 的人认为参加新型合作医疗没有减轻看病、治病的经济负担，有 52.08% 的农民认为新型农村合作医疗制度的主要受益者是医院。这些调查结果与政府的预期目标存在较大的差距，需要引起我们的高度重视。

（3）有 25.69% 的农民对新型农村合作医疗政策"一点都不了解"，有 63.89% 的农民对新型农村合作医疗政策"了解一点"。这说明还需要进一步加大政策宣传的力度和有效性，进一步提高农民对政策的知晓率。

（4）有 75% 的调查对象希望有专门的农民代表反映自己的意见和要求，但只有 49.31% 的人愿意担任农民代表，二者相差近 26 个百分点。

（5）有 75.69% 的调查对象认为有必要建立农民普遍参加的农民医疗合作组织来维护农民在新型合作医疗中的各种利益，有 71.53% 的人明确表示愿意参加农民合作医疗组织。

（6）关于农民参与新型合作医疗制度的范围选择上，农民希望比较全面地参与新型合作医疗政策的运行过程。排在第一位的是"监督卫生服务机构的药品价格"，占调查对象的 87.50%；第二位是"监督卫生服务机构的服务质量"，占 72.92%。

（7）关于农民参与的方式，农民希望建立自己的合作医疗组织，采取组织化参与的方法维护自己在新型合作医疗制度中的各种利益，农民希望建立沟通机制反映自己的意见和建议，沟通机制需要"架设"在农民——政府——卫生服务机构三方之间；农民希望通过监督方式来约束卫生服务机构的行为，维护自己的利益；农民希望采取公开透明的方式来约束卫生服务机构和合作医疗管理机构的行为。

### （三）新型农村合作医疗制度中农民参与机制的基本框架

新型农村合作医疗制度中的农民参与机制框架由四个要素构成：一是参与主体，包括参与主体的资格确认、参与意识、参与能力和组织模式等；二是参与范围，农民可在新型农村合作医疗政策运行过程中的三大环节（制定、执行和评价）及其相应侧面参与新型农村合作医疗制度；三是参与方式，包括咨询与建议、农民听证会、对话与协商、监督与约束以及举报与投诉等；四是参与目标，包括维护农民的合法利益和维护制度的可持续性两个方面。这四个基本要素在参与机制中分别承担不同的功能，具有不同的作用，它们之间的有机联系与相互作用共同构成农民参与机制的基本框架。

### （四）建立新型农村合作医疗制度的农民参与机制的建议

建立和完善新型农村合作医疗制度中的农民参与机制，需要依靠政府、医疗卫生机构、农民自身和社会力量四方的共同合作与努力，只有通过"合力机制"才能保证农民参与机制的顺利运行和可持续发展。

一是要发挥政府的主导作用。包括政府要深刻理解建立农民参与机制的重要性，加强和深化新型合作医疗政策的宣传，鼓励和支持农民建立独立的参与组织，制定和完善保障农民参与的法规体系。

二是转变医疗卫生机构的服务模式。通过转化我国现行医疗卫生机构的服务模式，从以医院、医生为中心转变为以患者为中心，从由供方驱动转化为由需方驱动，将医生和患者之间的层级关系转变为伙伴关系，同时加强患者的权利和参与，这样必将大大改善农民的就医状况，从而也极大地增强广大农民参与的积极性。

三是提高农民的认识水平和参与能力。提高农民认识水平需要从两个方面入手：一方面要增强农民的权利意识，提高农民对建立参与机制重要性和有益性的认识；另一方面要教育农民解放思想，更新观念"换脑筋"，逐步改变和放弃不合时宜的落后思想。提高农民的参与能力需要经过一个循序渐进的过程，其中最主要的是政策理解与领会能力、语言表达与沟通能力、组织与协调能力、信息收集与分析能力、政策评价能力和政策的监督能力。

四是动员与扩大社会力量的支持。建立和完善新型农村合作医疗制度中的农民参与机制，不仅仅是政府、医疗卫生机构和农民三方的事情，其他社会力量也责无旁贷。这里的社会力量主要是指非政府组织，即第二、第三部门，主要包括企业及企业家、大专院校、志愿者组织、社会政策研究机构和人员以及新闻媒介等。这些社会力量在建立农民参与机制的过程中可以提供多方面的社会支持：智力支持、财力支持、人力支持和舆论支持。

## 三、成果的学术价值、应用价值以及社会影响和效益

本课题的研究成果填补了国内同类研究的空白，不仅使社会政策学中的公民参与理论在新型农村合作医疗制度的研究中得到具体运用和深化，丰富了新型农村合作医疗制度研究的内容与理论视角，而且深化了新型农村合作医疗制度的理论研究，特别是可持续发展机制的研究。本课题的研究成果为建立新型农村合作医疗制度中的农民参与机制提供了富有针对性、操作性和可行性的政策建议，可以为政府和卫生行政主管部门调整和完善新型农村合作医疗制度的政策提供实证依据，对于社会主义新农村建设、和谐农村社会建设和农村公民社会的培育与发展等都具有重要的现实意义。

项目名称：新型农村合作医疗制度中的农民参与机制研究
项目负责人：毕天云
所在单位：云南师范大学
主要参加人：王茂美　唐新民　胡守敬　张曙晖　李　涛
　　　　　　李正彪　王庆玲　罗　华
结项时间：2007 年 6 月 28 日

# 云南边境地区的毒品治理与
# "兴边富民"问题研究

## 一、项目研究的目的和意义

20世纪80年代，毒品问题就已开始困扰云南边境民族地区。近年来，在全球禁毒呼声高涨和各国政府对毒品犯罪严厉打击的压力之下，世界最大毒源地"金三角"的毒枭们为抢夺"最后的黄金"，疯狂冲击"缅甸—云南—广州—香港"的贩毒地下"中国通道"，云南边境民族地区吸毒人数、艾滋病疫情呈急剧上升之势，各民族群众因"毒"致贫、返贫现象日趋突出。如景颇族已出现因吸毒、感染艾滋病导致人口负增长的民族异态发展的严重状况。"金三角"毒品渗透对云南边境民族地区发展的危害，已呈现出新的特点和更为复杂且严重的态势，并对边境各民族的发展和社会安全构成严重危害，甚至对西南边疆和国家安全构成了潜在的非传统安全威胁（突出表现为吸毒和艾滋病传播由边境向内地辐射和蔓延），使我国西南边境民族地区已凸显出与西北边境民族分裂主义问题迥然不同的阻碍民族发展的问题——毒品危害。

本课题基于毒品危害已成为云南边境民族地区发展中的最大障碍这一严峻现实，以云南边境民族地区作为典型个案，将毒品治理纳入对边境民族地区发展问题的研究，对促进"兴边富民"

德政工程在切合云南边境民族地区实际的基础上取得更好的政策绩效具有积极意义。课题的研究成果对云南边境民族地区在科学发展观指导下有效整治毒品泛滥问题，消除社会安全隐患，实现健康、和谐、全面、协调、可持续发展具有重要现实意义。

## 二、研究成果的主要内容和重要观点或对策建议

### （一）主要内容

（1）课题研究首先对云南边境民族地区历史上的烟毒背景和经济社会发展基础进行深入分析（侧重于历史线索的研究）。

（2）对云南边境民族地区近20年来的毒品危害发展走势进行回溯性研究，并作详细的量化分析，为把握云南边境民族地区毒品问题的发展脉络奠定实证基础。

（3）深入调查已由我国改革开放"末梢"转为"前沿"的云南边境民族地区毒品问题的现状、发展趋势及其危害程度，在获得第一手资料的基础上，结合边境地方政府、公安、边防武警的禁毒实践，对既往毒品治理实践举措进行正、反两面的经验总结，对毒品治理与"兴边富民"的互动关系进行研究。具体以实证调研为切入点，以云南边境民族地区"金三角"毒品主要渗入地段（德宏、临沧、西双版纳、思茅等州、市）为重点调查区域，从中选取具有典型意义的县、乡、村作为个案研究对象，尤其注重对已经出现民族异态发展的景颇族地区的典型个案研究（注重现实状况的调查研究）。

（4）对毒品问题困扰下的边境民族地区"兴边富民"政策的落实、修正与改进进行研究，探求云南边境民族地区毒品治理与"兴边富民"的对策。

**（二）重要观点或对策研究**

（1）目前，我国西南边境民族地区的毒品问题与西北边境以突变形式表现出来的民族分裂主义问题迥然不同，它以潜在的量变形式存在，当矛盾积累到一定程度，有可能会以难以遏制的势头爆发出来（如目前云南边境吸毒人群与之密切相关的艾滋病病毒感染人数正潜在地以"滚雪球"的态势增长）。因此，必须高度警觉毒品危害对边境民族地区经济社会发展的巨大消解作用，及早进行未雨绸缪的对策研究。

（2）现实中，云南边境毒品渗透问题的发展速度之快、危害之大，已构成对边境民族地区发展的最大威胁，同时也成为国家富强、民族振兴和社会安定的非传统安全潜在祸患。遏制毒品危害发展势头，应成为今后相当长一段时期内云南边境民族地区"兴边富民"政策的核心内容，并应纳入政策绩效的评价范围。

（3）在国家全面建设小康社会的总体规划中，应充分关注抵御危害整个中国的"金三角"毒源最猛烈进犯的云南边境民族地区各民族发展的政策渴求，尽快研究和制定切实有效的整治"毒"害、"兴边富民"的特殊政策。

（4）在外因推动下，强化边境民族地区毒品治理的内在机制，是彻底根治"毒"害的根本途径。因此，应积极探索云南边境民族地区"内源"性治"毒"的原动力因素，充分调动边境民族抵御和消除毒品危害的积极因素，为"兴边富民"工程奠定强大的内在发展基础。

（5）针对自20世纪80年代以来云南边境毒品危害问题上因"捂"而痛失治控时机的沉痛教训，有必要结合"毒"害整治与"兴边富民"问题，更加强调边境民族地区坚持科学的发展观和正确的政绩观的重要性。

# 三、成果的学术价值、应用价值以及
# 社会影响和效益

本课题基于毒品危害已成为云南边境民族地区发展中的最大障碍这一严峻现实，以云南边境民族地区作为典型个案，将毒品治理纳入对边境民族地区发展问题的研究，研究成果对云南边境民族地区在科学发展观指导下有效整治毒品危害问题，消除社会安全隐患，实现健康、和谐、全面、协调、可持续发展具有重要现实意义；对促进"兴边富民"德政工程在切合云南边境民族地区实际的基础上取得更好政策绩效具有积极意义。并且，本课题研究和探索目前正在呈放射状、如瘟疫般不断由边疆向内地潜在蔓延的毒品危害的治理对策，对于云南乃至整个中国西南边境民族地区在"兴边富民"发展主题中遏止毒品危害，维护西南边疆稳定，保障我国通往东南亚、南亚的大西南国际大通道的安全、繁荣、兴旺，以及我国在增强边境民族地区御、治"毒"能力的基础上，发展与缅甸、老挝等周边国家"安邻"、"睦邻"、"富邻"的关系，具有重要的学术价值。

课题的最终研究成果，能够为党和政府根据云南边境民族地区发展中面临的"毒"害新情况、新问题，对现有"兴边富民"政策做出相应调整或形成新的政策提供政策参考；对云南边境民族地区以科学发展观为指导，治理毒品危害，消除社会不和谐因素，促进经济社会全面发展，建设通往"两亚"和印度洋的西南大通道，发展与缅甸、老挝等沿边境邻国的"安邻"、"睦邻"、"富邻"关系，具有较强的应用价值。

293

项目名称：云南边境地区的毒品治理与"兴边富民"问题
　　　　研究

项目负责人：陆　云

所在单位：云南警官学院

主要参加人：陈新民　杨丽娥　海　江　黄晓平　黄　荣
　　　　　　胡靖勇　武　戈　高　兵　杨娅敏　金　虹
　　　　　　沙　洁　黄泽珊　张爱国　张育勤　和　军

结项时间：2006 年 8 月 11 日

# 独龙江地区天保工程和退耕还林（草）工程的实施对当地居民生计的影响研究

## 一、项目研究的目的和意义

本课题研究的目的是：通过项目的研究来探讨独龙江地区天然林保护和退耕还林工程的实施对当地居民（独龙族）的生计到底产生什么样的影响，是因此而致富，还是走向更为贫困；也是为了关注独龙族这个人口较少的特有民族的可持续发展问题。独龙江地区是一个特殊的特困地区，是一个边境地区。居住于该地区的独龙族是我国人口较少的民族之一，而且是云南省7个人口较少特有民族之一。这一地区的交通、能源、教育、文化等基础设施薄弱，经济社会发展滞后，全乡80%以上的人还没有解决温饱问题。在这样的特困地区，实施这么巨大的工程，到底给当地居民的生计带来了什么影响？选择这一地区作为项目研究点，应具有普遍的意义。

## 二、研究成果的主要内容和重要观点或者对策建议

本课题主要是对天然林保护工程和退耕还林（草）工程在

独龙江地区的实施给当地独龙族居民生计方面造成的影响进行深入的调查研究。研究课题从独龙江地区的概况、独龙江地区天然林保护工程和退耕还林工程的铺开与实施、当地居民对这两大生态保护工程的态度、观点和认识，以及两大生态保护工程的实施对当地居民生计方面所造成的巨大影响等进行探讨，并得出结论。从独龙族生产方式、生活方式、经济收入、耕地、粮食生产和思想文化等方面对其影响进行了深入的调查研究，并提出了符合独龙江地区发展实际和要求的对策建议。通过研究发现，在独龙江地区实施天然林保护和退耕还林工程，有以下几个方面的影响：

（1）生态保护工程实施后，当地独龙族的传统生产方式无法再继续下去而被迫放弃了，而新的生产方式短时间内还未形成，独龙族的生存和可持续发展存在潜在的威胁。

（2）生态保护工程的实施，改变了独龙族的传统生活方式和饮食结构。由于所有的轮歇地全部退耕还林，适合种植于轮歇地的农作物无法保留和种植，饮食结构渐渐单一化，富有民族特色的饮食正在消失。

（3）退耕还林工程实施后，坡度25°以上的耕地全部退耕，耕地播种面积减少，粮食产量减少，粮食自给成了问题。工程到期后，粮食补贴停止，独龙族的温饱问题将无法解决。

（4）生态保护工程实施后，独龙族唯一的经济来源断绝了，新的经济来源还未形成，家庭经济收入逐渐减少，群众的盐、油、穿衣和孩子上学将成为大问题。

（5）生态保护工程实施后，林、畜之争激烈，野生动物（如熊）繁殖很快，经常到庄稼地里践踏庄稼，或者抓吃牲口（如牛、羊和猪）。农民损失大，无法发展畜牧业。

（6）生态保护工程实施后，由于一直沿袭的传统生产方式被放弃，与此相关的传统知识也将面临消失。而且，生态保护工程的实施触及了独龙族的文化心灵和意识形态，一整套的民族文化系统被打破，民族文化面临消失。民族特色的消失，将影响开展民族文化旅游业。

从整个中华民族的全局出发，在西部大开发中，国家实施生态保护工程是一件关乎中华民族整体利益、民族生存与发展、改善生态环境、社会经济可持续发展的战略举措，是一件千秋万代、惠及子孙后代的工程。但是，这样一个目的的生态保护工程在独龙江地区实施后，却给当地居民（独龙族）的生计带来了巨大的影响。生态保护固然很重要，但民族的生计、民族的可持续发展也同样很重要。基于这样的考虑，针对所造成的影响提出了如下对策建议：

（1）尽快寻找新的替代产业，调整产业结构，加快山地农业向旅游业、畜牧业、林果业转换。

（2）结合退耕还林政策，因地制宜地种植一些经济林，作为今后农民的主要经济收入来源。

（3）保护民族文化资源，把民族文化资源作为振兴独龙江经济的重要支撑，大力开发独具特色的民族民间文化资源，以民族文化资源开创旅游业。

# 三、成果的学术价值和应用价值以及<br>社会影响和效益

本课题的研究成果应有以下几个方面的价值和社会影响：

（1）参考价值：天然林保护和退耕还林（草）工程是作为国家和政府的一项政策，作为一个强有力的手段层层下达实施的。而实施的独龙江地区是一个经济、社会、文化等比较滞后、各项

基础设施薄弱、承受能力较弱的少数民族特困地区。所以，天然林保护和退耕还林工程实施后，立即给当地居民的生计造成了巨大影响。当地居民为了贯彻落实此项政策，保护生态，一个民族一直维持的生产方式和生活方式就此被迫放弃了，而新的生计方式还没有找到或者形成。课题通过研究，提出了符合独龙江地区、符合独龙族可持续发展的对策建议。这对国家以及各级党委、政府针对这些地区的发展和居住在该地区的民族的发展，将采取什么样的重大战略部署，或者制定了什么样的相应的决策，具有理论上的参考价值。

（2）提供确凿的实例：独龙江地区生态保护工程实施后对当地独龙族生产方式、生活方式、经济收入、粮食生产和思想文化等方面的影响，可以作为一个典型的例子，供今后少数民族地区可持续发展和社会主义新农村建设决策参考。

（3）示范作用：独龙江地区是一个特殊的地区，它不仅是一个少数民族特困地区，而且是一个边境地区。解决好独龙江地区的生态保护、民族生计的可持续发展问题，将有利于边疆的稳定、民族的团结与边疆社会的和谐以及边疆民族地区经济的可持续发展。但通过研究发现，边疆少数民族特困地区（独龙江地区）生态保护工程实施后，确实给当地居民的生计造成了巨大的影响。目前，当地居民以国家补助的退耕粮食维持生活。如果将来退耕期限一到，国家不采取及时的措施，不给予特殊的倾斜扶持，就可能有灭族、灭种的危险——生计方式都没有了，拿什么来可持续发展呢？所以，可以把独龙江地区作为实例，以探索解决的办法和途径。

项目名称：独龙江地区天保工程和退耕还林（草）工程的实施对当地居民生计的影响研究

项目负责人：李金明
所在单位：云南省社会科学院
主要参加人：郭家骥
结项时间：2006 年 8 月 26 日

# 我国国家安全与西部大开发

## 一、项目研究的目的和意义

国内外理论界有关我国国家安全或者西部大开发的研究成果比较丰富，但是从我国国家安全与西部大开发互动关系的视角去研究西部大开发对我国国家安全的极端重要性的成果目前还没有。我们提出威胁我国安全的主要方向在东部，但是解除我国安全威胁的基础在西部；在目前和今后一个相当长的时期内，威胁我国东部安全的力量很多，但是真正能够起到不战而屈人之兵、实现中国和平崛起的关键在西部。这是其他国内外理论界没有提出过的。本课题着力于从历史与现实、理论与实际相结合的角度，认真探索研究我国国家安全与西部大开发的互动关系；着力于西部大开发对我国国家安全的巨大影响，探索如何推动西部大开发，以增强我国的国家安全。

## 二、项目研究成果的主要内容和重要观点或对策建议

本课题以党的"十六大"精神和科学发展观为指导，以辩证逻辑与历史逻辑相结合的方法、历史与现实相结合的方法、理论与实际相结合的方法、系统互动理论与结构分析相结合的方法以及系统论、控制论的方法，立足当代中国，面向现代化、面向

世界、面向未来，以世界眼光、战略思维，运用马克思主义理论，深入、全面地研究西部大开发对我国国家安全的极端重要性，为我国的现代化建设服务。

西部大开发中的"西部"是一个特定的地理范畴，它由我国的西南五省、区、市（四川、云南、贵州、西藏、重庆）、西北五省、区（陕西、甘肃、青海、新疆、宁夏）和内蒙古、广西以及湖南的湘西、湖北的恩施两个民族自治州组成。西部地区幅员约 685 万平方千米，约占全国总面积的 71%。2004 年末，西部 12 省、市、区总人口约 3.72 亿，约占全国总人口的 29%。西部地区与蒙古、俄罗斯、塔吉克斯坦、哈萨克斯坦、吉尔吉斯斯坦、巴基斯坦、阿富汗、不丹、尼泊尔、印度、缅甸、老挝、越南等国家接壤，陆地边境线长达 1.8 万余千米，约占全国陆地边境线的 91%；与东南亚许多国家隔海相望，有大陆海岸线 1 595 千米，约占全国海岸线的 1/10。我国西部土地广袤，民族复杂，资源丰富，邻国众多，地处欧亚大陆的中心，战略枢纽位置显著。"西部"是一个十分厚重的概念，有着丰富的内涵。说起西部很容易使人联想到广袤的土地、神秘的戈壁、浩瀚的黄沙、梦幻般的文化、令人神往的独特的风土人情……神秘也罢，神往也好，当我们真正掀开西部神秘的面纱时，就会发觉，西部是那样的美丽，那样的苍凉，美丽得让人痛惜，苍凉得令人感到冷峻。

曾几何时，西部也有过人杰地灵的辉煌时期。由于民族众多、文化多样、地肥人勤、多天然屏障而防止了外界的干扰，作为长江、黄河源头和上游的西部地区，乃是孕育中华民族的摇篮，是中华文明的源头，而古"丝绸之路"作为沟通中西文化交流的主要通道，使西部地区成为中国走向世界的第一个前进基地，在中西文化的交流中曾经起到过"筚路开山"的作用。在相当长的历史发展中，西部曾经高居于我国经济的先进地位，是我国政治、经济、文化的中心地带，为中华民族的崛起，西部创造过无数的辉煌。与此同时，西部亦是多民族纷争、融合之地，在中华民族大家庭的形成和巩固过程中，曾经上演过数不胜数的可歌可泣的历史大剧。但是从唐、宋以来，由于诸多复杂的原因，在此后的一千多年里，全国的政治、经济和文化中心逐渐向东南转移，西部除少量条件较好的平原、盆地发展较快外，总体发展水平逐步滞后于全国，特别是滞后于东部沿海地区。

回首历史，西部开发由来已久。开发大西部是我国历朝历代的大战略，一代一代屯田戍边，付出了高昂的代价。新中国建立后，国家对西部倾注了更多的热忱。早在 20 世纪 50 年代，毛泽东同志在著名的《论十大关系》中就强调，要处理好沿海工业与内地工业、经济发展与国防建设的关系。但由于体制和开发思路单一等原因，如此大规模的投资仍未改变西部贫困落后的面貌。尤其是在 1978 年中央提出经济战略的重心转移以后，我国东、西部差距越来越大。为此，邓小平同志在 20 世纪 80 年代提出了"两个大局"的战略思想："一个大局"是沿海地区加快对外开放，较快地先发展起来，内地要顾全这个大局；另"一个大局"是沿海地区发展到一定时期，要拿出更多的力量帮助内地发展，沿海地区也要顾全这个大局。党的第三代领导集体高度重视这个具有全局意义的重大问题，明确提出实施西部大开发是全国发展的一个大战略。从现在起要作为党和国家一项重大的战略任务，摆在更加突出的位置。江泽民同志多次强调实施西部大开发的重大意义。他说："加快开发西部地区，对于推进全国的改革和建设，对于保持党和国家的长治久安，都是一个全局性的发展战略，不仅具有重大的经济意义，而且具有重大的政治和社会意义。"2004 年 7 月 24 日，胡锦涛同志在主持中共中央政治局第十五次集体学习时强调指出："正确认识和处理国防建设与经济建设的关系，是我国社会主义建设中一个带有全局性的重大问题。十六大提出的坚持国防建设与经济建设协调发展的方针，是我们党对国防建设和经济建设内在规律的科学总结。经济建设是国防建设的基本依托，经济建设搞不上去，国防建设就无从谈起。国防实力是综合国力的重要组成部分，国防建设搞不上去，经济建设的安全环境就难以保障。因此，我们在集中力量进行经济建设的同时，必须切实加强国防建设，使国防建设和经济建设协调发展，形成相互促进的良好局面。""我们必须始终把国家主权和安全放在第一位，坚决维护国家的根本利益，坚决维护国家主权和领土完整。""必须从确保国家现代化建设的安全环境和确保国家主权和领土完整的战略高度，全面贯彻国防建设与经济建设协调发展的方针，在经济发展的基础上努力推进国防建设，促进和保证全面建设小康社会宏伟目标的胜利实现。"

深刻领会江泽民同志和胡锦涛同志的讲话精神，我们感悟到实施西部大开发是贯彻邓小平同志"两个大局"构想、实现我国现代化建设"三步走"宏伟目标不可逾越和无法回避的历史环节和重要步骤；是提高我国综合国力，沉着应对多极竞争的国际形势的战略要求；是保持全国社会稳定、民族团结和"强本固边"的根本保证；是形成广阔的战略纵深，进一步提升国家的安全能力的迫切需要；是实现我国经济整体腾飞，保障国家安全和民族复兴的必由之路。因此，这是中国共产党人站在世纪之交、千年之交的历史高度，总揽全局、高瞻远瞩所作出的对历史使命和时代责任有清醒认识，对中华民族子孙万代极其负责的战略决策。这个决策非常及时，是得人心、顺民意的决策。

全书（该研究成果）分为上、中、下三编，共13章。从正确认识我国的国家安全形势、西部地区在我国国家安全中的地位和作用以及全力搞好西部大开发，巩固和提升我国的国家安全三个方面论述我国国家安全与西部大开发的关系。

上编包括序言和第一至第四章。第一章：国家安全的内涵和外延；第二章：云谲波诡的周边形势对我国国家安全的影响；第三章：美国的霸权主义和遏制政策使我国安全面临着新挑战；第四章：我国经济社会发展的梯次状态对国家安全的影响。上编分析了国家安全的内涵，提出国家安全是一种状态、能力，必须在动态中考察国家安全以及考察国家安全利益的基本原则和方法，论述了安全、安全感和安全观和我国国家安全利益的分布，多方面、多层次、多角度地分析了我国所面临的安全威胁，阐明了正确认识我国当前和今后 20～50 年的国家安全形势，对于我国的社会主义现代化建设和中华民族的伟大崛起至关重要。西部开发必须放在国家安全的坐标里来思考和实施。西部开发不仅仅是个经济问题，更是个政治问题、安全问题。它关系到民族的团结、宗教的和睦、社会的和谐、边防的巩固和战略纵深的拓展。如果不把面积约占全国71%、人口约占全国29%、矿产资源占全国50%、可开发水能占全国77.75%的西部地区开发起来，我国的现代化就不可能实现；如果 29% 的人口长期处于贫困状态，不仅目前有效需求不足的问题不可能得到缓解，而且国内市场也不可能得到真正开拓，甚至进出口贸易也要受制于人；如果西部问题得不到解决，全国资源配置的优化、产业结构的调整、工业化进程的加快、生态环境的改善、国家的稳定和安全等一系列问题都将打上一系列问号。西部问题已在国家经济社会发展和维护国家安全等方面中占据着越来越重要的位置。一言以蔽之，西部开发事关我们国家的治乱兴衰、中华民族的存亡荣辱。我们必须从现代化建设全局，从中华民族长远发展和我国国家安全的高度，充分认识实施西部大开发的必要性和紧迫性。

　　中编包括第五至第八章，共四章。第五章：西部大开发有利于我国的国家安全和边疆的巩固；第六章：西部大开发有利于增强我国国力和提升安全能力；第七章：我国西部地域辽阔，开发西部才能形成巨大的战略纵深；第八章：西部大开发是我国经过长期酝酿形成的重大战略抉择。中编比较详细地论述了西部地区在我国国家安全中的地位和作用，提出了西部大开发是增强我国综合国力和提升国家安全能力的必然选择，是实现中华民族和平崛起的必要条件。分析了我国西部在自然条件、人口分布与民族构成等方面的特殊性。从自然条件来看，西部地域辽阔、资源丰富；从民族构成来看，西部地区少数民族人口比例大，具有特殊性、复杂性和敏感性；从经济发展来看，西部地区农牧业经济并存，东、西部经济社会发展具有明显的不平衡性；从历史发展进程来看，西部民族政权几多兴替，与中央政权的关系也是和、战交替存在。我国西部土地广袤，民族复杂，资源丰富，邻国众多，地处欧亚大陆的中心，战略枢纽位置非常重要。可以说，西部地区是我国经济安全生命线之所在，是我国国家安全的战略后方，是维护国家政治安全和社会稳定的重要地带。开发西部有利于扩大对外开放和国际交流，增进我国与周边国家的睦邻友好关系；有利于东、西部地区经济的协调发展和生产力的合理布局；有利于产业结构调整，为国家发展提供强大、持久的发展动力；有利于增进民族团结和保持社会稳定；有利于我国战略资源的合理布局和战略资源的生产储备，形成巩固的战略后方；有利于维护国家的领土和主权完整，进一步提升我国的安全能力。

　　下编包括第九至第十三章，共五章。第九章：加快资源的开发和有效利用，大力提升我国的安全能力；第十章：调整政策，加大投入，促进东、西部经济协调发展，增强国家的凝聚力；第十一章：采取有力措施，尽快形成均衡的生产力布局，夯实国家安全基础；第十二章：高度重视基础设施和生态建设，不断提升我国的安全保障能力；第十三章：在西部大开发中应特别注意发展与周边国家的经贸往来与安全合作。从增强国家的凝聚力、夯实国家安全的基础、提升安全保障能力和大力发展与西部周边国家的经贸往来和安全合作等五个方面论述了搞好西部大开发是巩固和提升我国国家安全的重要方法与措施。西部地区地域辽阔、环境复杂、资源丰富、民族众多、教派林立，在推进全国可持续发展的大格局和国家安全战略目标的构建中，搞好西部大开发，对于推动全国的改革和建设，保持国家的长治久安，不仅具有重大的经济意义，而且具有重大的政治意义。

西部大开发战略的实施主要是西部资源的开发和生产力的管理配置。而在我国人口压力大、人均资源少、人口继续增长和社会经济快速发展对资源的需求日益强烈的情况下，在资源开发引发的生态环境危机、资源全球化以及国际上强权政治和国际政治经济格局的变化中，我国的国家资源安全面临着严峻的挑战，这使西部地区资源的开发与利用不仅成为实现西部快速、持续发展的重要内容，而且成为国家实现可持续发展的重要组成部分，在一定程度上也决定了我国在全球的政治经济地位，并将对整个欧亚乃至全球资源安全产生深远影响。从国内来看，直接关系到扩大内需、促进经济增长，关系到民族团结、社会稳定和边防巩固，关系到东、西部协调发展和最终实现共同富裕，直接影响着国民经济的发展和国家安全。准确地把握西部资源的存量和动态变化，在合理地开发利用西部资源的过程中，实现生产力的优化配置，实现资源开发利用及利益分享的合理化与最大化，是审时度势地制定科学决策、确保国家资源安全和国家安全的必然要求。

# 三、成果的学术价值、应用价值以及社会影响和效益

选题具有原创性或开拓性，应用研究具有针对性和实效性。本课题立足我国的实际来研究我国国家安全与西部大开发；用发展的眼光看待我国国家安全与西部大开发；用适当的尺度来衡量我国国家安全与西部大开发。我国的国家安全与西部大开发是相辅相成、相互促进的互动关系。与周边国家大力发展经贸往来与安全合作，是不战而获安全的重要手段。国家安全，不仅是一种状态，而且是一种能力，是与我国安全休戚相关的国家或地区力量消长的一种互动关系。

本课题研究具有较强的实际应用价值，它对于党和政府制定西部大开发的政策，规划今后我国的国家安全战略具有重要的参考价值。

项目名称：我国国家安全与西部大开发
项目负责人：綦常清
所在单位：中共云南省委党校
主要参加人：费雅君 高 旗
结项时间：2006 年 2 月 15 日

# 自然保护区与当地社区之间在自然
# 资源利用管理中的冲突研究

## 一、项目研究的目的和意义

"自然保护区与当地社区之间在自然资源利用管理中的冲突研究"利用案例比较的方法，对相关利益群体进行深入的调查，采用关键信息人访谈、实地观察、二手资料收集和文献调查，特别是运用参与式的研究方法研究保护区与当地社区之间的复杂的关系模式。该课题的目的和意义是：

（1）从当地人的视角出发，研究保护区周边社区对自然资源的利用的日常实践活动，以及与保护区之间的冲突和多种关系模式。

（2）从政策、土地权属、社会组织结构和制度等层面，分析产生冲突的根本原因。

（3）分析如何协调利益相关群体关系的途径和方法，为政府部门提供相关决策建议。

## 二、研究报告的主要内容

通过案例研究，描述保护区与周边社区之间在自然资源利用中的冲突事件以及相关利益群体在冲突事件中的角色和作用。认

308

定相关利益群体之间的权力关系的类型，进一步分析产生各种权力关系类型的原因，并在此基础上提出了相关的政策建议。该研究的基本框架如下图所示：

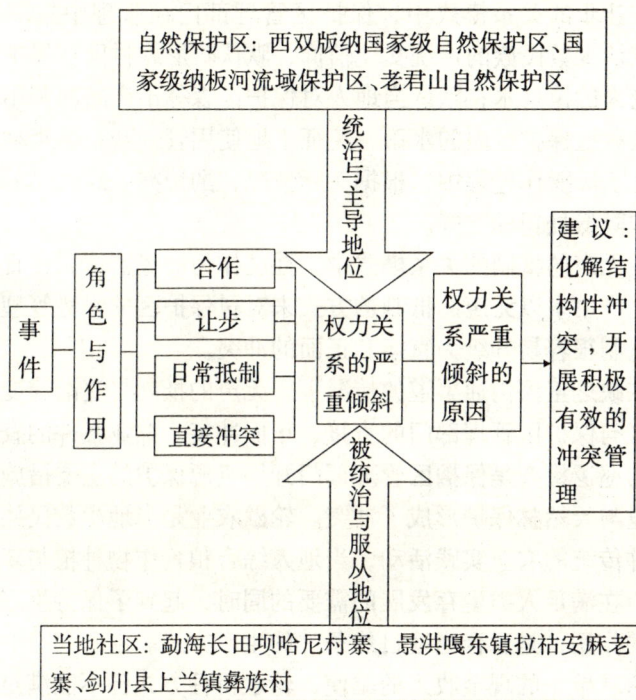

（一）当地社区在利用资源过程中与自然保护区管理部门之间的权利关系呈现出多样的、动态的、复杂的态势

西双版纳地区的少数民族和保护区在利用森林等自然资源的过程中，形成了复杂而多变的关系。他们的关系有从相互之间的让步，到相互之间的合作，也有从当地社区的无声的抵制，到社区与保护区之间的浮出水面的直接冲突。

合作关系主要为：保护区管理部门筹集资金，帮助当地社区解决生产和生活中的实际困难，尝试社区共管模式；当地农村社区组织配合保护区管理部门的工作。

在让步的关系模式中，保护区管理部门在管理中采取了让步，默认少数民族的传统文化信仰，默认哈尼族村民在保护区内砍伐老人的棺材木；默认当地人对保护区森林小产品的利用，允许继续种植保护区内的水田，免征土地使用管理费；在森林案件处罚的实际操作过程中，根据实际情况，酌情减少对村民的处罚数量和降低处罚标准等。

在无声的抵制的关系模式中，社区作为弱势群体，在日常生活和生产中多以无声的抵制的方式来对付保护区的强势管理。无声的抵制很容易升级为直接和正面的冲突。

在缺乏正面沟通渠道的情况下，无声的抵制将逐渐演变成当地社区与保护区管理部门的直接、正面冲突。林业案件的查处和林区的巡逻检查是保护区管理部门开展资源保护的主要措施。轮歇农业与天然林保护形成了冲突。轮歇农业是当地少数民族从事的一种传统的农业实践活动，当地人综合粮食作物种植与森林的利用，在满足人类生存发展的需要的同时，起到了保持生态系统平衡的作用，是适合当地自然条件的生产方式。由于人口的增加以及追求单一的现金收入的驱使，轮歇耕种方式已不能满足当地人的需要，轮歇农业系统的平衡被打破，轮歇周期缩短，轮歇地逐渐变成长耕地，造成当地村民大规模砍伐森林的案件的发生。

当地社区内的人、畜生存发展与保护区内野生动物保护之间也存在着冲突。天然林资源保护政策的实施，使林区内的野生动物数量逐渐增加，对天然林保护区的周边社区构成了威胁。野生动物伤人、伤畜、破坏庄稼的事件时有发生，对当地村民的生命财产构成了很大威胁，带来了一定的经济损失。由于政府补偿资金不足，当地村民得不到应有的补偿，个别村民把愤怒转嫁到野生动物身上，从而发生违反《中华人民共和国野生动物保护法》和《中华人民共和国野生植物保护法》的行为。

农村能源短缺对森林的保护亦构成了压力。农村能源紧张造成自然保护区、天然林保护区、退耕还林区的周边社区与政府部门存在薪柴资源利用与管护的矛盾冲突。根据《中华人民共和国自然区保护区管理条例》，巡山的护林员或保护区工作人员发现并掌握证据后，要对当事人进行严格处罚。

黑户口与自然资源利用权利之间也存在冲突。外来移民的增加，加大了保护区管理的压力。此外，保护区加强管理、实施天然林保护政策后，严重影响了没有正式户口的外来移民的生活和生计。1998年，老君山自然保护区内的天然林禁伐后，老君山保护区彝族社区村民不能上山采集野生菌、挖药材、拾薪柴等，外来彝族村民的经济来源减少，生计受到了严重影响：生活陷入极度贫困、温饱问题得不到解决、儿童辍学率增加，这加剧了保护区核心区内彝族村民与周围社区、林业部门的矛盾。

保护区的建立使相邻社区之间的资源利用矛盾加剧。保护区的建立，打破了当地原有的土地和其他资源利用的格局。在政府的干预下，从保护区内迁移出来的社区与迁移目的地社区之间产生了资源的重新分配，必然导致迁移目的地居民的不满和抵触。因此，相邻社区之间的土地利用纠纷长期存在，且多数无法得到妥善解决。

这些直接、正面冲突，表现了当地人的生存和发展权与国家的森林资源保护和生物多样性保护的法律、政策以及实施法律、政策的国家机构之间存在着矛盾。如何避免抵制和冲突的产生、促进相互的让步和合作的形成，是实现社会和谐发展的关键。

当地社区和保护区管理部门之间的权力关系的极度倾斜。在这一动态的、多变的、复杂的关系网中，当地社区与保护区管理部门之间的权力关系是极端不平衡的，表现在他们之间的合作关系模式中的实质是依附式和雇佣式、非平等的关系；在相互让步的关系模式中，保护区管理部门的做法是避免矛盾激化的理性行为选择，当地村民仍然处于弱势地位，保护区管理部门的让步往往是因人而异、因地而异。这种让步缺乏制度和机制进行保障，因为在法律上，村民的砍树、蚕食保护区土地仍然属于违法行为。弱势群体日常中的无声的抵制行动避免和官方或强势群体发生语言的直接冲突，但却产生严重的后果，动摇或阻碍了法律、政策的正常实施。在不通过谈判的直接冲突中，弱势与强势双方没有了赢家，双方都蒙受了一定程度的损失。当地村民被处以罚款，经济上和精神上都受到损失；保护区投入人力和物力进行立案调查和处罚，法律和政策的合理性也受到质疑和挑战。

在这极端不平衡的关系中，保护区管理部门处于权力关系的核心，占据主导地位，而当地社区处于该权力关系的另一端，处于被支配和服从的地位。事实证明，弱势群体的集体行动，通过沟通谈判，可以争取一定的合法权益，可以实现双赢的局面。

## （二）造成当地社区处于弱势地位的根本原因

造成当地社区成为弱势群体的根本原因是多方面的，其中包括：农村集体和个人财产权得不到保障，特别是社区的森林权属得不到保障；保护政策与当地的发展政策产生了冲突，政府的相关机构缺乏协调，往往以牺牲当地社区的利益为代价；相关政策制定或项目的计划和实施缺乏当地社区的广泛参与；保护区行使的"科学"的自然资源管理方式忽视了当地乡土知识，当地人的生产方式被视为落后愚昧的象征。以上种种原因，造成了当地人在自然资源的利用和分配中被边缘化的结果。

### (三) 对策建议

针对当地社区与保护区之间的权力关系极度倾斜即冲突产生的原因，本研究提出了五条化解结构性冲突、开展积极有效的冲突管理的建议：（1）从根本上化解结构性冲突，针对当地社区组织实行赋权，建立保护区管理部门与当地社区之间对话和沟通的机制；改变从上至下的行政方式，实行权力下放；调整相关法律、法规，保障群众个体和集体的财产权和使用权不受侵犯。（2）开展积极有效的冲突管理，走社区共管的道路，化解社区资源管理矛盾，提高资源的管理效率和公平性；提高社区自我发展的能力，改变当地社区对政府相关机构的依赖关系，减轻对保护区资源的依赖程度。（3）综合当地的乡土知识，促进生物资源的持续利用和开发。（4）建立自然保护区与当地社区相互学习、沟通的机制，开展平等对话，促进交流和沟通，积极探索解决冲突的途径。（5）加强政府部门之间的协调，理顺管理体制。

## 三、成果的学术价值、应用价值以及 社会影响和效益

该课题紧密结合了理论与应用研究范畴，从社会生态学的视角，系统地分析了在自然资源管理和利用中的当地社区与保护区之间的关系。由于当地社区与保护区管理部门的关系的极端不对称，造成自然资源利用和管理缺乏可持续性。相关利益群体的行为和相互关系对自然资源管理和生物多样性保护起着决定性的作用。本课题运用社会生态学理论研究自然资源的可持续管理，在社会生态学的理论建设和应用研究领域做了积极的尝试。

该课题成果具有较强的应用价值。成果中的研究发现可作为

培训的案例，也可以出版发行，作为参考教材。同时，发展机构、保护区管理部门、大学和相关政府部门，可以利用该成果指导实践工作。例如，保护区管理人员在日常管理中，可以全面地认识与当地社区的关系，恰当处理与当地社区的关系，尊重当地社区和人民的权力和利益，改变传统的保护区管理的观念和方式，与当地人合作，获取保护区管理和当地人持续发展的双赢局面。在本研究基础上，提出了相关的建议，提出权力关系的极端不平等是导致结构性矛盾的原因。作者提出了如何解决结构性矛盾的措施，这是有效的冲突管理的基础。同时，还提出了冲突管理有效的、具体的途径，具有现实意义和很强的操作性。

农村社区的和谐发展是"十一五"国家计划的核心任务，当地社区与自然保护区管理部门之间的关系的研究，对于社会主义新农村建设，具有及时、积极的现实意义。

项目名称：自然保护区与当地社区之间在自然资源利用管理
　　　　　中的冲突研究

项目负责人：梁　川

所在单位：云南省社会科学院经济研究所

主要参加人：张体伟

结项时间：2007 年 6 月 28 日

历史·民族学

# 云南少数民族地区全面建设小康社会研究

## ——村寨文化对小康社会的促进作用

### 一、该项目研究的目的和意义

一是整理、归纳村寨文化的内容；二是解析村寨文化对村寨经济发展的作用；三是总结村寨文化对小康社会发展的促进作用。

如此做法是为少数民族地区实现小康社会提供成功经验和模式。

### 二、研究成果的主要内容

研究成果的主要内容共有三个部分：

第一部分：首先对"村寨文化"从内涵上下定义，接着对它作分类，再对它的一般结构作剖析，最后总结村寨文化的社会功能、村寨文化和村寨文明的发展。

第二部分：总结运用哲学、经济学、行政学、民族学和人类学等学科的方法，对村寨文化的特点作调查分析。

第三部分：首先，对"旅游经济"发展类型作了探讨。探讨的方法是从这一经济类型产生的原因谈起。历史的因素有族源因素、宗教信仰因素和经济来源因素；现实的因素有人口状况因素、地理环境因素和生产方式因素。上述因素促成了"旅游经济"的产生。通过定义"旅游经济"，分析勐罕人如何发展"旅游经济"从而所取得的成效，即对小康社会的促进作用：一是优化了产业结构，提高了经济效益；二是促进了人与自然的和谐发展；三是资源利用率显著提高；四是促进了农民增收。

其次，对"非农经济"发展类型作了探讨。探讨的方法是从这一经济类型产生原因谈起。历史的因素有族源因素、传统经济因素（主要是物质文化内容和生产活动模式）及精神文化因素；现实的因素有人口状况因素（主要是周城人口的两个特点）、地理环境因素和生产方式因素。上述因素导致了"非农经济"的产生。这一经济类型的结果，即对小康社会的促进作用具体有三个：一是促进了社会就业；二是加快了现代服务业的发展，提高了第三产业在国民经济中的比重；三是促进了周城的经济活力，提高了经济体系的开放性。

再次，对"补偿经济"发展类型作了探讨。探讨的方法是从这一经济类型产生原因谈起。历史的因素有族源因素和传统的经济来源因素；现实的因素有人口因素、地理环境因素和生产方式因素。上述因素导致了"补偿经济"的产生。接下来是如何定义"补偿经济"、沙甸人怎样抓住补偿的机遇及抓住补偿机遇后对小康社会的促进作用：一是促进了城镇化的发展；二是促进了乡镇企业的发展。

又次，对"机遇经济"发展类型作了探讨。探讨的方法是从一种经济类型产生原因谈起。历史的因素有族源因素、宗教信仰因素和传统的经济来源因素；现实的因素有人口因素、地理环境因素和生产方式因素。上述因素导致了"机遇经济"的产生。接着我们回答了什么是机遇、纳古人怎样把握住机遇从而获得创立和发展的机会：是传统文化中的经济因素发挥作用、以往的运动产生了反作用和民族心理中的进取精神取得了成效。抓住机遇后对小康社会的促进作用：一是优化产业结构，提高经济效益；二是纳古的经济有了活力，经济体系更加开放；三是家庭财产普遍增加，人民生活更加富裕；四是纳古的社会就业比较充分。

最后，对"外出经济"发展类型作了探讨。探讨的方法是从这一经济类型产生原因谈起。历史因素有地理环境因素和生产方式两个因素；现实因素是由于水库和电站的建立影响了农田耕作，在本乡本土不容易发展，从而出现了外出打工、务工和经商的现象。"外出经济"产生后对小康社会的促进作用：一是对经济发展有促进作用（拓宽了经济来源、当地环境逐渐优化和收入逐渐提高）；二是劳动力的转移对小康社会有促进作用（外出人员带动了当地人员生产角色的转换、劳务输出成了新街的支柱产业）；三是外出务工对党建工作有促进作用（成立了流动党支部、发展了新党员和带动了家乡党委工作有力性的增强）。

新街回民乡"外出经济"的哲学分析：一是民族心理中的进取精神；二是民族文化中的重商传统；三是民族价值观的因素。

经济领先的回民村寨的哲学分析：一是传统文化中的经济因素发挥了作用；二是以往运动的反作用产生了作用；三是以往运动对村寨回民传统的经济思想否定的原因；四是以往运动对回民村寨经济产生的作用。

## 三、成果的学术价值和应用价值以及<br>社会影响和效益

一是肯定村寨文化的价值。民族文化的多样性及其中的精华对现在已经发展起来的村寨经济起到了重要作用。当今我们对民

族地区小康社会的全面建设也需要民族文化。本来否定较多的某些民族文化，比如伊斯兰教文化，而它却对一些回民村寨的经济发展起到了推动作用，尤其是对党建、政治建设起到了间接地推动作用。这是我们找到的宗教信仰对小康社会的促进作用的地方。

二是发现村寨文化的发展线索。传统文化是民族村寨存在的基础，经济利益是民族村寨发展的动力。凡是对经济发展有利的村寨文化，就容易存在和发展。相反，对经济发展不利的村寨文化，就难以存在和保留。因此，要保护好村寨文化，关键还在于发现它对经济发展和小康社会的有利性一面，由此去发展某些我们所需要的村寨文化。

由于总结出上述的学术观点，也有一定的应用价值，从而得到了一些民族地区基层领导的认可和支持，由此使自己的研究能够深入下去，逐步获得了一些相关成果。比如两个课题：西南民族学会课题——怒江水电开发与民族文化的保护繁荣；云南省教育厅课题——云南民族村寨调查。一批研究成果：（1）论文《滇南回民村寨经济发展的历史文化分析》发表于《云南民族大学学报》2003年第4期（核心期刊）；（2）论文《怒江水电开发与民族文化的保护繁荣》发表于《贵州民族研究》2005年第4期（核心期刊）；（3）专著《云南民族村寨调查》由云南民族出版社2004年5月出版。参加了一次全国学术会议：三江水能资源开发与环境保护研讨会。其中，《云南民族村寨调查》一书，现已作为云南民族大学通识课教材，至今使用了两年多，每学期都有300名多学生选修，学生积极参与学习，反映较好。上述成果为云南民族大学2004年获得5个硕士点作出了贡献；2005年2月，本人使用这一批成果又领衔申报了"马克思主义思想发展史"硕士点。

项目名称：云南少数民族地区全面建设小康社会研究
    ——村寨文化对小康社会的促进作用
项目负责人：姚顺增
所在单位：云南民族大学
主要参加人：冯可汉　洪崇文　胡光定　左邱宇
结项时间：2006 年 6 月 17 日

# 云南特色文化

　　由云南省社会科学界联合会袁显亮同志主持完成的云南省哲学社会科学规划2005年度重点课题"云南特色文化"于2006年2月6日通过鉴定验收。该课题紧扣云南省委、省政府提出的建设民族文化大省的重大战略举措，按照科学发展观的要求，着眼于云南文化的个性与特色，在对云南特色文化的地理分布、历史渊源和演变过程进行深入细致的调查研究的基础上，分别从历史文化、民族文化以及地域文化等三个方面对云南特色文化进行了较为全面、系统的分析和叙述，从中华文化的共性中透视出云南特色文化的特质和特征，充分揭示了云南特色文化的历史价值和社会价值。课题在归纳、整理云南文化的类型及其内容的基础上，积极探索云南特色文化的开发思路，提出了保护和开发、利用云南特色文化的各项具体措施。该课题对人们认识和把握云南文化的特色，进一步研究、保护和开发云南民族文化资源，加快云南文化产业发展具有十分重要的理论价值和实践价值。

　　课题研究认为，历史上的彩云之南，一直被认为是蛮荒之地，其真实面目鲜为人知；如今的云南，已经名声在外，是人们向往的旅游胜地。但大多数人对云南的认识，多半还停留在"四季如春"、"植物王国"、"动物王国"等一类笼统的概念上。即使是已经到过云南旅游的海内外宾客，也多半是被直观的自然风光和民族风情所吸引，对云南魅力的真正精神内核——滇云文化，却还知之不多。而云南的魅力，不仅在于秀丽的自然风光、宜人的气候、众多的民族，更重要的还体现在深厚的历史文化底蕴和多姿多彩的民族文化上。云南秀丽神奇的自然景观，也有其丰富的文化内涵。人与自然的融合、多元文化的共存、历史与现实的链接，构成云南文化与众不同的特点。因此，对云南特色文化的研究，从纵向来看，要发掘云南几千年历史积淀下来的各种类型的文化；从横向来看，要理清云南现存的多样性民族文化；从纵横交错的结合点上来看，要探寻云南民族和历史交融的地域文化。这三个层面的交融充分体现了云南文化的特性。

课题研究认为，云南民族文化的突出特点主要体现在三个方面：

一是地域文化的多元性。云南地处祖国西南边陲，周边与东南亚、南亚各国相邻，与西藏、四川、贵州、广西等省（区）山水相连。因此，云南文化是在中原华夏文化和东南亚文化以及藏传佛教的交汇点上形成的。它的本土文化（包括各少数民族的原生文化）和这些周边文化的交融，形成了多元文化并存的格局，最显著的有儒、道、佛各家文化的并存，多民族文化的并存，原生态文化与现代文化的并存，等等，使云南文化百花竞放、百态千姿、异彩纷呈。

二是民族文化的多样性。云南有 25 个少数民族，不同的民族不仅具有本民族总体上的文化，还具有不同支系的亚文化。每一种民族文化现象的外在特色，都是这个民族文化内容的具体表现，其形态神奇美妙，异彩纷呈，充分体现了云南文化民族特色浓郁，众多少数民族文化多元共生、多元并存、多元一体的特点。云南的民族文化是真正的特色文化。

三是历史文化的独特性。云南特定的历史条件产生了具有鲜明地方特色的文化现象。例如，史前文化、古滇国文化等，虽然书面文献不多，但大量出土文物，充分体现出云南历史上有过辉煌的文化。到南诏、大理国时期，由于中原内地汉文化的大量输入，加上周边国家文化的影响，出现了云南历史上的一段独特而辉煌的文化，即南诏、大理国文化。以后，元、明、清各个朝代，随着社会的发展变化，在汉文化与各少数民族文化的进一步交融中，产生了极具地方特色的文化现象。诸如白族的三月街绕三灵、彝族的火把节等节日文化。从云南的历史文化的发展可以看出民族原始文化和汉文化融合的历史轨迹。

该课题最终研究成果是一部约 100 万字的专著，分为上、中、下 3 篇，共 34 个专题。上篇为"云南历史文化篇"，包括 12 个专题，即史前文化、崖画文化、神话文化、古滇文化、爨文化、南诏大理文化、驿道文化、移民文化、土司文化、哀牢文化、护国文化、抗战文化。中篇为"云南民族文化篇"，包括 14 个专题，即生态文化、生葬文化、婚俗文化、原始宗教文化、乐舞文化、服饰文化、节日文化、工艺文化、毕摩文化、本主文化、梯田文化、贝叶文化、东巴文化、建筑文化。下篇为"云南地域文化篇"，包括 8 个专题，即金石文化、书画文化、戏曲文化、饮食文化、茶文化、医药文化、名人文化、西南联大文化。

项目名称：云南特色文化

项目负责人：袁显亮

所在单位：云南省社会科学界联合会

结项时间：2006 年 3 月 26 日

# 云南民族关系的历史经验

## ——民族与阶级、多样与统一

## 一、本项目的主要内容

### （一）民族就是民族

"正确认识和处理民族关系的前提，在于认识民族与阶级的关系。"这是新中国建立以来云南民族关系发展的重要历史经验。

新中国建立后，云南民族关系的发展有一段黄金时期。之所以成为黄金时期，是因为在指导思想上正确地认识了民族（民族关系）与阶级（阶级关系）的关系。这一时期中，一方面引入了阶级观点，用阶级观点来看民族（民族关系），认识到阶级关系是社会的基本关系，民族关系受其制约和决定；另一方面，并不否定民族关系与阶级关系的差别，肯定"民族"是不同于"阶级"的另一个社会基本范畴。而在"文化大革命"的 10 年及"文化大革命"前的 10 年中，民族关系受到了伤害，则是因为在指导思想上把民族与阶级视为现象与本质、表现与实质的关系；即认为，从实质和根底来说，社会只有阶级（阶级关系），民族（民族关系）不过是它的现象与表现。本课题认为，不论在什么情况下，民族与阶级、民族关系与阶级关系都是两个系列的范畴。当然，两个系列之间是有关系的，特别是，当一方成为主要矛盾或主要的矛盾方面时，会支配或决定另一方面，但是，无论如何都不能认为阶级（阶级关系）是实质、是根底，民族（民族关系）是现象，是枝节。笔者认为，阶级有它的现象和本质，民族也有它的现象和本质，民族（民族关系）的本质在民族自身之中；民族就是民族。

### （二）对多样性的宽容

无论在历史上还是在现实中，云南民族关系的重要特点都在于众多民族的共存及多样文化的共存。为什么能形成这种多样共存的格局呢？在这个问题中，包含着云南民族史可能给人类提供的重要历史经验。因为，如何实现千百个民族在地球上的和谐共处，如何保护、传承和丰富文化多样性，已是当代人类面临的严重挑战和不可推卸的历史责任，人类迫切需要从历史资源中发现和认识这方面的所有经验。云南各民族所提供的可贵经验是什么呢？笔者认为首先就是宽容：对文化多样性的宽容，对民族差异的宽容。在云南两千余年的民族史中，贯穿着政治上的宽容和文化（如宗教）上的宽容。云南各民族何以能相互宽容呢？一是不得不宽容。就是说，客观条件（云南的自然、历史条件）决定了人们只能宽容。二是云南各民族选择了宽容。就是说，在既定的自然历史条件下，人们可以根据自己的价值观、世界观、历史观等思想观念，作出不同的选择。云南各民族根据自己特定的价值观、世界观、历史观选择了相互宽容（以宽容的态度来处理相互关系）。对此，本文作了简要的回顾与总结。

### （三）多元一体——中华民族的内在结构

在漫长的历史发展过程中，民族和文化的多样并未导致云南各民族的离散和分裂，他们对中华民族和统一的多民族祖国有强烈的内聚力和认同感。这是云南民族关系更为重要的一个特点。为确证这一特点，本课题对秦汉至明清的云南古代史以及鸦片战争以来的云南近现代史进行了简要的考察。根据史实，对上述特点做出了实事求是的论述。并进而指出，在历史与现实中，云南各民族既显示出民族与文化的多样性，又表现出中华民族的凝聚力和认同感。从民族关系来说，即表现出多元一体的关系（结构）。这种多元一体关系（结构）既是历史事实，又是历史经验。因为，它是云南各民族在既定的自然、历史条件下作出的又一正确选择。为说明这一论点，本课题既分析了云南各民族参与建构中华民族多元一体结构的自然、历史条件，同时，又对云南各民族融入中华民族多元一体结构的思想基础——价值观、世界观、历史观进行了简要的分析。

## 二、本成果的价值、意义

云南是我国多民族的缩影，是中华民族多元一体结构的典型。总结云南民族关系的历史经验，对于理解我国统一的多民族国家何以形成并且持续地存在两千余年以及今后如何巩固这种统一，具有重要的理论和实际意义；对于理解中华民族多元一体结构的形成和发展以及如何增强中华民族的凝聚力，具有重要的理论和实际意义。

如何正确处理不同民族之间的关系以保持世界的和平与发展？如何保护与发展文化多样性？这些，都是当今人类所面临的重大问题。云南是世所少有的多民族、多文化和谐共存的地区，总结这方面的历史经验无疑对世界各国人民都是有意义和价值的。

本课题研究认为，云南民族工作的历史经验就在于证明了不论是阶级存在的情况下，或者消灭了阶级的社会主义社会中，民族与阶级、民族关系与阶级关系、民族斗争与阶级斗争、民族问题与阶级问题，都是两个系列的范畴。当然，两个系列之间是有关系的，甚至当一方成为主要矛盾或主要的矛盾方面时，会支配或决定另一方的性质和发展方向。但是，无论如何都不能认为阶级（阶级关系）是实质，民族（民族关系）是现象（表现）；阶级（阶级关系）是根底，民族（民族关系）是枝节。或如魏晋玄学所谓一个是"本"，另一个是"末"；一个是"母"，另一个是"子"。云南民族关系的历史经验证明：即使在1950—1956年以土地改革为中心的激烈的阶级斗争中，民族（民族关系）虽与阶级（阶级关系）相互作用和影响，但它仍保持着独立性，不能把它归结为后者；民族（民族关系）的实质在哪里呢？不在阶级之中，而在民族自身之中。民族就是民族，它有它的实质，也有它的现象（表现），必须把它作为社会历史观的独立的基本范畴来理解。应当说，中华人民共和国建立以来，云南民族工作以及云南民族关系史对我们有启发的历史经验，就在这里。

项目名称：云南民族关系的历史经验
——民族与阶级、多样与统一
项目负责人：伍雄武
所在单位：云南师范大学
结项时间：2005年7月21日

# 云南民族地区小城镇特色文化建设研究

## 一、该项目研究的目的、意义

**（一）目的：文化建设是小城镇发展的精髓、核心、凝聚力**

进入 21 世纪，面对新形势和新条件，党的"十六大"报告把全面建设小康社会确定为我国社会主义现代化建设的主要任务，并把加快城镇化进程作为推进社会主义现代化建设及今后工作的一个极为重要的方面。城镇化不但是解决农村富余劳动力的途径，也是提高社会总体水平的重要标志，没有不走城镇化而发展起来的现代化。城镇不但是经济运行的重要场所，同时也是文化的中心。城市化水平越高的城镇，文化、教育越发达，文化、教育设施越完善，城市经济实力也就越强。这一相互依存的关联关系，已为世界众多的城市所证明。没有文化品位和文化特色的小城镇，终将经不住历史的考验。而我国小城镇发展进程中，文化建设相对滞后，特别是作为多民族省份的云南，民族地区的小城镇文化建设更加迫切，急需研究、提出对策，使其健康、全面地建设小城镇。

马克思曾说过："人类的现代历史是乡村城市化的历史。"乡村城市化水平是衡量一个国家现代化水平高低的重要标志。我国建制镇一级现已达到 2 万个，而目前常年聚集或居住在小城镇及其周边地区的人口则有近 3 亿人。无疑，星罗棋布的小城镇正成为我国农村城市化最具活力和潜质的地区。因而，加强其文化建设尤其重要。

**（二）意义：实施文化发展战略是云南小城镇建设的必然选择**

现代社会发展的一个突出特点是，随着社会化大生产的发展，城市化进程大大推进：一方面，中心城市的扩展，使周边农村城市化；另一方面，传统意义上的乡镇在社区化的同时，加快了城市化进程。怎样在城市化进程中保存传统特色文化，成为我们必须关注的问题。"塑造城镇的个性文化——云南小城镇文化建设的思路与对策研究"由此显现出选题的意义和价值。云南民族文化的多元性，并非存在于中心城市，小城镇往往成为特色民族文化信息的汇集点和存储器。所以，小城镇文化建设不是简单地"模仿"中心城市进行模式化改造，而应该是特色化呈现，使特定的小城镇成为特定的文化场。报告书通过个案分析，总结出规律性建议，为云南省小城镇文化建设提出了发展思路，这对于云南今后的城市化发展是极有意义的，并表现出一种未来发展的前瞻性。

# 二、研究成果的主要内容和重要观点或对策建议

**（一）主要内容**

成果分为七个部分。每一个部分都是在充分研究、调查的基础上完成的。第一部分，着重阐释小城镇文化建设的意义。同时，指出小城镇文化建设包括外在和内在、表层次和深层次两个方面。外在的、表层次的文化建设主要是指一个城镇规划、建筑

形式、道路交通、公共设施，文化设施、城市绿化等。这些都是能看见、能感受的形式。外在的、表层次的文化建设最大限度地体现在一个城镇的有形的风貌上。而内在的、深层次的文化建设主要是指时代精神、民族传统、城镇风格以及生活在这个小城镇中人的精神面貌、文化素养等。时代精神在小城镇中的体现主要是指一定时代的政治、经济、文化等在具体的小城镇中所留下的外在的和内在的、表层次和深层次的鲜明的印记。小城镇文化建设的民族传统主要是指民族文化、习俗的传统以及一个民族特有的艺术形式，等等。这些都同一定民族的生活领域、经济水平和心理状态相联系。一个城镇的风格是指一个城镇内在的和外在的、共同形成的，体现这个城镇与其他地区不同时代的、民族的、地域的，一种综合的、相对稳定的整体的个性、格调。两个层次的关系：内在的和外在的，表层次和深层次的，两大层次相互制约，相互影响，形成一个完整的城镇的格调。

第二部分，通过大量的资料收集、整理、分析，主要分析云南小城镇文化建设中存在的问题，同时，对其原因进行剖析。由于各级政府对小城镇建设认识的单一、片面，过度强调建城盖房，重视小城镇外观。许多刚刚兴建的小城镇，或正在规划为小城镇的乡，缺乏一个总体的文化建设和规划的构想。这包括从外在的建筑形式、现代的文化教育设施以及内在的人们的精神文明程度、思想文化水平的提高，对传统的、具有特色的民族文化的保留，等等。总之，不重视城镇文化内涵以及对独特民族文化的保留，导致许多原有的传统文化设施被毁，传统文化精神流失、蜕变、湮灭，而新文化、新观念又没有建立和完善。这样的小城镇，往往外在建筑千篇一律，内无文化实质，生活在其中的人们往往精神空虚，无精神寄托和追求。云南民族地区小城镇建设中这些问题值得引起注意。

第三部分，主要是云南民族地区小城镇文化建设的基本思路。一是要从区域文化的视野来认识和保护小城镇的文化建设。"区域文化"是一个比小城镇文化涵盖面更为宽广的概念。小城镇的协调发展，特别是云南民族地区小城镇的文化发展，更应该从区域的角度来考虑。二是加强培养现代市民精神，把市民观念文化建设放在小城镇建设文化的首位来考虑。三是走有云南特色的新型工业化与乡镇特色文化企业及乡村手工艺产业并行的文化产业发展之路。

第四个部分，"他山之石，可以攻玉。"主要通过对国内外一些小城镇文化建设的讨论，并通过一个范例，比较全面的加以分析。比如，小城镇建设比较好的温州地区给予我们以启示。云南小城镇文化建设应该怎样学习别人之所长，少走弯路？通过分析，课题组认为，云南小城镇文化建设中应注意的有：一是应把提升城镇市民的人文素质放在云南小城镇文化建设的首位；二是建立和完善符合现代社会发展模式的制度文化；三是大力推进文明、进步的物质文化建设。这样，观念文化、制度文化、物质文化三个方面相互影响、相互促进，以物质文化为基础，以制度文化为保障，以观念文化为核心，提高云南小城镇居民素质，培养现代小城镇市民，方可推动云南小城镇文化建设健康、有序地发展。

第五部分，用特色文化铸造小城镇的个性与风范。本部分引用了国内外一些关于城镇特色文化的论述来论证城镇的个性文化、特色文化的重要性。

第六部分，立足市场，发展特色文化产业。此部分提出了云南乡镇特色文化产业的一些基本思路。同时，在调研的基础上，对纳西古乐、剑川木雕等特色文化产业进行了分析。

第七部分，小城镇文化建设近期的主要任务和措施。

（附件个案：构建边地和谐文化场，推动建水文化旅游产业

发展）

## （二）重要观点

通过文化场保护，达到对文化现象的寄存；小城镇文化特色的建构是其自身存在价值的重要体现；小城镇文化建设是其多元关系和谐的前提与基础；小城镇经济发展与文化建设的同步协调；小城镇文化建设是物质文明与精神文明的黏合剂；小城镇文化建设是现代人本主义精神的体现；小城镇建设形式的符号意义与人文景观的延伸；小城镇文化建设的文化产业构想；小城镇文化建设的根本是构建"天人合一"的现代和谐社会。

## （三）对策建议

（1）把提升城镇市民的人文素质放在云南民族地区小城镇文化建设的首位。

（2）建立和完善符合现代社会发展模式的制度文化。

（3）积极倡导、大力推进文明进步的物质文化建设。

（4）用特色文化铸就小城镇的个性与风范。

（5）云南小城镇建设以及民居建设与地方特色相关联，体现出人地关系的和谐统一。云南民居建筑的一个明显特点，就是与地理环境和民族风情、民族文化结合得异常完美。

（6）提倡传统与现代相结合的城镇建设和民居建设。

（7）强化保护意识，加大对城镇传统文化和传统建筑形式的保护力度。

（8）立足市场，发展特色文化产业。

（9）地域文化的营造与设计。

（10）着眼旅游，打造特色文化产业。

# 三、成果的学术价值、应用价值以及
# 社会影响和效益

## （一）学术价值

城市文化是当今社会的主体文化，但它不是一种单一的文化。在中心城市越来越模式化的背景下，小城镇文化特色的保存与发展，成为人们关注的焦点。课题在这一方面做了有益的尝试，并将小城镇文化建设同小城镇政治、经济的发展，文化旅游产业的发展，居住环境的优化，小城镇居民文化素质、文明素养等小城镇外在的、内在的，深层次的、表层次的等方面联系起来，进行整体思考。这对于小城镇特色文化的保护、文化场的建构，都是非常有益的。以个案的形式对小城镇文化建设进行了理性疏理，提炼出具有普遍意义的规则原理，升华为理论的探讨。

## （二）应用价值

课题是以云南为背景展开研究的，在学术普遍性意义研究的基础上，针对云南省小城镇文化建设的现状，提出了对策性建议，保证了学理研究的实践性，产生出现实指导性作用。对云南的总体发展，特别是对建设民族文化大省战略的实施，具有十分重要的应用价值。

## （三）社会影响和效益

在课题研究期间，课题研究的相关成果作为提案提交给了云南省政协；课题组成员主动参与小城镇文化建设实践，得到了有关方面的认同。如建水，指定课题组为他们进行特色文化建设与开发作专题研究，并安排在"和谐发展建水社会思想论坛"上作专题发言；新华社、《春城晚报》、《都市时报》、《云南画报》等媒体作了专题报道；《学术探索》2005 年专刊将作为重点文章对此进行推介。这些说明课题组的研究是有成效的，具有实际的社会效益。

项目名称：云南民族地区小城镇特色文化建设研究
项目负责人：李丽芳
所在单位：云南师范大学
主要参加人：施惟达　杨海涛　李友江　李小龙
结项时间：2005 年 9 月 8 日

# 纳西族法制史研究

## 一、本课题研究的目的和意义

本课题①原系中国政法大学著名法学教授张晋藩主持的"中国少数民族法制史"研究的子课题，其目的在于认真梳理纳西族法制思想、历代法制实施状况，特别是新中国建立以后，纳西族地区贯彻实施《中华人民共和国民族区域自治法》和建立社会主义法制体系的特点及其经验，以丰富中华民族法制历史经验，为建设社会主义法制服务。

其意义在于说明纳西族文化积淀深厚、文化特点鲜明，纳西族聚居的丽江古城是世界文化遗产，三江并流地区是世界自然遗产，纳西族东巴文化古籍是世界记忆遗产。因此，对这些遗产必须立法加以保护并且合理开发应用，使纳西族地区丰富的自然资源和人文资源造福子孙后代。所有这些，对其他地区也有参考价值。

---

① 本课题云南省社科规划办 2001 年列为一般项目，原名为《中国少数民族法制史·纳西族法制史》，最终成果定名为《纳西族法制史研究》。

## 二、主要内容和重要观点

本课题共分为序言、正文十二章和结语、附录等四个部分。

序言部分简要叙述了纳西族法律制度的特点及课题的来龙去脉。纳西族法制的特点是：

（1）历史上形成了一套不成文的民间法律，包括社会公德、习惯法、乡规民约和禁忌。

（2）纳西族东巴古籍中有许多先民法的意识和法律现象。

（3）纳西族土司用不成文土司法维护了其统治几百年。

（4）永宁纳西族独特的"走婚"和母系家庭，形成了自己独特的亲族法。

（5）近几年云南省人大通过的《云南省纳西族东巴文化保护条例》和《云南省丽江古城保护条例》是纳西族地区特有的法律条例。

第一章，叙述了从秦汉到当代纳西族法制发展的历史，从不成文法到成文法，从单个条例到初步形成法律体系。

第二章，叙述了纳西族先民早期法律意识的萌芽。纳西族有丰富的东巴古籍，里面也充满了纳西族先民的法的意识，从许多神话故事，如《休曲苏埃》、《董术战争》等中，可以看出纳西族先民调解世界上人、鬼和神之间各种矛盾和纠纷的机构及其制度，调解、仲裁和审判的宗教和世俗双重规范，初步形成了解决纷争的法律程序（如"升堂"、"拘传"、"起诉"、"休庭"、"调解"）等，同时说明了纳西族先民完成了由"自力救济"向"公力救济"的过渡、朴素的社会契约观和权利与义务统一观。

纳西族先民债务关系多发生在人与"鬼"之间，而人往往是债务人，偿还的债务不是金银而是实物；东巴是偿还债务的中介人。

第三章，论述了作为不成文的准宗教制度的禁忌。纳西族不同地区、不同时代禁忌也不同，列举了不同类别和不同地区禁忌情况。

第四章，论述了历史上丽江木氏土司和永宁阿氏土司统治的封建领主社会政治制度和政权组织及军事制度，特别是永宁土司为了巩固自己的统治地位，制定了有习惯法性质的土司法，它一般具有国家法和习惯法双重性质，客观上土司法对稳定其统治地位确实起到了保障作用。永宁阿氏土司从元初（1274 年）一直延续至新中国成立（1949 年），共计 675 年。

第五章，论述了作为判明执法对象的身份法。纳西族古代社会是一个等级社会。特别是永宁土司封建领主社会严格划为"司沛"（贵族）、"责卡"（百姓）和"俄"（奴隶）三个等级，并且相应有服劳役的规定。此外，丽江地区、香格里拉三坝、维西玛沙人和永宁摩梭人都有具有自己特点的生育礼仪和成年礼仪。

第六章，论述了纳西族历史上作为法律基石的亲族法。亲属称谓重点是反映人们的亲属关系以及代表这些亲属关系称谓的一种规范。亲属称谓制度根据著名的人类学家摩尔根划分为类别式和说明式两种。说明式的特征是对于亲属分辨直系、旁系，或用基本亲属称谓来说明。原丽江县纳西族同内地汉族一样，属于说明式。而类别式特征是，只计算群体而不计算个人亲属关系，无论直系或旁系亲属，只要辈分相同，除性别外，都用同一种称谓说明。永宁摩梭人直至现在类别式仍占绝对优势，说明式只是少量，这与那里的婚姻、家庭大体相一致。

本章还论述了纳西族不同地区的婚姻和家庭形式。其中，最具特点的是永宁摩梭人以"走婚"形式为主的婚姻制度与以母系家庭为主的家庭制度，俄亚一夫多妻（姐妹共夫）、一妻多夫（兄弟共妻）等特殊婚姻现象。

过去，原丽江县纳西族地区婚前男女社交自由和结婚父母包办发生冲突后产生了男女双方自杀"殉情"现象，以及真假抢夺妻子成婚的抢婚。后者主要是双方为避免置办沉重嫁妆而假抢婚。

另外，从纳西族看来，既有与我国内地汉族传统的继承基本相同的继承法（如父系继承或嫡系继承等），又有与此传统完全相异的继承法，即永宁摩梭人以母系为女性中心的传递及其财产的继承，构成了自己的特色。

第七章，论述人生最后礼仪的丧葬法。纳西族的丧葬制度因地而异，它是由于异地而居以后，地域环境、社会发展、文化交流、生活习俗的民族差异而形成的。古代纳西族原来都实行火葬，并吸收了诸多汉族礼仪；宁蒗永宁一带的摩梭人仍实行火葬，但受藏族的影响，已渗进不少喇嘛教礼仪，而香格里拉三坝一带保留了较多的纳西古俗。正是不同地区的丧葬习俗显示了丧葬法的演变。

第八章，论述种种债法之契约。随着经济的发展和借贷交易的频繁，就产生了契约。纳西族地区契约有三种形式：东巴文契约砖、东巴文契约纸、汉文契约。从已发现的契约看，契约成立的五个要件都齐备，即当事人"署名"为信；房屋契约加盖官印；双方当事人同意立约；附署见证人；代字人署名。

第九章，论述了经济生活中的习惯法。许多习惯法涉及经济生活领域的内容。如生产及分配、所有权、债权等，对农业生产、渔猎活动、财产继承、土地买卖、租佃、雇佣、借贷、商品流通与运输交换等活动作了较为详细的规定。这些习惯也深深烙上了纳西族经济生活发展的时代性和特殊性，折射出纳西族传统文化习俗与道德观念对民族经济生活的影响。

第十章，论述了宗教制度：约束与规范。纳西族地区既有本土宗教东巴教，又有传入的汉传佛教、藏传佛教等，这些宗教习惯法及本身制度对纳西族也有约束与规范作用。

第十一章，论述了教育制度：走向文明。作为法概念的民族教育，不仅包括对少数民族成员所实施的教育，还包括对少数民族地区实施的教育。本章所涉及的教育法，是关于对纳西族所实施教育的回顾，亦是纳西族地区所实施教育的梳理。纵观丽江纳西族地区教育发展的历史，从上层走向民间，从旧学发展到新学，学习汉文化的同时也没丢掉自己的传统文化，这正是纳西族既能与时俱进，又能保持自己文化的特征所在。

第十二章，论述了新中国成立后纳西族地区走上社会主义发展道路，实行民族平等政策和民族区域自治制度，建立了丽江纳西族自治县（后分置为玉龙纳西族自治县和古城区），贯彻婚姻法，打击各类犯罪分子，保护生态，制止乱砍滥伐，制定了保护世界文化遗产丽江古城及东巴文化条例等。本章还论述了作为法制的坚强后盾，公安司法战线进行了卓有成效的工作，出现了和贵华、和卫东、张文华、和忠、杨丽胜等公安司法战线一级英雄模范。

结语部分认为，纳西族历史上没有建立过独立政权，因而也就没有系列成文法，但它的发展与整个中华民族的发展有不可分割的联系，纳西族法制也是中华民族法制的一部分，但同时又有自己的个性：

（1）不同支系、不同地区有自己的特点。

（2）不同时期法制有较大变化。

（3）历史上以伦理道德为基础的习惯法在民间起很大作用。

（4）超自然神灵的威慑、宗教信条也起到规范人们言行的作用。

（5）清代以来，丽江等地出现了一些《乡规碑记》，这些也起到了乡规民约的作用。

（6）新中国成立以来，纳西族法制发生了根本性变化，制定了丽江独有的一些条例。

（7）法制是文明的体现。纳西族精神文明、心理素质、文化水平等因素促进了遵纪守法的风气。

（8）社会主义法制是维护民族平等、民族团结、民族繁荣发展的保障。

## 三、成果的学术价值、应用价值以及社会影响和效益

该成果是纳西族法制第一次系统的专题研究，其中对习惯法、禁忌、身份法、亲族法、经济生活习惯法、契约等都有较系统的描写。同时，近年来保护丽江古城、东巴文化条例的制定、实施以及其他方面的经验，仍然有较强的应用价值。

正式出版后，会产生较好的社会影响和效益。

项目名称：纳西族法制史研究

项目负责人：郭大烈

所在单位：云南省社会科学院

主要参加人：王承权　杨云鹏　周智生　和红灿　李继群
　　　　　　和凤菊

结项时间：2007 年 6 月 7 日

体育学

# 云南省体育专业人才供需问题及战略选择研究

## 一、项目研究的目的和意义

体育人才作为体育事业发展的人力资源，是体育事业构成的核心要素。未来社会对人才培养提出了更高的要求，云南省体育人才的培养将面临新的挑战。随着我国"全民健身计划"及"奥运争光科技行动计划"全面、深入地开展、实施，体育社会化所带来的体育产业不断发展的格局，从多方面提出了对体育人才的结构、质量、种类、数量的更高要求。因此，可以预期未来社会对体育人才的需求结构将形成多样化的格局。云南省原来有几所老牌中、高等师范院校体育学院（系），目前全省各地、州共有 12 所高等院校体育学院（系）。从体育学院（系）目前的专业设置来看，主要有体育教育、运动训练、社会体育等几个专业。由于专业设置重复，云南省体育人才的培养及社会需求之间存在着矛盾和问题。云南省体育人才的培养状况基本上属于传统型的师范类格局。尽管近几年一些学校设立了社会体育专业，但受制于师资的智能结构的缺损，反映在社会体育专业课程设置上的"体育教育专业"倾向非常严重。近年来，体育专业的学生就业市场面狭窄，导致一部分学生的一次就业率较低，而社会上许多部门却又缺乏体育专门人才。如体育管理、体育产业、社会体育指导员、体育经纪人、体育新闻、体育生物科学、体育保健康复等领域的专业人才数量较少；社会对公务员岗位需求量少，而对民企体育实体管理部、俱乐部、社区体育活动中心等部门缺乏专业的体育管理和指导人才。云南省正在为实现民族文化大省的目标而努力，同时也正努力成为民族体育文化的一个重要发展摇篮。因此，对云南省体育人才培养的研究已成为重要的研究内容之一。目前，根据大量的文献资料调查得知，云南省对于高等院校办学及培养模式、教学改革、课程体系的研究较多，部分发达城市已有类似研究。云南省近五年来体育专业发展迅速，但本课题作为未曾有过的关系高等院校体育学院（系）人才培养与市场需求关系的系统调查研究，对云南省体育事业的发展及人才的培养具有重要的现实意义和实际指导价值。

通过对云南省 12 所高校体育学院（系）的专业设置、招生情况、毕业去向的调查及社会对体育人才的需求的研究，提出构建云南省高校体育院（系）体育人才培养的方式、理念及战略选择：校内资源整合型、校际资源整合型、学校自身发展型，以使云南省高校体育院（系）体育人才培养更符合市场需求，并为体育教育主管部门提供一定的决策参考依据，为体育专业毕业生就业渠道及分流提供可靠的参考依据。

## 二、研究成果的主要内容和重要观点或对策建议

对云南省体育人才需求现状即对体育教育专业人才和竞技体育人才的需求情况、社会评价的调查结果表明，供大于求及供需之间的矛盾突出。对云南省体育人才就业现状，即对 2004 届、2005 届全省部分高校体育教育专业毕业生年终就业率情况的调查结果表明，毕业生年终就业率逐年下降趋势明显。对体育教育

专业毕业生择业期望的调查结果表明，这些毕业生的期望值普遍过高，大部分希望留在大、中城市等发达地区，而不愿到边远及乡村地区工作。从用人单位对毕业生综合素质的期望和要求的统计结果来看，首先，用人单位在进行人才招聘时的专业倾向为：体育教育专业的占88.1%、运动训练专业占23.9%、体育管理专业和运动医学专业均仅为9%，这说明在进行中、小学体育教师职位竞争时，体育教育专业毕业生依然占有相对的优势。其次，通过调查得知，用人单位现有体育人才类型分为体育教育专业人才、运动训练专业人才、运动医学专业人才和体育管理专业人才几类，现有的体育人才结构中体育教育专业比例达98.3%，这说明体育教育专业人才相对过剩。而用人单位缺乏的体育类型是教学、管理"双肩挑"人才、高水平训练方面的人才、体育产业开发人才和体育管理人才。对竞技体育人才就业现状分析的结果显示，高水平竞技人才（世界和全国比赛冠军）就业形势较好，有国家政策作保证。而省内一般体工队运动员由于文化素质较低，加之社会各方面的因素的影响，就业现状不容乐观。对云南省体育专业人才培养现状分析的结果显示：（1）云南省高等院校专业设置较为单一，主要以体育教学专业为主，而运动训练和社会体育专业人才培养数量较少，体育教育专业发展迅猛，造成毕业生就业压力加大。因此，在专业结构上应作适当调整，根据市场需求适当增加体育保健、体育管理、体育新闻等专业，扩大专业设置面，进行多学科的交叉，培养高素质的综合型体育人才。（2）通过问卷及访问调查发现，云南省高等院校体育教育专业人才培养与供需之间产生了一定的矛盾，出现供大于求的现象。其平均就业率仅为62%，而体育人才培养数量，2005级体育专业全省招生人数为1 076人，占总人数82%；运动训练和社会体育专业却仅占12%。作为体育主管部门，在专业审批及培养质量上应作统筹安排，鼓励新专业的开设，减少体育教育专业毕业生就业压力，采取多渠道分流。（3）用人单位对体育人才综合素质要求的调查结果显示，"吃苦耐劳，富有团队意识和敬业精神"是素质要求中最首要和最重要的，其次是扎实的专业技术。（4）体育教育专业人才培养供需矛盾的解决方法：必须围绕市场需求及时调整人才培养的方向与规格要求，对现有的资源进行拓展、整合，实现资源的重新配置，从而实现培养社会所需的体育专门人才。对制约云南省高等院校体育学院（系）体育教育专业毕业生就业主、客观因素的分析表明：（1）体育教育专业毕业生对初次就业待遇期望值偏高；（2）体育教育专业毕业生存在不良就业观念和择业观念；（3）体育教育专业毕业生对现行就业政策缺乏足够的认识；（4）专业的师范性和学生综合素质不强限制了择业的自主性；（5）学校体育得不到充分重视；（6）社会性别偏见影响毕业生的就业；（7）就业指导力度不够，体育教育专业毕业生就业信息不畅通，就业面窄。

课题提出的对策和建议包括以下几个方面：（1）制定毕业生跟踪调查制度，调整和控制招生规模；（2）政府给予一定的政策导向，各体育院（系）积极招贤纳士；（3）优化专业结构，调整和完善体育教育专业课程体系；（4）充分利用学校资源，融合精选专业课程；（5）加强体育教育专业学生的人文素质教育；（6）完善教师的职后教育制度，加强师资队伍建设；（7）建立、健全教育教学奖励机制；（8）深化就业体制改革，加强毕业生就业指导力度，扩大毕业生就业渠道。

# 三、成果的学术价值、应用价值以及社会影响和效益

在我国社会主义市场经济体制建立与日趋完善的背景下，人才竞争问题已成为社会焦点问题之一。21世纪，我国大学毕业生的就业政策改革将按照"不包分配，竞争上岗，择优录取"的原则全面推向市场。自1999年高校扩大招生以来，大学毕业生的就业压力明显呈逐年上升的趋势，高等院校体育教育专业毕业生同样面临很大的就业压力。基础教育的改革与发展，给高等师范教育事业带来机遇的同时也带来了前所未有的挑战。随着高校的扩大招生，近年来云南省高等院校体育教育专业重复设置现象严重，缺乏当前社会对体育人才需求类型、规格、数量、质量等方面的足够认识，造成教育质量滑坡和大量人才培养浪费。此外，高校专业体育教师存在师资结构"智能缺损"，导致其他体育专业人才培养也局限在师资培养的模式上，势必加大体育教育专业毕业生的就业压力。

本文采用收集文献资料法、问卷调查法、专家咨询法、数量统计法和逻辑推理法对云南省高等院校体育教育专业人才培养现状和供需问题进行分析和研究。研究结果表明，目前云南省高等院校体育教育专业在人才培养目标、课程设置、师资建设、教育教学评价机制、奖励机制、毕业生的就业指导等方面存在诸多的弊端与不足，亟待进行相应的调整与改革。社会对体育人才需求呈现出多元化趋势，体育师资的需求量减少，且对毕业生的综合素质要求有所提高。而目前云南省高等院校体育院系培养的体育人才类型较为单一，多为体育师资，且毕业生的综合素质不高，创新能力较弱，敬业精神不够，在择业、就业的过程中缺乏正确

的自我定位和自我评价，存在"眼高手低"现象，导致就业盲目性。由于以上诸多因素的影响，云南省体育人才无法满足社会的需求，同时体育专业人才又难以应对当前社会人才竞争的挑战。本文结合云南省实际情况和各高等院系体育教育专业人才培养现状及社会对体育教育专业人才需求的现状，通过分析研究提出一定的发展对策和建议，期望对云南省社会和谐发展和高等院校体育教育专业改革与发展具有一定的现实意义和参考价值。具体表现在以下几个方面：

（1）体育专业人才培养能更好地适应社会发展的需求。

（2）适应高等体育教育改革的发展趋势。

（3）为云南省经济发展和民族地区基础教育服务。

（4）体育社会化、产业化对体育专业人才培养提出更高要求和新的挑战。

（5）促进云南体育事业的蓬勃发展。

项目名称：云南省体育专业人才供需问题及战略选择研究

项目负责人：陈　敏

所在单位：云南师范大学

主要参加人：杨秀芝　赵玲玲　陈雪红　马斯和　周　明　　丁淑珍

结项时间：2007 年 3 月 13 日

国际问题

# 印度的民族主义与中印关系

## 一、课题研究的目的及意义

本课题论述 1911 年辛亥革命爆发至 1947 年英国撤离印度期间的中印关系，着重考察印度民族主义运动对中印关系的影响。

自从印度沦为英国的殖民地之后，维护对印度的殖民统治就成为英国对印政策和对印度周边国家政策的一个重要的内容。20世纪初叶，印度与中国民族主义觉醒，民族解放运动风起云涌，不断掀起高潮，动摇了英国对印的统治。尤为重要的是两国民族主义者相互联系，建立"亚洲和亲会"等组织，相互声援、互为激励。如何阻止两国民族解放运动的相互联系，如何牵制中国的民族主义政府对印度民族解放运动、对民族主义领袖的同情与支持，成为英国对华政策的主要内容。英国与中国、印度的民族主义之间的矛盾集中体现在英属印度与中国西南边疆的关系上，并上升为主要矛盾。英国在中国西南边疆所推行的"战略边界"计划、"缓冲国"计划就是在这一矛盾的支配下，为了封锁印度民族解放运动，为了牵制中国而制定和实施的。英国对中国西南边疆的侵略活动随着印度民族解放运动的高涨或低落而演变，或者加紧，或者缓和。

本课题在前人研究的基础上，从新的视角，以考察英国对中国西南边疆的政策及其实施以及印度民族主义运动间的联系入手，以英国殖民主义与中国、印度的民族解放运动之间的矛盾为主线，论述 1911—1947 年期间英国与中国在西南边疆问题上的交涉及活动，目的在于理清历史演变的脉络，挖掘历史事件的深层原因，揭示英国政策的本质。研究表明，英国在中国西南边疆推行的"战略边界"和"缓冲国"计划均出自封锁、隔离、镇压印度的民族解放运动的需要，是不折不扣的帝国主义政策。这种研究加深了这一领域内的研究，具有学术价值，同时对于我国边疆地区反对分裂，维护统一和稳定，对于处理和解决与周边国家的历史遗留问题也具有重要的现实意义。

## 二、成果的研究内容

1911 年辛亥革命至 1947 年英国从印度撤离期间，中国与印度民主主义高涨，民族主义运动持续不断，维护在印度的殖民统治成为英帝国在亚洲的主要战略目的。影响英属印度对华政策关系、英属印度对中国西南边疆关系的主要矛盾随之发生转变。在此以前，英属印度对华政策、对中国西南边疆政策是以开拓中国西南市场的商业利益和与俄国争夺亚洲霸权的政治、军事利益为主。由于中、印近现代民族主义的兴起和民族解放运动的发展，英帝国维护对印度殖民统治与中、印民族解放运动的矛盾上升为主要矛盾，为了防止中国民族主义对印度民族解放运动的影响和支持，英属印度提出将中、印边界东段北移，沿喜马拉雅山山脊建立封锁印度的"战略边界"计划，并接受寇松的"缓冲国"计划，图谋将西藏从中国分离，以便隔离中、印两国的民族解放运动。在西姆拉会议上，英国麦克马洪提出"内、外藏"方案，企图实现"缓冲国"计划。在会外与西藏地方代表就边界问题非法、秘密交易，以实现"战略边界"计划。西姆拉会议破产，麦克马洪图谋未能实现。此后，英国奉行"武装西藏"、"维护西藏现状"的政策，图谋使辛亥革命后西藏地方与中央政府的不正常状况长期化，对抗中国政府恢复对西藏的传统关系，并炮制伪书《艾奇逊条约集》14卷，为非法的"麦克马洪线"翻案。第二次世界大战中，印度民族主义再度掀起高潮，中国南京国民政府同情印度人民的反英斗争，英国煽动西藏地方分裂分子进行"独立"活动，以抵制、牵制中国政府对印度民族解放运动的支持。战后，英国从印度撤离，英国维护其殖民统治与中印民族解放运动的矛盾以英国的失败而告终。但撤离之际，英国继续煽动西藏地方分裂分子，将他们的活动与以美国为主的帝国主义"冷战"挂钩。

全书分为绪论和十一章。

绪论，对英属印度的对华政策、对中国西南边疆政策作总体论述，提出商业利益与其他帝国主义争夺亚洲霸权的战略利益，维护对印度殖民统治的利益是英国制定和实施对中国西南边疆政策的出发点，但在不同时期有不同的侧重点。20世纪初，英国与俄国、法国在亚洲的矛盾缓和，英国与俄、法结盟，集中备战欧洲。与此同时，中国、印度民族主义高涨，冲击英国在印度的殖民统治。中国、印度的民族主义与英国帝国主义的矛盾上升为主要矛盾。这一主要矛盾一直延续到1947年英国从印度撤离时，维护对印度的殖民统治成为英国制定对中国西南边疆政策的基本出发点和根本目的。英国的战略边界计划以及由此而来的"麦克马洪线"、"缓冲国计划"及由此而来的"西藏独立论"的帝国主义本质即在于此。

第一章，20世纪初叶中国和印度民族主义的觉醒。中国的民族主义者支持印度人民反对分裂孟加拉的斗争。喜马拉雅山南侧的尼泊尔、不丹、锡金等国也谋求与中国恢复传统关系，摆脱英国的控制。英国与俄国签订协议后，准备从亚洲收缩，集中力量备战欧洲。英国为了阻隔中国的民族主义对印度及喜马拉雅山南侧诸国的影响，提出侵略中国西南边疆的"战略边界"计划，将中印边界东段的传统习惯线北移至喜马拉雅山山脊，力图沿山脊构筑一条战略边界，封锁印度民族主义，并组织远征队非法越境，考察地形民情，为实施"战略边界"计划作准备。

第二章，论述辛亥革命期间，英国扶持流亡到印度的达赖十三世回藏，策动西藏地方分裂势力发动"驱汉"动乱，与日、俄联手瓜分中国边疆，实施对西藏的"缓冲国"计划，阴谋改变西藏地位，使之成为分隔中、印民族主义的"缓冲国"。

第三章、第四章，英国发表"8·15"声明，压迫袁世凯政权停止"西征"，召开中、英、藏"三方会议"。在会议期间，英国代表麦克马洪抛出"内、外藏"方案，图谋改变西藏的国际地位，使之名义上在中国的宗主权之下，实际上受英国控制的所谓"自治"。在会外，麦克马洪的助手贝尔与西藏地方分裂分子进行有关藏、印边界的非法交易，就中、印边界的东段换文（换文所划的中印边界东段即后来所说的"麦克马洪线"），侵占中国固有领土达9万平方公里，实施其"战略边界"计划。西姆拉会议破裂，中国未在三方条约上签字，英国在三方会议和英、藏双方秘密会议上的图谋均未得逞。英国内阁放弃英、藏换文所达成的中、印边界计划。

第五章，西姆拉会议破裂后，英国放弃战略边界计划，专心致力于逼迫北洋政府签署西姆拉协议，甚至挑动西藏地方分裂分子发动内战向北洋政府施压。"五四运动"后，中国爱国主义高涨，制止了北洋政府的妥协行动。

第六章、第七章，英国推行"武装西藏"、"维护西藏现状"政策，向西藏提供军火，向中国政府施加外交压力，破坏中国中央政府与西藏地方政府恢复正常关系，制造西藏地方武装割据的"现状"。

第八章, 20 世纪 30 年代, 在印度民族主义掀起高潮, 英国"武装西藏"、"维护西藏现状"失败的情况下, 英国再度施行"战略边界"计划, 制造伪书《艾奇逊条约集》14 卷, 抛出非法的"麦克马洪线"。

第九章, 第二次世界大战中, 南京国民政府同情印度民族主义者和民族主义运动, 蒋介石访印, 斡旋英帝国与印度民族主义, 劝告英国放弃对印度民族主义的镇压。英国在印度东北边境制定"蒙古防御圈"计划, 将"缓冲国"与"战略边界"计划结合起来, 宣称"有条件承认中国对西藏的宗主权", 暗中策动分裂分子进行"独立"活动, 牵制中国对印度民族解放运动的支持。

第十章, 在缅甸战场上, 英国出于维护印度殖民统治、恢复对缅甸的殖民统治的帝国主义利益, 在与中国共同作战中损友利己, 单方面后撤, 导致中国入缅作战部队被围战败。在反攻缅甸的战争中, 英国多方制造障碍, 推迟反攻。

第十一章, "二战"以后, 英国撤离印度已成定局, 以维护对印度殖民统治为根本目的的"缓冲国"计划和"战略边界"计划失去了原来的意义, 在冷战的局势下, 英国配合美国的战略利益, 图谋使"西藏问题"国际化。围绕着中国西南边疆的斗争, 其主要矛盾发生转变。

# 三、成果的特色

(1) 视野开阔, 把握全局。将英国对中国西南边疆的政策及侵略活动置于全球帝国主义国家间的争夺、政治军事利害关系之中, 置于帝国主义与民族解放运动的斗争之中, 置于英国对华总体利益和总体政策之中进行考察, 同时, 将英国对藏政策与其对云南的政策结合起来考察，从而有利于显现诸种矛盾的演变、矛盾地位的转变、主要矛盾的作用，理清事件的来龙去脉，揭示英国对藏政策的实质。

（2）依据翔实史料，客观、全面地分析和评述，论从史出。所用的材料有本人在印度德里大学历史系进修期间搜集的英国及印度方面的档案文件、外国有关著述和国内的档案资料、著作论文。对多种史料进行了分析、校勘，剔除讹误，补充遗漏，揭示真情。

（3）利用矛盾分析方法，分析在中国西南边疆问题上的诸种矛盾交织演变的情况、在不同时期各种矛盾地位的变化及主要矛盾的表现，从而揭示出历史演变进程的内在逻辑和重大事件的本质属性。

## 四、成果创新之处

（1）理清了在中国西南边疆问题上矛盾演变的基本线索。提出了英国商业扩张与中国维护国家主权的矛盾、英国与俄国争夺亚洲的矛盾、英国维护对印度殖民统治与中、印民族解放运动的矛盾，这三组主要矛盾在不同的时期主导着中、英在西藏问题、中国西南边疆问题上的关系，并依据主要矛盾而升降起落变化，划分出三个时期，从而将此领域的研究向前推进了一步。

（2）系统、全面地考察了"麦克马洪线"和"西藏独立论"的起源和实质。在分析论述英国"战略边界"计划、"缓冲国"计划的提出及其演变的基础上，首次明确提出，这两个计划都是为了封锁印度民族解放运动，堵塞中国民族主义对英属印度的影响和冲击，牵制中国对印度民族解放运动的同情与支持，既是对中国的侵略，也是与印度民族解放运动为敌的，是对印度人民根本利益的侵害。从而揭示了所谓"西藏独立论"和"麦克马洪线"的帝国主义本质。

（3）全面、客观地论述和评价清政府、国民政府在中国西南边疆此段时期的是非和历史功过。在指出它们软弱无能、妥协退让、损坏国家主权的同时，也指出了其应当加以肯定之处。①唐绍仪、张荫棠在1906年中、英谈判修改《拉萨条约》时，与英方谈判代表就"宗主国"与"主国"展开争辩，驳斥了英方提出的中国"宗主权论"和西藏"自治国家论"，极力维护中国的国家主权，使英国图谋未能得逞。②张荫棠在西藏推行新政，激励、鼓动西藏地方爱国主义，联络周边国家，号召联合抗英。③赵尔丰在川边改革中派军队进驻察隅，设官施治，巩固边防，勘察边界；在亚必曲龚树立大清龙旗帜，建立界牌，维护国家领土，阻止英人北犯。④南京国民政府为推动和平解决西藏问题作出多方努力，黄慕松、吴忠信先后入藏，挫败英人图谋，逐步恢复与西藏地方的关系。⑤蒋介石不顾英国的反对和报复，同情与支持印度民族解放运动。

（4）揭露了英国在第二次世界大战结束后及在撤离印度前后，策动印度的国大党领导人邀请西藏地方出席亚洲大会，教唆西藏地方组团出访欧美，煽动西藏地方"反共驱汉"，试图使西藏问题国际化，并将"西藏独立"活动纳入帝国主义"冷战"战略。

（5）成果的学术价值及现实意义。本课题在吸收前人成果的基础上，将这一领域的研究向前推进，在一些重大问题上，做出了新的发现。以英帝国与印度、中国的民族主义、民族运动的矛盾为主线来研究1911年至1947年期间的中、英关于中国西南边疆交涉、斗争，这在有关此领域的研究中尚属首次。以这一矛盾为主线，有利于从庞杂纷繁的事物表面深入事物的深层，将各个交叉纠结的事件按照其内在联系加以梳理，廓清其来龙去脉和因果联系；有利于揭示历史事件的性质和历史进程的发展趋向，揭穿英国打着支持西藏地方"独立"的旗号而进行的维护对印度殖民统治活动的帝国主义行径。本项研究指出，中国与英国围绕着西南边疆的斗争，本质上是英帝国主义与中国、印度民族解放运动这一主要矛盾的反映，英国对中国西南边疆的种种侵略活动不仅是针对中国的，而且也是与印度民族解放运动为敌的，从根本上危害印度人民的利益的。如，关于"麦克马洪线"和所谓"西藏独立"问题，本项研究表明，它们都是英帝国主义为了阻挡中国民族解放运动对印度的影响和冲击，封锁镇压印度民族解放运动而制定的。"二战"结束后，"西藏独立"又是为美、英冷战战略利益服务的，图谋使西藏成为"遏制共产主义在亚洲传播的堡垒"。

项目名称：印度的民族主义与中印关系
项目负责人：吕昭义
所在单位：云南大学
主要参加人：杨晓慧　吴云宏
结项时间：2007 年 5 月 23 日